高等职业教育高素质技术技能型人才培养
"双高计划"国家级示范专业物流管理类精品教材

编委会

总主编
许建领　深圳职业技术大学

副总主编（以姓氏拼音为序）
姜　洪　深圳职业技术大学
聂　华　浙江经济职业技术学院
王桂花　南京工业职业技术大学
张　龙　昆明工业职业技术学院
张润卓　辽宁经济职业技术学院

编　委（以姓氏拼音为序）

冯进展	江西外语外贸职业学院	彭　敏	南宁职业技术大学
葛启文	武汉城市职业学院	邱春龙	漳州职业技术学院
郭秀颖	广东机电职业技术学院	邱浩然	青岛职业技术学院
何波波	吉安职业技术学院	涂建军	广东交通职业技术学院
黄红如	惠州城市职业学院	万义国	江西交通职业技术学院
黄焕宗	黎明职业大学	王超维	陕西能源职业技术学院
贾广敏	广州工程技术职业学院	吴春涛	湖北三峡职业技术学院
黎　聪	广西物流职业技术学院	吴庆念	浙江经济职业技术学院
李道胜	宁夏工商职业技术学院	吴砚峰	广西职业技术学院
李　锋	岳阳职业技术学院	杨　晋	武汉交通职业学院
李陶然	河南工业职业技术学院	袁德臻	贵州职业技术学院
刘　琳	河北交通职业技术学院	袁世军	湖南现代物流职业技术学院
刘　明	济南职业学院	周昌红	嘉兴职业技术学院
孟军齐	深圳职业技术大学	周　芳	江门职业技术学院
明振东	杭州自动化技术研究院	周　蓉	武汉职业技术大学

高等职业教育高素质技术技能型人才培养
"双高计划"国家级示范专业物流管理类精品教材

总主编　许建领

冷链物流管理实务

Practice of Cold Chain Logisitics & Management

主　编	周　蓉	武汉职业技术大学
	刘晶璟	武汉职业技术大学
副主编	崔　蜜	湖北三峡职业技术学院
	尚书山	广西职业技术学院

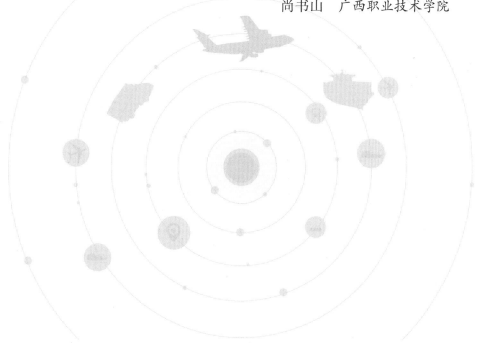

华中科技大学出版社
http://press.hust.edu.cn
中国·武汉

图书在版编目(CIP)数据

冷链物流管理实务 / 周蓉,刘晶璟主编. -- 武汉:华中科技大学出版社,2025.1. --(高等职业教育高素质技术技能型人才培养"双高计划"国家级示范专业物流管理类精品教材). -- ISBN 978-7-5772-1610-2

Ⅰ. F252.8

中国国家版本馆 CIP 数据核字第 20253NM490 号

冷链物流管理实务
Lenglian Wuliu Guanli Shiwu

周　蓉　刘晶璟　主编

策划编辑:周晓方　宋　焱　庹北麟	
责任编辑:唐梦琦	
封面设计:原色设计	
责任校对:余晓亮	
责任监印:周治超	
出版发行:华中科技大学出版社(中国·武汉)	电话:(027) 81321913
武汉市东湖新技术开发区华工科技园	邮编:430223
录　　排:华中科技大学出版社美编室	
印　　刷:湖北新华印务有限公司	
开　　本:787mm×1092mm　1/16	
印　　张:16.75　插页:2	
字　　数:396千字	
版　　次:2025年1月第1版第1次印刷	
定　　价:59.00元	

本书若有印装质量问题,请向出版社营销中心调换
全国免费服务热线:400-6679-118　竭诚为您服务
版权所有　侵权必究

内容简介

本教材介绍了冷链物流管理的关键技术、管理方法和相关流程等，内容涵盖了走进冷链物流行业、管理不同品类的冷链物流、管理不同业态的冷链物流以及管理冷链物流系统四个模块。走进冷链物流行业模块介绍了冷链物流的定义、分类、作用、设施设备及产业链构成，并深入探讨了冷链物流管理的重要性。管理不同品类的冷链物流模块则针对果蔬、肉类、水产品、乳制品、速冻食品、医药、鲜花等产品的冷链物流进行了具体管理策略的分析，详细说明了冷链物流各环节的操作要求和注意事项。管理不同业态的冷链物流模块聚焦于不同业态的冷链物流，介绍了预制菜、生鲜电商及农产品批发市场的冷链物流运作模式和管理要求。管理冷链物流系统模块介绍了冷链物流的系统管理，包括标准化体系、"数智化"管理、成本管理等，旨在提升冷链物流的效率、质量和可持续性。本教材内容紧密贴合行业实际，突出实用性，反映出当前冷链物流领域的真实面貌和迫切需求。通过对这四个模块的学习，读者能够全面了解冷链物流管理的理论与实践，为从事冷链物流行业提供有力支持。

网络增值服务

使用说明

欢迎使用华中科技大学出版社人文社科分社资源网

1 教师使用流程

（1）登录网址：https://bookcenter.hustp.com/index.html（注册时请选择教师身份）

注册 → 登录 → 完善个人信息 → 等待审核

（2）审核通过后，您可以在网站使用以下功能：

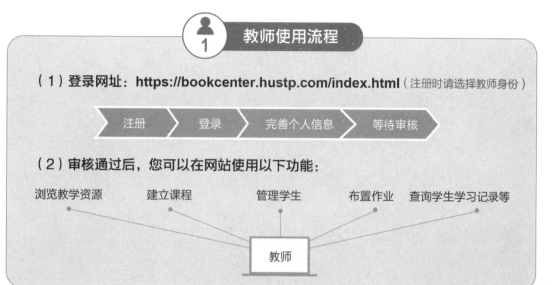

2 学生使用流程

（建议学生在PC端完成注册、登录、完善个人信息的操作）

（1）PC端操作步骤

① 登录网址：https://bookcenter.hustp.com/index.html（注册时请选择学生身份）

注册 → 完善个人信息 → 登录

② 查看课程资源：（如有学习码，请在"个人中心—学习码验证"中先验证，再进行操作）

（2）手机端扫码操作步骤

获取本书数字资源，可联系编辑：15827068411；tuobeilin@hustp.com

总　序

　　物流业是国民经济和社会发展的先导性、基础性、战略性产业，加快发展现代物流业对于促进产业结构调整和提高企业市场竞争力都具有非常重要的作用。党的二十大报告指出，要"加快发展物联网，建设高效顺畅的流通体系，降低物流成本"。现代物流业已经从经济辅助产业转变成了具有战略意义的基础产业，对保障产业链供应链稳定、增强国民经济韧性、促进产业优化升级具有重要意义。2020年9月，习近平总书记在中央财经委员会第八次会议上强调，流通体系在国民经济中发挥着基础性作用，构建新发展格局，必须把建设现代流通体系作为一项重要战略任务来抓。要贯彻新发展理念，推动高质量发展，深化供给侧结构性改革，充分发挥市场在资源配置中的决定性作用，更好地发挥政府作用，统筹推进现代流通体系硬件和软件建设，发展流通新技术、新业态、新模式，完善流通领域制度规范和标准，培育和壮大具有国际竞争力的现代物流企业，为构建以国内大循环为主体、国内国际双循环相互促进的新发展格局提供有力支撑。

　　2022年，国务院办公厅发布了我国现代物流领域第一份国家级五年规划《"十四五"现代物流发展规划》，对构建现代物流体系的基础、挑战、目标和要求等做出了全面、系统的阐释，提出到2025年，基本建成供需适配、内外联通、安全高效、智慧绿色的现代物流体系；到2035年，现代物流体系更加完善，具有国际竞争力的一流物流企业成长壮大，通达全球的物流服务网络更加健全，对区域协调发展和实体经济高质量发展的支撑引领更加有力，为基本实现社会主义现代化提供坚实保障。《"十四五"现代物流发展规划》描绘了我国现代物流高质量发展的"新蓝图"。

　　为落实习近平总书记关于物流发展的系列指示，将我国现代物流高质量发展"新蓝图"变为现实，需要加强物流业供给侧结构性改革，并统筹解决我国产业结构失衡、资源分布不均衡的问题，其关键在于要培养和输送大量的高素质物流技能人才。各高校亟须加强物流学科专业建设，提升专业设置的针对性，培育复合型高端物流人才，助力现代化物流业的持续发展。

高等职业（高职）教育是培养大国工匠的重要途径，是高素质物流技能人才的第一来源。近年来，我国高等职业教育取得了长足的发展：《中华人民共和国职业教育法》的颁布在法理意义上明确了我国职业教育是与普通教育具有同等重要地位的教育类型，《国家职业教育改革实施方案》的出台为职业教育的创新发展搭建了全面的工作框架，《职业教育提质培优行动计划（2020—2023年）》等则进一步落实了职业教育高质量发展要求。在这样的大背景下，我国物流职业教育同样取得了巨大发展，具体表现在专业目录和教学标准实现了大升级，职业技能大赛和职业技能证书渗透率大幅提升，一大批一流课程和规划教材涌现出来，实训条件得到很大改善等诸多方面。物流高等职业教育必须始终面向现代物流发展实际，有效推进产教融合、校企合作，更好反映物流产业的成功经验和现实需求，更好发挥职业教育在人才培养和技术攻关方面的优势，让教学内容和实训内容更真实、更务实、更扎实，使学生掌握合格的物流职业技能和素质，具有卓越发展的潜力。

在职业院校专业人才培养体系中，教材建设是极其重要的基础工程。本套教材由华中科技大学出版社和深圳职业技术大学联合策划。为了凝聚物流职业教育已经取得的有益经验，进一步丰富优质教学产品供给，更好地满足学生成长成才的需求，我们在全国范围内集合了一批物流专业优质院校的资深教师来编写这套全新的高等职业教育物流类专业教材，期待以教材这一载体来展示优秀的教学改革成果，推进教学形式的创新和教师能力的提升，为培养卓越的物流技能人才提供有力支撑。

本套教材坚持以学生为中心，力求让高等职业教育满足学生成长成才的需求和对未来美好生活的向往，将学生成长成才需求与经济社会发展需求结合起来，使他们能够在未来的职业生涯中发现自己的优势和价值，同时体现我国现代物流发展的经验和成果。与物流新技术、新模式、新业态快速涌现形成鲜明对比的是，物流教材建设的进度相对滞后，对物流新趋势的反映不够全面和成熟。本套教材力争具有探索性和先导性，为现代物流业人才培养提供高质量教学素材，在业界发挥引领作用。

基于此，本套教材的主要特点如下：

（1）以课程思政为引领。本套教材以习近平新时代中国特色社会主义思想为指导，坚持落实立德树人根本任务，围绕现代物流高素质技能人才培养要求，将教学目标分解为素养、知识、能力三维目标，精选教学案例和材料，突出家国情怀、诚信服务、工匠精神、国际视野，努力培养更多让党放心、爱国奉献、能担当民族复兴重任的时代新人。

（2）以专业教学标准为指导。标准化建设是统领职业教育发展的突破口，教学标准和毕业学生质量标准是标准化建设的两个重要关口。2022年，国家对职业教育物流类专业目录做出了重大调整，一些新的专业被引入进来，还有一些专业通过更名和调整归属被赋予了新的内涵，以更好反映现代物流对未来技能人才的需求。以新专业目录为基础的专业教学标准为具体开展物流职业教育教学提供了基本指南。

（3）科学构建知识技能体系。产教融合、校企合作是职业教育高质量发展的基本路径。本套教材在组建编写团队时注重"校企行"三方力量的协同参与，将行业的标准、企业的需求和学校的教学有机结合，系统梳理每门课程的知识技能树，合理取舍，突出重点和难点，注重知识技能培养的循序渐进。

（4）突出智慧物流特征。随着贸易规模的扩张和智能技术的加速迭代，物流业和供应链管理进入"智慧时代"。一方面，与低空经济、无人驾驶等结合起来的物流新技术、新模式、新业态持续涌现；另一方面，传统物流模式也在推进内涵升级、结构优化。本套教材在书目的设置和材料的选择方面都充分体现了智慧物流的特征。

（5）突出基础性和前瞻性，与职教本科教学体系适度衔接。高职教育是培养大国工匠的重要途径，职教本科有助于完善职业教育学历认证体系。本套教材从整个职业教育体系的高度出发，以高职教育人才培养为基础，致力于加强高职教育与职教本科课程体系的衔接，尤其是为未来职教本科物流专业教材的编写打下基础，贯通职业教育人才培养"立交桥"，为学生发展创造"立体通道"。

（6）打造丰富实用的数字资源库。教材是教学的基础材料，但教学也离不开其他辅助教学材料。本套教材配备电子教案、拓展案例、练习与解析等基础数字材料，同时积极开发微课视频、动画视频、仿真视频等音视频资源，部分教材还有知识图谱等互动资源，可以最大限度方便教师教学。在教材后续使用过程中，我们还将及时更新"岗课赛证"一体化的培训资料，为学生学习提供全周期辅助。

本套教材分为基础课、核心课和拓展课三个模块。基础课包含智慧物流与供应链基础、供应链数字化运营、数字化物流商业运营、物流法律法规、智慧物流信息技术、物流专业英语等。核心课包含智慧仓配实务、国际货运代理、物流运输技术与实务、物流项目运营、采购与供应链管理、区块链与供应链金融、物流成本与绩效管理、智慧集装箱港口运营、供应链管理实务、冷链物流管理实务、物流系统规划与设计、智能物流装备运维管理等。拓展课包含物流企业模拟经营、物流安全管理实务、物流企业数字化管理、跨境电商物流、进出境通关实务、企业经营创新、电子商务实务、物流机器人流程自动化、物流包装等。同时，丛书编委会将依据我国物流业发展变化趋势及其对普通高等学校、高职高专院校物流专业人才培养的新要求及时更新教材书目，不断丰富和完善教学内容。

微光成炬，我们期待以编写这套高等职业教育物流类专业教材为契机，将物流职业教育的优秀经验汇聚起来，加强物流职业教育共同体的建设，为师生之间、校企之间的沟通和对话提供一个公益平台。我们也诚挚地期待有更多优秀的校园教师、企业导师加入。应该指出的是，编撰一套高质量的教材是一项十分艰巨的任务。尽管编者们认真尽责，但由于理论水平和实践能力有限，本套教材中难免存在一些疏漏与不足之处，真诚希望广大读者批评指正，以期在教材修订再版时补充和完善。

全国物流职业教育教学指导委员会副主任委员
深圳职业技术大学党委副书记、校长
2024 年 3 月于深圳

前言

随着经济的发展和人民对美好生活的向往，冷链物流行业正迎来前所未有的机遇与挑战。从食品安全到药品保存，从高端食材的全球配送到疫苗的跨国运输，冷链物流已成为保障人民健康、实现美好生活不可或缺的一环。预计未来几年，随着消费者对高品质生活的追求，以及各国政府对食品安全监管力度的加大，冷链物流行业将迎来更加广阔的发展空间。在此背景下，《冷链物流管理实务》一书应运而生，本教材旨在为高职院校现代物流相关专业的学生提供一套实用的学习教材，助力培养符合冷链物流行业发展需求的专业人才，共同推动行业的健康持续发展。同时，也希望本教材能成为教师们教学的得力助手，为高职教育事业贡献一份力量。

本书的编写主要有三个特点。

第一，突出系统性和实用性。本教材采用模块化结构设计，内容涵盖冷链物流的基本概念、发展历程、行业现状与趋势分析，以及不同品类冷链物流、不同业态冷链物流和冷链物流系统等，从不同的角度介绍冷链物流管理的关键技术、管理方法和流程等。

第二，以任务来整合相应的知识与技能。本教材每个模块均由若干个任务构成，每个任务均有知识研修与能力提升部分，辅以任务目标、身边的冷链物流、知识研修、课堂案例等，并配套拓展知识、视频案例和习题等数字资源内容，力求让学生在学习过程中能够理论联系实际，真正做到学以致用。

第三，产教融合在本教材的编写过程中得到了深入贯彻。在编写过程中，编者通过与万纬物流等冷链企业深度合作，确保了书中内容能够紧密贴合行业实际，反映出当前冷链物流领域的真实面貌和迫切需求。另外本教材还特别关注学生的思政素养和职业道德培养，为学生未来的职业生涯打下坚实的基础。

本教材的编写团队成员均具有多年的冷链物流管理教学、科研及企业实践应用的经验。周蓉（武汉职业技术大学）、刘晶璟（武汉职业技术大学）任主编，崔蜜（湖北三峡职业技术学院）、尚书山（广西职业技术学院）任副主编，模块一由周蓉编写，模块二由崔蜜和刘晶璟共同编写，模块三由尚书山、周蓉和刘晶璟共同编写，模块四由刘晶璟编写。

编者团队在编写过程中参考了大量同行专家相关的研究成果、行业标准等资料，在此表示衷心感谢。欢迎广大师生提出宝贵意见和建议，以便我们在后续版本中不断完善，更好地服务于教育教学工作。

编　者
2024 年 11 月

目 录

模块一　走进冷链物流行业 ···················· 001
　任务一　了解冷链物流 / 004
　任务二　了解冷链物流设施设备 / 016
　任务三　了解冷链物流行业发展 / 035

模块二　管理不同品类的冷链物流 ···················· 057
　任务一　管理果蔬冷链物流 / 060
　任务二　管理肉类冷链物流 / 079
　任务三　管理水产品冷链物流 / 092
　任务四　管理乳制品冷链物流 / 107
　任务五　管理速冻食品冷链物流 / 121
　任务六　管理医药冷链物流 / 131
　任务七　管理鲜花冷链物流 / 141

模块三　管理不同业态的冷链物流 ···················· 153
　任务一　管理预制菜冷链物流 / 156
　任务二　管理生鲜电商冷链物流 / 167
　任务三　管理农产品批发市场冷链物流 / 180

模块四　管理冷链物流系统 ···················· 191
　任务一　了解冷链物流系统 / 196
　任务二　了解冷链物流标准化体系 / 207
　任务三　冷链物流的"数智化"管理 / 221
　任务四　冷链物流的成本管理 / 239

参考文献 ···················· 255

模块一 [**走进冷链物流行业**]

Project One

任务一　了解冷链物流

任务二　了解冷链物流设施设备

任务三　了解冷链物流行业发展

项目导航

冷链物流让生活更幸福

离春节还有不到1个月时间，来自北京的蔡阿姨收到了在网上购买的内蒙古滩羊肉，她高兴地表示："下单第二天快递就送到了，快递包装盒内还装有冰袋。"蔡阿姨的购物体验并非个例，如今，鲜奶冷饮、新鲜蔬果、海鲜水产等生鲜商品，只需在手机上一键下单，便能第一时间新鲜送达。而在这背后，是我国冷链物流高质量发展的步伐在不断加快。近年来，交通运输部依托城市绿色货运配送示范工程、农村物流服务品牌等工作，督促各地落实《关于加快推进冷链物流运输高质量发展的实施意见》有关工作任务，推动冷链物流高质量发展。我国冷链物流的"硬实力"和"软实力"得以有效提升，为服务新发展格局提供了有力支撑。

模块导学

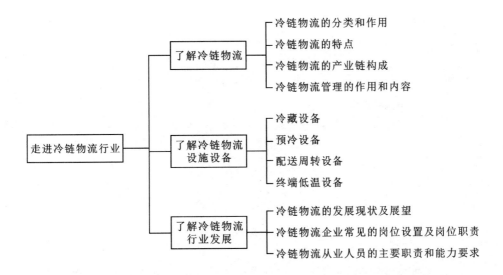

任务一 了解冷链物流

任务目标

◆ 知识目标
(1) 掌握冷链物流的含义、作用和分类；
(2) 了解冷链物流产业链的构成；
(3) 理解冷链物流管理的作用和内容。

◆ 技能目标
(1) 能够分析冷链物流技术在特定产品（如荔枝、疫苗等）配送中的应用；
(2) 能够分析冷链物流企业的类型。

◆ 素养目标
(1) 具有食品安全意识；
(2) 增强对冷链物流行业发展的社会责任感。

从唐朝诗人杜牧的诗句"一骑红尘妃子笑，无人知是荔枝来"中，可以一窥荔枝在唐朝的配送方式。荔枝虽味道鲜美，但是容易变色变味，在古代只能靠飞骑快马加鞭地运送，因为运送成本太高，所以只能供皇室贵族享用。在广西壮族自治区灵山县，村民李大爷谈起 2023 年的"荔枝季"，对开在田间的冷库记忆尤深："有了冷库，再也不担心荔枝滞销了。"李大爷介绍，在荔枝收获时节，大量荔枝会集中上市，不少农户担心鲜果一旦滞销，就会有腐烂风险。而冷库的出现，可以使刚采摘下来的鲜果立即进入低温状态，荔枝的存储期得以延长 8~15 天。据顺丰速运相关负责人介绍，2023 年"荔枝季"期间，顺丰速运将冷链服务送到田间地头，在灵山县投入建设冷库 47 个，合作投入建设产地仓 6 个，可预冷荔枝 25 万千克，日均处理荔枝包裹 5 万件以上。除此之外，企业还将冷藏车技术装备更新升级，通过推广应用智能化温控设施设备进行荔枝运输，提升了冷链运输服务品质。正是冷链物流的发展，使得像荔枝这样的水果走入了千家万户。

任务思考

（1）冷链物流对广西壮族自治区灵山县荔枝的销售起到了什么作用？

（2）冷链物流的服务对象包括哪些产品呢？

顺丰的冷链物流服务

2022年4月初，十辆大货车满载生活和医疗物资，从湖北省荆州市出发，包括荆州鱼糕、公安牛肉、监利小龙虾、洪湖藕片等在内的28.2万份医用物品、2万份荆州特产、30吨新鲜蔬菜被送往千里之外的上海。这批物资由武汉顺丰冷运供应链有限公司负责承运，物资的运送对运输过程中的保质保鲜和安全要求十分严苛，对全流程的温控要求也很高。在物资的运输过程中，全程车辆监控，确保全程可溯源、冷链不脱温。

顺丰体系完备的冷链物流系统在关键时刻格外"给力"。顺丰在2017年正式成立顺丰冷链物流有限公司，并开始探索全国性冷链物流体系。顺丰冷链运输干线覆盖范围十分广泛，截至2022年，顺丰食品冷运服务在193个城市、1061个区县开通，拥有34个冷仓，超23000辆可调配冷藏车，并首创冷仓自动化项目，已在6仓投产。2021年顺丰服务覆盖超过4000个品类的特色农产品，运输件量同比增长30％。目前，在烟台樱桃、岭南荔枝、仙居杨梅、无锡水蜜桃、内蒙古牛羊肉等多个项目上，顺丰获得了客户的高度认可，借力驿站等合作网点提高乡镇渗透率，近距离服务农户，运营22个生鲜预处理中心，助力产能提高50％，降低损耗超60％。

（资料来源：雪球网。有删改。）

一、冷链物流的分类和作用

冷链物流是一个高度专业化和技术化的领域，它能确保产品在整个供应链过程中保持着最佳的品质和安全性。随着全球化发展和消费者对食品安全和质量的日益关注，冷链物流的重要性也在不断提高。

（一）冷链物流的含义

2021 年发布的国家标准《冷链物流分类与基本要求》（GB/T 28577—2021）中，对冷链物流（cold chain logistics）有如下定义：根据物品特性，从生产到消费的过程中使物品始终处于保持其品质所需温度环境的实体流动过程。从冷链物流的定义可知，冷链物流的核心在于温度控制，且不局限于低温，还包括恒温、常温、升温等范围。

冷链物流的构成模型如图 1-1 所示。

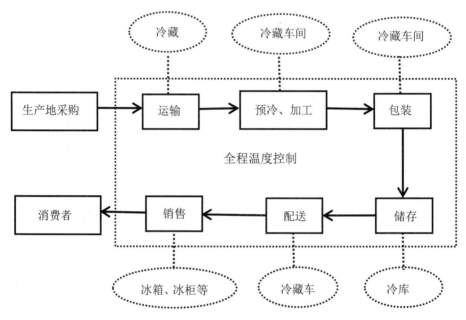

图 1-1　冷链物流的构成模型

（二）冷链物流的分类

冷链物流是一个复杂且多样化的行业，根据分类方式的不同，可以将其细分为以下几种主要类别。

1. 按冷链物流产品对象分类

按冷链物流产品对象分类，冷链物流可以分为食品类冷链物流、花卉植物类冷链物流、医药医疗类冷链物流、其他冷链物流四类。在这四大冷链物流产品分类中，食品类冷链物流占比最高，占行业总需求 90% 以上。具体如表 1-1 所示。

表 1-1　按冷链产品对象分类

分类	冷链物流产品对象
食品类冷链物流	果蔬类、水产类、肉类、禽蛋类、乳类、粮食类及其加工制品等
花卉植物类冷链物流	花卉、绿植及其鲜切产品等

续表

分类	冷链物流产品对象
医药医疗类冷链物流	药品、医疗器械、生物样本等
其他冷链物流	化学品、精密仪器、电子产品、艺术品等

食品类冷链物流主要是为果蔬类、水产类、肉类、禽蛋类、乳类、粮食类及其加工制品等易腐食品提供温度控制技术,以保证食品的安全和品质的物流服务活动。

花卉植物类冷链物流主要是为花卉、绿植及其鲜切产品提供温度控制和气调贮藏技术,以保证物品质量安全的物流服务活动。

医药医疗类冷链物流主要是为药品、医疗器械、生物样本等提供温度控制技术,以保证物品质量安全的物流服务活动。

其他冷链物流主要是为化学品、精密仪器、电子产品、艺术品等提供温度控制技术,以保证物品质量和安全的物流服务活动。

2. 按冷链物流温度带分类

按冷链物流温度带分类,冷链物流可以分为两类,即冷藏(C)和冷冻(F),如表1-2所示。

表1-2 冷链物流温度带分类

分类	等级	温度带
C	C1	$10℃<C1≤25℃$
	C2	$0℃<C2≤10℃$
F	F1	$-18℃<F1≤0℃$
	F2	$-30℃<F2≤-18℃$
	F3	$-55℃<F3≤-30℃$
	F4	$F4≤-55℃$

注:C:cold/cool(冷藏)
F:frozen(冷冻)

不同的冷链产品运输和储存需要控制的温度不一样。大部分情况下,叶菜类产品的运输保持温度为0~3℃,瓜菜类产品的运输保持温度为6~9℃;水果类产品在冷藏运输时,温度保持在0~15℃,其中苹果、梨等水果,运输温度须保持在-1~3℃,香蕉、芒果等水果,运输温度须保持在10~15℃;常见的冷冻畜禽肉、水产品、速冻蔬菜、冷冻饮品等产品,大部分运输温度在-15℃以下。

(三)冷链物流的作用

1. 提高产品的保鲜能力,提高经济效益

冷链物流通过温控和保鲜技术,确保农产品和食品等冷链物品在运输、储存和

销售过程中的新鲜度和品质,从而减少产品的损耗。据农业农村部食物与营养发展研究所一项研究表明,我国每年蔬菜、水果、水产品、粮食、肉类、乳类、蛋类七大类食物按重量加权平均损耗和浪费率合计 22.7%,约 4.6 亿吨,其中生产流通环节食物损耗 3 亿吨。储运环节冷链不完善是造成食物损耗的主要原因之一。冷链物流可以通过提高效率和减少损耗,降低产品在流通过程中的成本,从而提高经济效益。

2. 保障产品安全,保障消费者健康

随着人民生活水平的提高,人们对农产品的需求也逐渐呈现出多样化。肉类、水果、蔬菜、水产品、乳类、速冻食品等生鲜食品,对保鲜、运输和存储等一系列环节的要求不尽相同,稍有不慎,就可能在物流过程中造成货物污染损坏乃至腐败变质,影响到食品安全和消费者的身体健康。冷链物流能够有效控制产品在运输和储存过程中的温度,预防食品污染、变质或腐败,从而保障食品安全和消费者的健康。同时冷链物流是提高疫苗等医药产品全过程品质管控能力的重要保障。医药产品对温控有着极为严格的要求,在运输和销售环节均需要保持恒温状态,如果温控不合格,会导致疫苗、药品失效甚至药性发生改变,可能会引发医疗事故。冷链物流作为专业物流,为需要在低温条件下存储运输的医疗物资提供了必要的保障条件。

3. 丰富产品品种,满足人民美好生活需要

冷链物流的发展,使产品的品种得以丰富,特别是食品类,如近年来兴起的菜肴式冷冻食品。同时冷链物流能够满足消费者对高品质、个性化、差异化产品的需求,提高产品附加值,扩大高品质市场供给。以冷鲜肉的制作为例,要求在畜体屠宰后的 24 小时内将其降温到 0~4℃,然后在此温度下进行分割、剔骨、包装,并在贮藏、运输直至达到最终消费者的冰箱或厨房的过程中温度要始终保持在 0~4℃,这种肉品在口感、营养等方面都优于在无任何冷却条件下加工的热鲜肉。

人民财评:让冷链物流更好助力经济循环

随着乡村振兴稳步推进,尤其是电商下乡、名特优农产品进城等一系列新业态出现新措施实施,为农民增收拓宽了道路。但是,由于农产品自身特点,对从地头到餐桌的时间、运输条件等有较高要求。以往我国冷链物流不够发达,大量农产品使用常规运输,损耗大的同时,农产品品质、外形和新鲜度也容易受损,降低了农产品附加值,影响了农民收入。冷链物流利用温控、保鲜等技术工艺和冷库、冷藏车、冷藏箱等设施设备,确保冷链产品在初加工、储存、运输、流通加工、销售、配送等全过程始终处于规定温度环

境下，在减少损耗的同时，保证了农产品的新鲜度。冷链物流的助力，让农产品从运得出到卖得好，在为广大消费者提供更新鲜食材的同时，也为农民增收创造有利条件。

（资料来源：人民网。有删改。）

二、冷链物流的特点

（一）建设投资大，运营成本高

由于冷链物流主要涉及的是生鲜产品，这些产品具有易腐烂、需要特殊的储存和运输条件等特点，因此冷链物流的建设和运营需要投入大量的资金，如建设冷库、购买冷藏车等。一般来说，冷库建设和冷藏车购置的投资花费是一般库房和干货车辆的3～5倍。与普通货物运输相比，冷链货物运输及其存储成本是普通货物的2～3倍，这使得冷链物流的建设投资大，运营成本高。

（二）对温度控制要求严格

冷链物流的核心是对温度的控制，因此需要对温度进行精确控制，以确保产品的质量和安全。冷藏产品在流通过程中的品质随着温度和时间的变化而变化，不同的产品有其对应的温度控制和冷藏时间，要综合考虑以上因素就决定了冷链物流的复杂性。在冷链物流的各个环节中，产品从仓库到运输再到销售，都需要对其温度进行严格的监控和调节，以确保产品始终处于适宜的温度范围内。

（三）信息化程度要求高

由于冷链物流存在很多中间流程，因此冷链物流上的各个环节要相互协调、有效衔接，这样才能保证整个链条的稳定运转。为了提高冷链物流的效率和精准性，需要采用先进的信息化技术，如物联网、大数据等，对冷链物流的各个环节进行监控和管理。通过信息化技术，可以实现对冷链物流的全过程跟踪和追溯，提高冷链物流的透明度和可控性。

（四）需要专业的运营管理团队

由于冷链物流的运营涉及许多专业技术领域，如制冷技术、保温技术、温度控制和监测技术、食品科学、物流管理等，因此需要具备专业技术的运营管理团队来进行管理和维护（见图1-2）。同时，由于冷链物流的运营风险较高，因此需要建立完善的风险管理机制，以应对可能出现的各种问题。

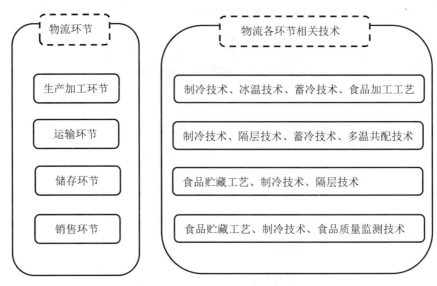

图 1-2 冷链物流各环节的技术分析

 三、冷链物流的产业链构成

中国冷链物流产业链主要分为三个环节，上游环节的冷链基础设施提供方，中游环节的各类型冷链物流服务企业，以及下游环节的冷链物流终端收货单位，主要包括超市、医院和工厂等。

（一）冷链基础设施提供方

冷链基础设施提供方中，冷链仓储运输设备供应商占据核心地位，其主要指冷库和冷藏车等的设备供应商，例如海容冷库、雪人股份、冰轮环境、中国重汽等。中国冷链运输起步相对较晚，导致基础设施相对薄弱，冷库和冷藏车作为冷链运输的关键设备，在总量和区域分布上仍存在不足。

（二）冷链物流服务企业

冷链物流产业链的中游环节主要由各类型的冷链物流服务企业组成。这些企业运用先进的智能仓储技术、智能运输技术和供应链管理技术，确保货品在整个供应链中的高效流通。在运输和储存环节，技术要求尤为严格，因为这两个环节直接关系到产品的质量和安全性。冷链物流服务企业主要分为仓储型、运输型、配送型、综合型和第四方冷链物流企业。

1. 仓储型冷链物流企业

仓储型冷链物流企业是指专注于冷链仓储服务的企业类型。它们的主要业务是提供低温储存环境，确保需要低温储存的货物，如食品、药品等，在储存过程中保证其品质和安全。仓储型冷链物流企业拥有专业的低温仓库和先进的冷链设备,能够维持恒定的低温环境,满足各种需要低温储存的货物的要求。除了基本的仓储服务外,仓储型冷链物流企业还提供包括货物分拣、包装、配送等一系列增值服务,以满足客户的多样化需求。目前我国涌现了一批优秀的仓储型冷链物流企业,诸如河南鲜易供应链、上海郑明现代物流、上海锦江国际低温物流、成都银犁冷藏物流等。

2. 运输型冷链物流企业

运输型冷链物流企业是指主要从事货物低温运输业务,包括干线运输、区域配送以及城市配送的企业。运输型冷链物流企业会根据客户的需求和货物的特性制定运输方案,包括运输路线的选择、运输车辆和设备的配置、运输过程中的温度控制等。同时,它们还会与仓储型冷链物流企业等合作伙伴紧密合作,确保货物在整个冷链物流过程中的顺畅流转。目前中国冷链物流行业按此种模式运营的代表企业有双汇物流、荣庆物流、众荣物流等。

3. 配送型冷链物流企业

在冷链物流行业中,最为常见的是配送型冷链物流企业。这类企业以城市低温仓储和配送一体业务为主,其冷链物流车穿梭在城市的大街小巷。例如北京快行线不仅推出了冷链城市配送、冷链零担业务和冷链宅配三种业务,还针对三个业务板块分别推出了恰时达、约时达和准时达服务。这类企业主要服务于超市供应商、超市配送中心、连锁餐饮配送中心、生鲜电商四类客户。

4. 综合型冷链物流企业

综合型冷链物流企业是指以低温仓储、干线运输以及城市配送等综合业务为主的冷链物流企业,其代表企业有上海万纬冷链物流、深圳招商美冷供应链、上海广德物流、北京中冷物流等。和单一的冷链物流企业不同,综合型冷链物流企业的业务比较广泛,涉及仓储、运输和配送等各个方面。

5. 第四方冷链物流企业

第四方冷链物流企业是指为第一方、第二方和第三方物流企业提供冷链物流规划、冷链物流咨询、冷链物流信息系统、冷链供应链管理等活动的企业。

(三)冷链物流终端收货单位

冷链物流的产业链下游环节主要包括超市、医院和工厂等冷链物流终端收货单位。这些单位对冷链物流的需求日益增长,尤其是在食品生鲜和医药产品领域。冷链运输对于确保食品和医药产品的质量和安全性至关重要。例如,有研究表明,使用冷链运输的海鲜,其损耗率比常温运输降低了12%。此外,医药产品的多样性和独特性使其对于贮存和运输的温度要求各不相同,而且要求更为严格。

四、冷链物流管理的作用和内容

（一）冷链物流管理的含义

冷链物流管理，是指在物品的生产、贮藏、运输、分销和零售，直至最终到达消费者手里的整个过程中，通过应用科学的管理和技术手段，对冷链物流活动进行系统化的规划、组织、控制和协调，以实现服务的不断提升改善和成本的降低。由于冷链物流对时效性和高组织协调性等的需求，其管理涉及较高的投入和成本，因此是一项复杂的系统工程。

（二）冷链物流管理的作用

1. 提高企业的市场竞争力

高效率的冷链物流管理，可以提高企业的生产效率和产品质量，提高设备的利用率，降低企业的运营成本。同时，通过冷链物流的精准控制，企业可以更好地掌握市场需求和消费者需求，从而调整产品策略和营销策略，提高企业的市场竞争力。

2. 促进产业转型升级

冷链物流管理的优化，不仅有利于单个企业的发展，还能推动整个冷链物流行业的转型升级。通过引入先进的技术和管理理念，可以提高冷链物流的智能化和规范化发展，为社会的经济增长做出贡献。

3. 推动绿色物流的发展

由于冷链物流需要维持恒定的低温环境，以保障易腐产品的品质和安全，因此需要消耗大量的能源。冷链物流管理在保障产品质量的同时，通过技术创新和流程优化，可以减少能源消耗和环境污染，推动绿色物流的发展，实现经济效益与生态效益的双赢。

（三）冷链物流管理的内容

冷链物流管理包括了冷库的选址布局、冷藏车资源的投入与排布、如何在合理的范围内给出最优的客户解决方案、在已知的条件下调整车辆运输模式等，具体涉及冷链物流的设施设备、物流信息、温度控制、物品保护、质量管理、成本控制、人员管理、环保和安全、风险评估和应对等诸多方面，具体如表1-3所示。

表 1-3 冷链物流管理要点

管理项目	具体要求
设施设备	1. 应在冷链物流作业的各环节配备专门的设施设备； 2. 应对冷链物流设施设备定期检验、校准，可根据冷链产品的控温要求和所在地气候条件，制定检测作业规范，确保设施设备的温度控制精度及其稳定性； 3. 应对设施设备定期维护，检查和确认设施设备运行正常； 4. 冷链物流设施设备应保持清洁、无异味，并定期消毒，做好记录； 5. 运输工具厢体应在装载冷链产品前进行预处理，以降低自身给冷链产品造成的温度波动
物流信息	1. 应建立完善的冷链物流信息系统； 2. 冷链物流信息系统应具有温度监测、信息记录、信息传递及预警等功能； 3. 应建立冷链物流追溯管理制度，对冷链物流各环节数据进行保存； 4. 冷链物流中的温度信息是追溯管理制度的主要内容，应建立和完善全程温度监测管理和环节间交接制度，实现温度全程可追溯
温度控制	1. 应建立冷链物流温度监测与监控制度； 2. 应明确规定冷链产品在各个物流环节的温度要求、温度测量方法、温度测量结果的记录要求，以及温度记录的保存方法、保存期限等要求； 3. 应配备连续温度记录仪，对其进行定期检查和校正，并配备不间断电源或搭建应急供电系统； 4. 应加强预处理环节温度的管理与控制，选择适宜的方法对冷链产品、设施设备等进行预处理
物品保护	1. 应建立冷链产品保护制度，对各个作业环节做出包括温度控制、卫生清洁、保质期限定等在内的关于物品保护的具体运作要求； 2. 应对冷链产品定期检验，保护物品不受潮、不损坏、包装完好等； 3. 应按照冷链产品的属性进行分类、分区域码放，以防止交叉污染； 4. 应根据冷链产品的属性选择相应的储藏方式； 5. 使用气调贮藏技术对冷链产品进行保护时，除须进行温度监测外，还应监测储藏间内的气体含量、压力变化等参数
质量管理	1. 应建立冷链物流相关质量管理体系； 2. 冷链物流的相关活动和要求，应以提高客户满意度为导向和准则； 3. 建立冷链物流应急处理预案，以应对冷链物流服务过程中的突发情况； 4. 冷链产品在交接时，应符合服务合同所规定的数量、品类、温度记录等在内的要求，签署交接凭证并保存； 5. 冷链物流服务双方应在服务合同中对双方的责权利做出明确界定，作为事后处理争议的依据

续表

管理项目	具体要求
成本管理	1. 制定冷链物流的成本预算，选择合适的冷链物流核算方法，如营运成本法、任务成本法和作业成本法等； 2. 对冷链物流设施设备的投入成本、运作成本进行控制，如运输配送成本、仓储成本等，采取节能措施，在冷链物流各环节中使用可循环利用或可回收的材料； 3. 优化物流网络设计，提高冷链物流技术水平，降低冷链产品损耗
人员管理	1. 冷链物流从业人员应持有岗位所需的有效证件； 2. 冷链物流从业人员应定期进行培训并考核
环保和安全	1. 应建立保障人员、冷链物流设施设备、冷链产品、冷链物流环境等方面的安全管理制度； 2. 应建立冷链物流环境保护管理措施； 3. 通过应用新技术、新能源来降低环境污染
风险评估和应对	1. 应通过全面的风险评估来确定可能影响供应链的各种风险，包括温度波动、设备故障、员工失误等； 2. 在确定了潜在风险后，应制定相应的应对策略，如建立完善的温控系统、进行分区控制等； 3. 应建立应急响应机制，以便在发生紧急情况时能够迅速采取措施，从而降低损失

尽管冷链物流管理在不断发展和完善，但其仍面临着诸多挑战，挑战之一是设备故障和人为错误。为应对这些挑战，冷链物流管理需要建立完善的应急计划和风险管控体系，定期维护和检查设备，加强人员的培训和管理。此外，冷链物流的成本也相对较高。为了降低成本，冷链物流管理需要不断优化物流网络设计，提高能源利用效率，采用先进的包装技术和追溯体系等。

万纬物流：奇异果的一体化供应链管理

视频案例

传统物流巨头布局冷链,专业化、信息化成趋势

习题

模块一　任务一　习题

能力提升

训练任务	冷链物流现状分析
训练目的	1. 加深对冷链物流技术在特定产品（如荔枝、疫苗等）配送中应用的理解； 2. 能够分析冷链物流技术在这些产品配送过程中的关键环节和作用
训练要求	1. 分组与选题：将学生分成若干小组，每组选择一种冷链产品进行案例分析。每组学生选择一种特定产品（如荔枝、疫苗或其他生鲜食品、医药产品等），深入研究其配送过程中对冷链物流技术的需求； 2. 技术应用分析：分析冷链物流技术在该产品配送中的具体应用，包括但不限于温度控制、湿度管理、包装技术、运输方式、仓储设施等，并分析冷链物流技术如何确保产品在这些环节中的品质和安全； 3. 方案展示与讨论：各小组进行方案展示，班级范围内进行讨论与点评
我的做法	
我的结论	
我的思考	

任务二　了解冷链物流设施设备

任务目标

◆ 知识目标
（1）掌握冷链物流各环节设施设备的特点；
（2）了解促进冷链物流设施设备环保性能的措施。

◆ 技能目标
能够分析在特定产品（如荔枝、疫苗等）物流中需要使用的设施设备类型及其特点。

◆ 素养目标
具有环保节能意识和可持续发展理念。

2021年，国务院办公厅印发了《"十四五"冷链物流发展规划》，作为我国冷链物流领域第一份五年规划，该规划提出将建设内外联通的国家冷链物流骨干通道网络，打造"三级节点、两大系统、一体化网络"的"321"冷链物流运行体系。打造"321"冷链物流运行体系很重要的一点，就是要完善国家骨干冷链物流基地布局，补齐两端冷链物流设施设备短板。一方面我国冷链物流设施设备自身存在短板，有补短板的需求；另一方面，消费升级、疫情因素、环境因素等对冷链物流设施设备的持续升级提出了更高的要求。

任务思考
（1）冷链物流包括哪些设施设备？
（2）冷链物流设施设备建设对冷链物流的发展有何作用？

身边的冷链物流

冷链物流护航医药运输

除了生鲜运送，医疗冷运也是冷链物流行业的另一大需求点。医药冷链运输较生鲜冷链所要求的条件更为严苛，尤其是疫苗运输的全程都离不开冷链的精准温度控制。根据WHO的统计，全球每年约50%的疫苗被浪费，其中绝大部分是在运输过程中因温度不达标而损耗。当前，我国已经是全球第二大的医药市场，各类疫苗、血液制品、生物药的运输都需要冷链物流护航。我国境内需要低温运输的药品总金额每年高达数千亿元，确保医药安全高效安全运输的重担也落在了冷链物流的肩上。

顺丰搭建了一整套疫苗运输解决方案和一站式保障体系，可提供专业医药冷链包装、集成物联网监控平台服务，实现-80℃至25℃多温区精准控制，满足24~168小时中长距离恒温运输；同时，结合医药仓、温控配送能力，联动医保系统终端实名认证，助力多家互联网医院、DTP药房的医药到家服务。截至2022年4月，顺丰共有292台医药冷运专用车辆，和多位具有5年以上冷藏车驾驶经验的医药专职司机。

不同于一般的生鲜冷链，疫苗冷链门槛较高。运输疫苗期间的昼夜温差、跨地区环境差异以及特殊天气都是潜在挑战，而且还要确保每辆疫苗运输车辆的温度精准控制在2~8℃。为了确保疫苗安全送达，顺丰在运送时，运输车辆都会准备副冷机（二冷机），一旦主冷机发生故障，副冷机便及时代替主冷机继续工作。为了保持车辆温度均匀，车辆内壁均装有循环风装置。此外，顺丰采用温湿度监控平台以及区块链存证平台，实施1分钟一记录、5分钟一上传的标准数据模式，实时监控全国范围内的疫苗冷藏车辆温度、湿度及车辆运行状态，同时配备自动预警功能，对全程温度、湿度数据进行上链处理，实现数据可追溯、防篡改。

（资料来源：商业新知网。有删改。）

知识研修

冷链物流的设施设备涵盖了仓储、运输、配送、零售等各个环节，其中任何一个环节冷链设施设备的缺失，都会让产品品质大打折扣。其中冷库和冷藏车作为冷链运输中的关键设施，在冷链物流中的投资占比也比较高。

冷链物流设施设备，是指将运输或存储的货物保持在一定温度范围内的设备和系统，用以保持货物在冷藏、冷冻或者常温状态下的品质和安全。具体的冷链物流设施设备有冷藏设备、预冷设备、配送周转设备、终端低温设备等。冷链物流设施设备的应用，保证了货物在整个供应链中的品质和安全。在运输、存储、销售等环节中，货物需要保持在一定的温度范围内，以保证产品质量和消费者的健康。冷链物流设施设备可以避免货物因为温度波动过大而造成损失，同时也可以减少浪费，提高利润。

一、冷藏设备

（一）冷库

冷库又称冷藏库，是保持货物在特定温度下的仓库，其温度范围一般从－38℃到20℃不等。冷库通常用于储存和分配食品、医疗用品、科研样本等。冷库内的温度、湿度、气流、储存密度等都需要仔细管理。

冷库起源于古代的冰窖。古人在冬季储藏冰块，以供夏季使用，当时藏冰的冰窖就是冷库的初级原始阶段。19世纪中叶，世界上第一台机械制冷设备装置问世，利用人工制冷设备控制低温取得成功，为现代冷库制冷打下了基础，从此冷库建筑在许多国家迅速发展。现在，冷库已经成为冷链物流不可缺少的设施设备，冷库容量亦成为衡量一个国家的冷链物流行业发展程度的重要量化指标。随着我国市场对冷库的吨位、规模和形式的要求越来越高，冷库逐渐标准化、模块化、工厂化，冷链物流行业进入快速发展阶段（见图1-3）。

图1-3　冷库内部图片

1. 冷库的组成

冷库主要由库体、制冷系统、冷却系统、控制系统和辅助系统几个部分组成。

（1）库体。

库体主要用于物品的储藏、隔热、防潮，并分隔出各工作区域。大型冷库包括冷加工室、预冷室、冷冻室、冷藏室、制冰室、大厅、平台、电梯等。大型冷库采用民用冷库体。小型冷库和温度低于－30℃的冷库，冷库箱体通常采用钢架和轻质预制聚氨酯或聚苯乙烯夹芯板组装而成。家用的小型冷库或冰箱，箱体仅采用压铸成型，并用聚氨酯填充保温。

（2）制冷系统。

制冷系统主要用于提供冷藏，以保证合适的温度和湿度。根据冷库的温度不同，制冷系统也不同：通常冷库的温度高于－30℃时，采用单级压缩制冷系统；冷库温度低于－30℃、高于－60℃时，采用两级压缩制冷系统或复叠制冷系统；冷库温度低于－80℃时，一般要用复叠制冷系统。

（3）冷却系统。

根据散热方式不同，冷却系统分为风冷系统、水冷系统和蒸发冷却系统。风冷系统，直接采用空气作为冷却媒介，系统简单，操作方便，适用于缺水地区和小型冷库。水冷系统主要由冷却塔、水泵和冷却水管组成，冷却效果好，但系统复杂，操作麻烦，需要定期清洁冷却水系统，以确保冷却水系统的传热效果。水冷系统大部分用于大型冷库。蒸发冷却系统是将制冷系统的冷凝器直接与冷却塔相结合，冷却水直接喷洒在冷凝器上进行蒸发冷却，冷却效果好，但系统复杂，要求冷凝器直接安装在室外，因此系统的运行和维护要求很高。

（4）控制系统。

控制系统主要用于对冷库的温度、湿度、制冷系统、冷却系统进行控制，从而确保冷库的安全、正常运行。随着技术的发展，目前网络技术已在冷库的控制系统中推广使用。控制系统是利用计算机、现场总线、触摸屏、传感器、执行器等设备，来控制冷库内的温度、湿度、流量等参数的先进技术，其工作原理主要包括数据采集、数据处理、控制指令和能耗统计四个步骤。传感器等设备实时监测冷库内的环境参数，生成数据流。系统对这些数据进行分析、处理、比对，生成实时监控数据和相关报表。根据预先设定的控制策略，系统生成相应的控制指令，并通过执行器等设备对冷库内的环境参数进行控制和调整。此外，系统还通过数据统计和分析，研究能源耗损机制，从而实现对能源消耗量的监控和调整，以降低冷库运营成本，达到节能目的。

（5）辅助系统。

辅助系统主要包括冷库操作间、机房等，大型冷库也配置有动力车间、配电室、锅炉房、实验室、水泵房、仓库、水处理区等场所。

2. 冷库的分类

（1）按温度分类。

高温冷库：这类冷库的温度一般控制在10～20℃，其主要用于储存如药品、化工品等需要特定温度条件的物品。

中温冷库：这类冷库主要用于储存水果、蔬菜等食品，其温度控制在0～10℃，可以更好地保持食品的新鲜度和口感。

低温冷库：这类冷库主要用于食品的长期保存，如肉类等，其温度一般控制在－23～－18℃，以确保食品在长时间内保持新鲜。

冻结冷库：冻结冷库主要用于鲜品冷藏前的快速冷冻，库房温度一般控制在

−23℃以下。

气调冷库：这类冷库主要用于对新鲜果蔬、农作物种子和花卉进行较长期的贮存，是目前较先进的果蔬保鲜贮藏方法。气调冷库除了要控制库内的温度、湿度外（温度控制在为−2～5℃），它在冷藏的基础上，增加了气体成分调节功能，通过对贮藏环境中的二氧化碳、氧气浓度和乙烯浓度等条件的控制，抑制果蔬呼吸作用，延缓果蔬新陈代谢的过程，以更好地保持果蔬的新鲜度，延长果蔬的贮藏期和保鲜期。气调贮藏的物品通常比普通冷藏延长贮藏期0.5～1倍。气调冷库内贮藏的果蔬，出库后先使果蔬从休眠状态苏醒，其保鲜期可延长至21～28天。有些地区气候原因可能导致库内湿度不足，需要采用气调冷库喷雾加湿器设备帮助物品加湿保鲜，加湿器采用超声波高频振荡的原理，将水雾化为1～5微米的超微粒子，通过风动装置，将水雾扩散到空气中，从而达到均匀喷雾、加湿保鲜的目的（见图1-4）。在此环境下，果蔬可以保存更长时间，损坏率降低至10%以下。

图1-4　气调冷库喷雾加湿

(2) 按结构分类。

土建冷库：这类冷库是采用钢筋混凝土建造的冷库，结构坚固，寿命长久，但建造成本较高。

钢结构冷库：这类冷库一般采用钢材和保温材料建造而成，具有较好的保温性能和抗震性能。钢结构冷库一般适用于大中型冷库，建造周期较短，但成本较高。

组合式冷库：这类冷库由预先制作好的隔热板组装而成，安装简便，可移动性强，适用于中小型冷库。

(3) 按使用性质分类。

生产性冷库：这类冷库具有较强的制冷加工能力和一定容量的低温贮藏冷冻品空间，主要建在食品产地、货源集中地区，以及渔业、农业基地，通常作为鱼类加工厂、肉类加工厂、禽蛋加工厂、蔬菜加工厂等各类食品加工厂的重要组成部分。这类冷库配有相应的屠宰车间、理货间、整理间等，有较强的冷却、冷冻能力和一定的冷藏容量，食品在此进行冷加工后经过短期储存即运往销售地区，直接出口或运至分配性冷库进行长期贮藏。

分配性冷库：这类冷库主要建在大中城市、人口较多的工矿区和水陆交通枢纽地带，专门贮藏经过冷加工的食品，以供调节淡旺季节、提供外贸出口和作长期储备之用。这类冷库的特点是冷藏容量大并考虑多品种食品的贮藏，大部分冷库冻结能力较弱，主要用于长距离调入冷冻食品在运输过程中软化部分的再冻及当地小批量生鲜食品的冻结。

零售性冷库：这类冷库是建在工矿企业或城市大型副食品店、菜市场内，供临时存储零售食品使用的冷库。

综合性冷库：这类冷库的功能性强大，其集生产性、分配性等功能于一身，可以满足大容量产品的贮藏及冷加工。

（4）按规模分类。

大型冷库：库容在 10000 立方米以上，适用于大规模的食品、药品等物品的储存。

中型冷库：库容 1000～10000 立方米，适用于中型商业或工业场所。

小型冷库：库容在 1000 立方米以下，主要在小型商业或家庭场所使用。

除以上分类方式，按照冷库储存物品的不同，还可以分为食品冷库、药品冷库、工业冷库等。根据不同的需求和应用场景，可以选择使用不同类型的冷库。

（二）公路冷藏车

公路冷藏车是指用来维持冷冻或冷藏温度的封闭式厢式运输车，是装有制冷机组和聚氨酯隔热厢的冷藏专用运输汽车，常用于运输冷冻食品、奶制品、蔬菜水果、疫苗药品等。

公路冷藏车具有密封性、制冷性、轻便性、隔热性等特点。冷藏车的货柜需要保证严格的密封来减少柜内与外界的热量交换，使冷藏柜内保持较低的温度。冷藏车加装的制冷设备与货柜连通，并保证源源不断地提供制冷，使货柜的温度维持在货物需要的范围内。冷藏车运输的货物通常为无法长时间保存的物品，虽然有制冷设备，但仍需要较快送达目的地。冷藏车的货柜类似于集装箱，但由隔热效果更好的材料制成，以此减少热量交换。

公路冷藏车的分类如下。

1. 按车厢内部平均温度保存范围分类

A 类冷藏车：平均温度 0～12℃。

B 类冷藏车：平均温度－10～12℃。

C 类冷藏车：平均温度－20～12℃。

D 类冷藏车：平均温度小于或等于 0℃。

E 类冷藏车：平均温度小于或等于－10℃。

F 类冷藏车：平均温度小于或等于－20℃。

G 类冷藏车：平均温度 2～8℃。

H 类冷藏车：平均温度小于或等于－20℃。H 类冷藏车的温度要求和 F 类一致，但 H 类冷藏车主要用于运输生物制品，生物制品运输车还需要经过药监局的 GSP 认证，所以两者是存在差异的。

冷冻食品，如冷冻肉、冷冻水产品等，一般要求储存温度在−18℃以下，可以储存几个月到十几个月，这类食品应采用F级冷藏车运输。

冷藏食品，如冷鲜肉、水产品、禽蛋等，运输温度要求是在保证食品不冻结的前提下，温度越低越好，也就是接近0℃乃至更低一些，这类食品要求用D类、E类、F类的冷藏车运输。

冷鲜食品，如蔬菜、水果等的运输是冷藏运输中比较复杂的。各种蔬菜、水果的温度要求不一样，且它们对控制温度波动的要求比较高，不可以过分偏离设定的温度。由于蔬菜、水果在采摘以后还是会呼吸的，会产生"呼吸热"，因此要求冷藏车制冷机组提供更多的冷量。另外这类食品对相对湿度也有要求，所以，虽然从A类到F类各类冷藏车原则上都可以用于蔬菜、水果的运输，但对于承运人的技术和经验是有一定要求的。

2. 按制冷装置的制冷方式分类

机械冷藏车：这类冷藏车内部装有蒸汽压缩式制冷机组，这种制冷方式能够实现车内温度的自动控制，因此非常适合短、中、长途或特殊冷藏货物的公路运输。机械冷藏车的优势为车厢的隔热性能良好，能够降低外界对厢内温度的影响，制冷装置所占用的空间相对较小，重量轻、安全可靠，并且不易出现故障。其不足之处为结构相对复杂，维修费用较高，噪声较大，尤其是大型冷藏车，大型冷藏车冷却速度较慢，且需要定期融霜。目前机械冷藏车在冷链物流中的应用范围最广。

冷冻板冷藏车：这类冷藏车利用具有一定蓄冷能力的冷冻板进行制冷。冷冻板装置是利用蓄冷剂的冷冻和融化过程来吸收和释放冷量。冷冻板冷藏车的优点为厢内温度稳定，制冷过程中无噪声，发生故障的概率相对较低，结构简单，投资费用较低。不足之处为制冷时间有限，主要适用于中、短途公路运输。这类冷藏车使用的冷冻板，还被用于航空集装箱运输，用来运送珍贵的水果、新鲜海产品等食品。

液氮冷藏车：这类冷藏车利用液氮汽化吸热的原理进行制冷。其优势为设备相对简单，初始投资少，厢内降温速度较快，能够较好地保证食品的品质，运行过程中无噪声，并且与机械制冷装置相比，液氮装置的重量大大减轻。不足之处为液氮的成本较高，运输途中液氮的补给相对困难，长途运输时，需要装备大型的液氮容器，可能会减少有效的载货量。

总之，公路冷藏车作为一种特殊的运输工具，其不同的分类也代表着不同的运输功能。在选择公路冷藏车时，需要根据运输的货物种类、距离以及保鲜要求等因素进行综合考虑，以选择最合适的冷藏车类型。

东风股份实现冷链再布局

随着"十四五"冷链物流发展规划的稳步推进，冷链运输已经成为"新蓝海"。作为冷链运输行业中的重要设备，冷藏车始终是行业发展前景的重中之重。东风汽车股份有限公司（以下简称东风公司）作为国内知名的商用车产品制造商，不仅大力发展自身实力，同时把目光放在了当前堪称"蓝海"的冷藏车领域。2023年，东风公司与河南某大型专用车企业达成了500台东风凯普特星云冷藏车生产重大合作。东风凯普特星云冷藏车拥有大容积装载空间，承载能力十分突出。在车厢制冷方面，东风凯普特星云冷藏车配备了PTO电子辅助预制冷，提前为货厢进行智能打冷控温，以保证货物的新鲜和完好。同时，车冷厢采用"XPS保温层＋内外玻璃钢板"的组合做工，即使在高温天气下作业，车厢内的制冷也不会受影响。正是依靠着这样强悍的产品实力，东风公司赢得了用户的认可。

（资料来源：每日汽车聚焦。有删改。）

（三）冷藏集装箱

冷藏集装箱又称冷冻集装箱或RF集装箱，是专门设计用于运输过程中需要冷冻或冷藏保存的货物的集装箱。在不同的运输方式（如公路、铁路、水路、航空运输等）中，冷藏箱都有重要的应用。它采用了先进的制冷技术，能够在运输过程中为货物提供适宜的低温环境，以确保货物的品质和新鲜度。

冷藏集装箱广泛应用于食品、医药、化工等领域，通过使用冷藏集装箱，可以确保货物在长途运输过程中始终保持适宜的温度，减少货物损耗，降低货物变质的风险。在食品领域，它用于运输蔬菜、水果、肉类等易腐食品；在医药领域，它用于运输疫苗、血液制品等需要恒温保存的物品；在化工领域，它则用于运输各种需要低温保存的化学品。随着全球贸易的不断发展，冷藏集装箱的需求持续增长。我国冷藏集装箱行业的市场规模近年来呈现出稳步增长的趋势，冷藏集装箱已发展成为国际贸易中一项新型的重要运输方式。住在甘肃省兰州市的小姑娘可以吃到产自中美洲新鲜的香蕉，生活在巴西的小男孩可以尝到来自美国的冰激凌，在日本的超市里可以选购到产自上海市郊区的新鲜蔬菜，有了冷藏集装箱，这些场景已经不足为奇了。

冷藏集装箱的不同种类如下。

1. 按制冷方式分类

按制冷方式分类，冷藏集装箱主要分为机械式冷藏集装箱、隔热式冷藏集装箱和气调式冷藏集装箱等类型。其中，机械式冷藏集装箱是较为常见的一类冷藏集装箱，它自带制冷装置，能够不间断地提供冷量，以维持箱内的低温状态。隔热式冷藏集装箱是通过其良好的隔热性能来保持箱内温度的稳定。气调式冷藏集装箱则是通过调节集装箱内的气体成分来延长货物的保鲜期。

随着科技的进步和人们环保意识的提高，冷藏集装箱也在不断进行技术革新和升级。例如，新型的冷藏集装箱采用了更加环保的制冷技术，降低了能源消耗和碳排放。同时，一些冷藏集装箱还配备了智能化的温度监控和报警系统，提高了运输过程中的安全性和可靠性。

2. 按控制功能分类

温度控制型冷藏集装箱：这类冷藏集装箱主要用于保持货物在特定温度范围内的运输和储存，广泛应用于食品、药品、化妆品等需要冷藏或冷冻的物品的运输和储存。

湿度控制型冷藏集装箱：这类冷藏集装箱主要用于保持货物在特定湿度条件下进行运输和储存，常用于运输和储存电子产品、木材、纺织品等对湿度敏感的物品。

气体控制型冷藏集装箱：这类冷藏集装箱配备了气体控制装置，可以通过调节气体浓度来延长货物的保鲜期，常用于运输和储存果蔬、鲜花等需要特定气体环境的物品。

特殊货物控制型冷藏集装箱：这类冷藏集装箱根据特定货物的需求而设计，常用于运输和储存化学品、危险品等特殊货物。

3. 其他分类

标准冷藏集装箱：这是最常见的冷藏集装箱类型，主要用于运输常规的冷藏货物。

深冷集装箱：主要用于运输需要极低温度的冷冻货物，如冷冻食品、药品等。

冷却集装箱：主要用于运输需要保持恒定温度的货物，如蔬菜、水果等。

湿冷集装箱：主要用于运输需要相对湿度较高的货物，如海鲜、鲜花等。

（四）冷藏船

冷藏船是在低温状态下，装运易腐食品（如水产、肉类、水果、蔬菜等）的专用运输船舶。冷藏船的分类如下。

1. 按冷藏形式分类

依冷藏形式的不同，冷藏船可分为冷藏舱船和冷藏集装箱船。前者的货舱做成了冷藏舱，舱壁有良好的隔热功能，货物以托盘或篓筐形式置于舱内。冷藏舱船通常吨位不大，为数百吨到数千吨。后者的货物则装于冷藏集装箱中。冷藏集装箱船以其周转快、可以实现"门对门"运输、小批量运输等优点，抢占了大部分港口到港口间的货物运输（见图1-5）。

冷藏货运的集装箱化是不可避免的，随之而来的是冷藏货物海运业务由中小港口向大港口集中。传统的冷藏船基本上是配合远洋捕捞作业的运输，兼作捕捞船的补给船舶。作为远洋渔业捕捞的坚实后盾，传统的冷藏船具有冷藏集装箱不可替代的优势，因此冷藏船不但不会消失，而且会有一定量的发展。

图1-5 中国造船公司为Dole公司建造的冷藏集装箱船（Dole Maya号）

2. 按功能和用途分类

按功能和用途分，冷藏船可分为冷冻母船、冷冻渔船和冷冻运输船。

冷冻母船：这类冷藏船通常是万吨以上的大型船，其具备冷却和冻结装置，主要用于冷藏运输。冷冻母船的主要功能是为其他船只或设施提供冷藏服务，支持大规模的冷藏需求。

冷冻渔船：这类冷藏船主要用于渔业，尤其是远洋渔业，其除了具备冷藏功能，还兼具捕鱼、保鲜和海上水产品加工等功能。例如，金枪鱼钓船和冷冻拖网船就属于这类冷藏船。

冷冻运输船：这类冷藏船主要用于港口与港口之间冷藏货物的运输。由于货物所需运输温度的不同，有些冷冻运输船是专用的，如专门用于运输香蕉或液化天然气的船只，而有些船则是通用的，即同一冷冻运输船可以运送多种货物。

课堂案例

全国首艘超低温冷藏运输加工船"海洋之星"命名投用

日前，全国首艘超低温冷藏运输加工船"海洋之星"在我市命名投用。

"海洋之星"轮超低温冷藏运输加工船是由山东海洋集团投资建造的特别定制船型，总投资3400万美元，舱容17.8万立方英尺，船长117.5米，总吨5350吨，可提供－55℃以下的货舱温度，蓝鳍金枪鱼日加工能力约55吨，是目前世界上最先进的绿色环保型船舶，主要用于高端远洋渔获的冷藏运输和海上加工，将有效解决远洋渔获回运加工问题。

据悉,"海洋之星"轮在建成下水前,就已获得每年 5000 吨的蓝鳍金枪鱼海上加工合同,作业量占全球蓝鳍金枪鱼加工总量的八分之一,一举在国际超低温冷藏运输加工领域打响了山东品牌。

(资料来源:青岛政务网。有删改。)

(五)铁路冷藏车

铁路冷藏车是专为运输需要低温保鲜的货物而设计的铁路车辆,其具备强大的运输能力,尤其适用于长距离的冷藏运输,是铁路冷链物流的重要组成部分。

铁路冷藏车的设计注重保温性能,通常采用焊接的金属骨架,两侧铺以薄钢板,中间填充热绝缘材料,以确保车厢内的温度稳定,并达到所需的冷藏效果。铁路冷藏车的厢壁、车顶和地板的厚度都经过精心计算,以优化其保温效果。保温材料的传热系数是衡量其保温性能的重要指标,铁路冷藏车的传热系数就被控制在较低的范围内。

目前铁路冷链物流中用得较多的是机械铁路冷藏车。这类冷藏车是设有机械制冷装置的铁路专用车辆,主要用于运送肉类、水产品、水果和蔬菜等易腐货物。这类冷藏车具有冷却温度低、能任意调节车内温度并保持温度恒定的特点,因此能够适应各种易腐货物的运输要求。另外,机械铁路冷藏车也有不同的类型,例如 BH10 型单节机械冷藏车,其加装了铁路冷藏车控制系统及软件平台,通过物联网和信息化技术,实现了无人值守、远程监控,降低了运营成本,提高了信息化水平,并在货间温度均匀性、防水性、气密性和隔热性方面做了优化提升,有力地保障了货物品质。总的来说,铁路冷藏车在冷链物流中发挥着重要作用,其优良的性能和智能化的管理使得铁路冷链运输更加高效、安全、可靠。

课堂案例

山东省积极推进"班列+冷链"新模式

2024 年 1 月,由山东高速集团统筹运营的山东中欧班列首班 BX1K 铁路冷藏专用车组测试列从上合示范区顺利开出(见图 1-6)。这是山东省首趟成功开行的 BX1K 铁路冷藏专用车组,标志着山东中欧班列推出了"班列+冷链"新型物流服务产品,是山东省国际冷链运输新通道建设的重要举措。

本趟班列由山东高速齐鲁号欧亚班列运营有限公司与中铁特货物流股份有限公司联合组织,是中欧班列冷链物流模式先行先试取得的重要成果。班列搭载了山东省内企业生产的冷冻食品,从上合示范区多式联运中心(中铁

图 1-6　山东中欧班列中的铁路冷藏车

集装箱青岛中心站）启程，经满洲里口岸出境，预计 18 天后运抵俄罗斯莫斯科谢利亚季诺站。

据悉，BX1K 铁路冷藏专用车组由 8 个集装箱和 1 个发电箱组成，可持续供电制冷 300 个小时，能够承运 −30℃ 至 30℃ 的冷藏、保温运输货物，打破了传统冷链集装箱须自带发电机的限制，在全程恒温运输、降低能耗和货物损耗、保证冷链货物品质方面具有较大优势。

山东是蔬菜、水果、肉制品的生产和消费大省，拥有完整成熟的生鲜食品生产、加工、销售产业链。此类班列的开通为省内生鲜食品进出口产业提供了新的物流解决方案，相比传统海运方式缩短运输时效 20 天以上，能进一步提升山东冷链产品的国际市场竞争力，加快推进产业链和供应链融合，有力助推山东省绿色低碳高质量发展先行区建设。

下一步，山东高速集团将依托山东中欧班列通道优势，持续探索"班列＋"业务发展新思路，加大产品创新研发力度，积极推进"班列＋跨境电商""班列＋冷链"等新模式、新业态发展，努力为促进"山东制造"出口和国外优质产品进口、助力山东省打造对外开放新高地贡献"山高力量"。

（资料来源：海报新闻。有删改。）

 二、预冷设备

（一）预冷的含义

预冷是指食品从初始温度迅速降至所需要的终点温度的过程。这个过程通常发生在冷藏运输或快速冻结之前的阶段。

预冷的主要目的是除去果蔬产品的田间热或呼吸热，使品温降低到贮藏温度，降低果蔬产品的失水率，减少乙烯释放量，降低营养成分的消耗，抑制病原菌繁殖，减轻冷库冷凝系统的负荷，避免产品入库时库内温度产生较大的波动。预冷不仅可以延长果蔬产品的货架期，减少其在流通中的各种损耗，还有助于消费者获得高鲜度、洁净的产品。研究数据表明，冷链中不经预冷的果蔬在流通中损失率高达25%～30%，而经过预冷后的果蔬损失率仅为5%～10%。

（二）预冷设备的分类

预冷设备在冷链物流中起着至关重要的作用，其能够保证货物品质和延长货物保质期。常见的预冷设备包括真空预冷机、水预冷机、风预冷机和其他预冷设备等。这些预冷设备的工作原理和适用范围各不相同，但都是为了实现货物的快速降温。

1. 真空预冷机

真空预冷机是采用真空预冷技术，利用真空泵抽取真空槽内部的空气和水蒸气，以降低真空箱内气压的一种高效的预冷设备。在低气压的环境中，被预冷物体表面的水分开始迅速蒸发，由于蒸发过程中需要吸收热量，因此被预冷物体的温度会迅速下降。同时，由于真空环境中的压力差，被预冷物体组织内的有害气体和热量也会被抽出，所以进一步加速冷却过程。

此外，真空预冷机还配备有制冷剂或低温工质，如液氮或液氩等。当这些工质与被预冷物体接触时，由于双方温度的差异，被预冷物体的热量会被传递给工质，工质在接触被预冷物体热量的同时，会产生蒸发冷却效应，进一步吸收热量，从而增强预冷效果。真空预冷机适用于预冷各种富含水分的食品，如蔬菜、水果和熟食品等。经过真空预冷处理后，被预冷物体约30分钟可快速均匀地降至0℃左右的适宜温度。真空预冷机也有不足之处，如其对水分不易蒸发的果蔬产品几乎不能冷却，且投资成本较高。

2. 水预冷机

水预冷机是通过冷水循环来降低货物的温度，适用于一些需要以接触水的方式来实现降温的货物。水预冷机的预冷方式主要分为浸泡式预冷和喷淋式预冷。浸泡式预冷的原理，是将水和冰一起放置在一个较大的容器内，让水和冰充分混合，得到温度接近0℃的冰水混合物，直接将货物放入冰水混合物中浸泡一段时间，待其温度降低后取出。浸泡式预冷机是在冰水混合物槽中设置传送带，使货物在通过传送带的过程中被冷却，传送带的速度可根据货物要求达到的预冷温度来设定。冰水混合物槽中可设置制冷系统的蒸发器以对水进行冷却，也可以通过加入冰块保证冰水混合物槽中的温度。在实际操作中，经常会在冰水混合物中加入消毒杀菌剂或保鲜剂来对货物进行处理，以延长货物的保鲜期。喷淋式预冷则是通过喷淋装置将冷却水喷洒在货物表面，利用水雾与货物之间的热交换来降低货物的温度。这种方式适用于那些需要保持干燥或避免过度湿润的货物。喷淋式预冷机可以根据货物的特性和预冷需求进行调整，例如喷淋水的温度、流量和喷淋时间等，以实现更精准的预冷效果。

水预冷机具有降温速度快、操作简便、适用范围广等优点。它可以根据货物的种类和数量进行预冷调整，以满足不同的预冷需求。一些货物采用水预冷方式可以达到很好的冷却效果，例如玉米、苹果、哈密瓜、桃子等体积与表面积比值较大，并且表面无孔的货物。同时，水预冷机还可以与其他冷链设备配合使用，形成完整的冷链物流系统，确保货物在储存和运输过程中的温度控制。不过水预冷方式也会因果蔬表面沾有大量的水导致滋生细菌，容易造成果蔬腐烂，所以其推广应用也受到了一定的限制。

3. 风预冷机

风预冷机是通过强力风扇吹送冷风来降低货物温度，适用于一些不宜接触水的货物的预冷，亦适合所有果蔬的预冷。风预冷机又分为强制通风预冷机和差压通风预冷机。强制通风预冷机主要通过强力风扇产生气流实现货物降温，但其也可能会导致货物表面的水分过度蒸发，在使用时需要注意货物的湿度控制。差压通风预冷机则是利用不同区域之间的压力差来驱动空气流动，以实现货物的预冷。差压通风预冷机适用于对湿度控制要求较高的货物，因为它可以减少因强制通风而造成的水分蒸发问题。此外，差压通风预冷机的运行成本相对较低，因为它不需要额外的动力来驱动风扇或气流。差压通风预冷机是现行的较为快速、有效的预冷方法，其冷却速度比强制通风预冷装备快 2～6 倍。

4. 其他预冷设备

根据预冷方式的不同，目前大量应用的预冷设备还有冰预冷设备、预冷库等。冰预冷是较容易实现的产地预冷方法之一，其主要用于蔬菜、水果等货物的预冷处理。这种预冷方法是利用冰块的低温特性，通过冰块与货物直接接触，或者将冰块置于货物周围，吸收并带走货物表面的热量，从而实现快速降温。

预冷库则是在普通小型保温库的基础上加上机械制冷设备组成移动式冷库，通常用于果蔬预冷。在选择预冷设备时，需要综合考虑货物的种类、数量、降温要求以及预算等因素。不同的预冷设备，在降温速度、均匀性、操作便捷性和成本等方面存在一定的差异，因此，用户应根据自身实际需求选择合适的预冷设备。

总之，预冷设备在冷链物流中扮演着重要的角色，其应用能够有效提高货物的运输效率，从而满足市场对于高品质食品的需求。

三、配送周转设备

配送环节是冷链物流关键的一环，冷链物流的"断链"往往发生在配送环节，所以冷链物流中使用的配送周转设备需要将货物保持在合适的温度范围内，以保证货物的质量。

（一）冷链物流的配送方式

国际上冷链物流的理论与实践应用研究大致经历了三个发展阶段，由单品温物流发展到机械式冷冻车厢区隔、机电共享式保冷柜配送的多品温物流，再发展为蓄冷式保温箱多品温共配物流。

目前，我国市场上的冷链物流配送方式仍以单品温配送为主。这种配送方式意味着在货物配送过程中，对于不同温度要求的货物，通常采用分别运输的方式，例如，冷冻品用冷冻车配送，冷藏品用冷藏车配送，常温品用常温车配送，以确保满足各种货物所需的温度条件。单品温配送模式也存在一些不足之处：首先，有时会增加配送成本；其次，对于某些需要多种温度条件共存的货物，单品温配送无法满足其需求。单品温配送由于无法实现多品温共同配送，在少量多品种的货物配送中，车辆无法共用，只能单车单用，从而造成运能的浪费，降低了车辆使用效率，增加了配送成本。为了满足不同温度要求的货物在配送过程中的需求，机械式冷冻车厢区隔、机电共享式保冷柜配送的多品温物流应运而生。机械式冷冻车厢区隔是在冷冻车厢内设置了多个区域，每个区域都可以独立控制温度，这种设计使得不同的温度需求的货物能够用同一辆车进行配送，因此提高了配送效率。机械式冷冻车厢区隔的缺点在于其灵活性相对较差，一旦车厢内的区域划分确定下来，就很难再进行调整。机电共享式保冷柜配送则是一种更为灵活的配送方式。机电共享式保冷柜是电冰箱式保冷柜与机械式冷冻箱的结合，其可以根据实际需要调整温度和空间，这种配送方式的优点在于其适应性强，可以根据货物的具体情况进行灵活调整，但也因此需要更高的操作成本和维护成本。无论是机械式冷冻车厢区隔还是机电共享式保冷柜配送模式，都需要配置专用车辆，车辆成本通常是普通车辆的1.5~2倍，维修成本也较高。另外，冷链专用车辆的制冷特点也决定了每次装货、卸货作业都会造成车厢冷度的流失，并导致能源浪费和环境污染。

蓄冷式保温箱多品温共配物流能够保持货物温度维持在其所需范围内长达12小时，有利于合理有效安排、实施冷链货物的配送计划和配送路径。保温箱的使用避免了传统冷链专用车辆在装货、卸货作业中的冷度流失，进而减少能源浪费和环境污染。普通货车配置蓄冷式保温箱可以同时混载配送不同温度的货物，提高车辆运能，降低配送次数。

（二）冷链物流的配送周转设备

1. 保温箱

冷链配送中使用保温箱是一种常见且有效的做法。保温箱能够确保货物在运输过程中保持恒定的低温状态，从而保持其新鲜度。保温箱通常由食品级环保材料制成，这种材料无毒无味，抗紫外线，不易变色，表面光滑，且容易清洗。保温箱内部还配有蓄冷剂，用于吸收并储存冷量，以维持箱内的低温环境。

目前智能化保温箱已逐步在我国冷链市场投入使用。智能化保温箱大多具备实时监测、精准温控等功能。

课堂案例

松冷（武汉）科技有限公司研制蓄冷式智能温控箱

松冷（武汉）科技有限公司（以下简称"松冷科技"）在冷链行业深耕近20年，现已拥有子公司21家，运营网络覆盖全国98％以上城市，主要为疫苗、诊断试剂、治疗药物、血液制品、血样等生物医药企业以及高端食品企业提供专业的冷链装备定制服务和"精准温控、灵活快捷、实时监测、高时效、低成本"的精温冷链物流服务。

在全球产业重构背景下，作为冷链物流产业中的重要运载设备，智能温控箱的自主创新能力和安全性不仅关乎我国冷链温控物流产业的发展，也在一定程度影响着生物医药和生鲜食品产业链供应链的安全与稳定。面对机遇与挑战并存的冷链温控产业背景，松冷科技迎难而上攻克了冷链温控系统技术等重重难题，推出了新一代智慧冷链新品——"蓄冷式智能温控箱"（见图1-7）。

图1-7 蓄冷式智能温控箱

2023年12月26日，松冷科技在武汉召开新品发布会。松冷科技韩副总经理以"简便、智能、安全、节省"为提纲介绍了新品的特点和优势。

1. 简便——操作简便，无须释冷，一键启动，自动控温。产品采用一种相变材料，提供多种保温区间，无惧严寒酷暑，温度掌控自如，一次装箱玩转四季温度。

2. 智能——自动控温，智能监测，多维度交付，平台化管理。产品内置智能算法和 4G 模块，连接多个物联网传感器，实时智能计算，动态调控，确保箱内温度精准，并且采用多传感器动态联动，实时智能计算箱内剩余保温时长并反馈在显示屏上。产品支持多方式数据服务，并通过智慧化管理平台实时远程监控，动态管理。

3. 安全——温控精准，无限续航。新品颠覆传统设计，蓄冷箱和货仓相互独立，避免相变材料直接接触货物，导致超温、温损、污损、货损等问题，确保货物安全。采用相变蓄冷式温度控制，结合剩余时长提示，可随时更换相变材料，无限延长保温时限。

4. 节省——功能强大，省时省地省成本。产品操作简便，极大节省装箱操作人员、时间和场地；智能温控，节省操作工具和耗材；智慧化平台监控，节省用户整体的管理成本。

产品精致设计，精心选材，美观耐用，模块化设计了拉杆版、推车版、托盘上开盖版、托盘侧开门版等多种底座版本，满足了不同场景的应用需求，同时也便于后期分体式维修保养和更换。

（资料来源：消费日报网。有删改。）

2. 蓄冷板

很多果蔬批发市场是收集散户的果蔬集中装箱发运，果蔬装箱时，在箱内放置冷板或者冰瓶，但冷板和冰瓶的蓄冷量低，在保持低温方面的能力有限，无法长时间维持果蔬所需的适宜温度，可能会导致果蔬在运输过程中受到温度波动的影响，进而影响其品质和口感。蓄冷板的应用能使冷藏车内的温度保持相对稳定，这对于保持食品的品质至关重要。蓄冷板的内部通常充灌有蓄冷剂，用于储存和释放冷量。

此外，相变材料也是一种比较先进的冷藏技术。相变材料是一种特殊的物质，其能够在特定温度下吸收或释放大量潜热，从而实现能量的储存和释放。在冷链配送中，相变材料可以通过相变过程来储存和释放冷量，帮助维持冷藏环境的温度。相变材料的应用形式多种多样，既可以应用于蓄冷板中，又可以应用于其他冷藏设备或包装材料中。

四、终端低温设备

冷藏陈列柜是菜市场、超市等终端销售场所广泛使用的冷藏设施，目前已成为冷链建设中的重要一环。冷藏陈列柜的种类很多，根据其展示的商品类型、结构形式等分为不同类型。

（一）根据展示的商品类型分类

根据展示商品类型的不同，冷藏陈列柜可以分为以下几类。

1. 蔬果冷藏陈列柜

这类冷藏陈列柜主要用于摆放蔬菜、水果以及一些常见的保鲜食物，其内部通常分为几个台面，横式设计居多，便于商品的展示和拿取。这类冷藏陈列柜比较节能，耗电量少，一般摆放在专业的蔬果售卖区，如大型商超和专业的蔬果店等，其常用的储存温度范围设定为5~10℃，这个温度范围有利于保持蔬果的新鲜度。

2. 乳制品冷藏陈列柜

这类冷藏陈列柜主要用于展示和销售牛奶、酸奶等各类乳制品，有时也会摆放糕点、面包等食品。乳制品冷藏陈列柜的款式多样，包括横式、立体柜和高低组合柜等，以满足不同的展示需求。这类冷藏陈列柜整体美观度高，色调款式多样，常用于大型商超和便利店中，其储存温度范围一般设定为2~8℃，这个温度范围有利于保持乳制品的新鲜度和口感。

3. 肉制品冷藏陈列柜

这类冷藏陈列柜主要用于展示和销售新鲜的肉制品，其通常采用横式设计，能够储存大量的肉制品，储存温度范围通常设定为−5~5℃。由于肉制品的特殊性，这类冷藏陈列柜的耗电量相对较高。

（二）根据结构形式分类

根据冷藏陈列柜的结构形式，可分为敞开式冷藏陈列柜和封闭式冷藏陈列柜。

1. 敞开式冷藏陈列柜

敞开式冷藏陈列柜是一种半开放式的冷藏设备，取货部位敞开，顾客能自由地接触或拿取货物。它主要通过风幕形成一个"冷气屏障"，将陈列柜的内、外部空气隔开，防止室外空气流入冷藏空间，从而达到保持柜内温度的目的。风幕可以有一层、二层或三层，一般而言，风幕层越多，其保温效果越好。这类冷藏陈列柜在超市、便利店、水果店等地比较常见，主要用于展示和销售饮品、奶制品、果蔬等，其储存温度范围一般设定为2~8℃。这类陈列柜为顾客提供了一个随意、轻松的购物环境，能够促进商品销售，因此特别适合于客流量较大、顾客频繁取用商品的大型超市。

2. 封闭式冷藏陈列柜

封闭式冷藏陈列柜是一种四周全封闭的冷藏设备，由多层玻璃做成门或盖，以供展示食品或顾客拿取食品。这类陈列柜内的物品与外界隔离，冷藏条件好，适合于陈列对贮藏温度条件要求高、对温度波动较敏感的食品，如冰激凌、奶油蛋糕等。封闭式冷藏陈列柜的能耗较低，用于客流量较小的店铺时可起到陈列和贮藏货物的双重作用。

此外，根据柜体本身是否带冷源，冷藏陈列柜还可以分为带冷源的可移动式柜和不带冷源的分离式柜两种。带冷源的可移动式柜配有完整的制冷系统，通常容积较小，适用于运动场、展览会场等场所，也适用于小型商店。不带冷源的分离式柜则需要外接冷源，适用于商超、大中型零售商店等对室内噪声、室内温度要求较高，且不可以将热风排到室内的场所。

总的来说，冷藏陈列柜的种类繁多，各有其特点和适用场景，选择合适的冷藏陈列柜对于保证食品的品质和提升销售效果具有重要作用。

拓展知识

可移动一体式冷库应用

习题

模块一　任务二　习题

能力提升

训练任务	冷链物流设施设备应用实训
训练目的	1. 使学生了解冷链物流设施设备的应用场景，提高解决实际问题的能力； 2. 培养学生的团队协作能力和创新思维，提升综合素质
训练要求	（一）理论学习 学生需提前阅读关于冷链物流设施设备的相关资料，包括冷库、冷藏车、预冷设备、配送周转设备等的基本原理、结构特点、应用场景。 （二）模拟操作 1. 角色扮演：学生分组进行角色扮演，根据教师指定的特定产品，模拟其冷链物流的各个环节，包括采购、储存、运输、配送等，每组学生须根据冷链物流的实际需求，选择合适的设施设备；

续表

训练任务	冷链物流设施设备应用实训
训练要求	2. 指导内容：教师提供冷链物流案例背景，指导学生如何进行角色分配和任务划分，在模拟过程中，教师应关注学生是否准确理解了冷链物流的流程和要求，并指导学生如何选择合适的设施设备进行操作； 3. 总结与讨论：学生须撰写实训报告，内容包括理论学习总结、角色模拟过程及心得体会等，同时，每组学生还须进行口头汇报和展示，教师根据学生在实训过程中的表现、实训报告及口头汇报情况，进行综合考核评估，给出实训成绩
我的做法	
我的结论	
我的思考	

任务三　了解冷链物流行业发展

任务目标

◆ 知识目标

（1）了解我国冷链物流行业发展中面临的挑战和机遇，以及这一行业在现代化建设全局中的重要地位；

（2）了解冷链物流企业常见的岗位设置及岗位职责；

（3）掌握我国冷链物流从业人员能力要求的行业标准。

◆ 技能目标

（1）能够关注国家政策和相关行业标准，并应用于实践中；

（2）能够分析冷链物流企业中的岗位设置及岗位职责。

◆ 素养目标

具有推进我国冷链物流行业发展的急迫感和责任意识。

冷链物流作为物流行业的细分市场，在全球经济一体化、食品安全意识增强，以及消费者对新鲜、高品质食品需求增长的背景下，其重要性日益凸显。近年来，随着冷链物流技术的不断发展和市场需求的持续增长，我国冷链物流行业取得了显著进步，冷链物流市场规模稳步扩大。

任务思考
（1）我国冷链物流行业未来会出现怎样的发展趋势？
（2）冷链物流行业未来会出现哪些岗位？

身边的冷链物流

寒链科技的战略布局

在全球化、电商化、食品消费升级的大背景下，冷链物流作为保障食品安全、提升产品质量的关键环节，正逐渐受到社会各界的广泛关注。寒链科技是一家总部位于上海的冷链物流企业，通过其前瞻性战略布局、创新性科技应用和高效的运营模式，我们可以一窥冷链物流行业的发展趋势。

一、智慧化升级，提升运营效率

寒链科技积极拥抱数字化、智能化浪潮，将物联网、大数据、人工智能等先进技术应用于冷链物流的全流程管理。通过搭建智能冷链监控平台，实现对冷链物流的温度、湿度、位置等关键信息的实时监控和预警，确保产品在整个物流过程中的品质安全。同时，借助大数据分析，优化运输路径，降低能耗成本，提高运营效率。

二、绿色化发展，助力可持续发展

面对日益严峻的环境问题，寒链科技积极响应国家绿色发展的号召，推动冷链物流行业的绿色化转型。公司采用环保节能的冷藏设备和运输工具，减少碳排放；通过优化包装材料，降低废弃物产生。此外，寒链科技还积极开展节能减排的宣传活动，提升员工和公众的环保意识。

三、多元化服务，满足市场需求

随着消费者对食品的品质和多样性需求的不断提升，寒链科技积极拓展服务领域，提供多元化的冷链物流解决方案。除了传统的生鲜食品配送外，公司还涉足医药、化工等行业的冷链物流服务，为不同客户提供定制化、专业化的服务。此外，寒链科技还加强与电商平台、零售商等合作伙伴的联动，共同打造高效、便捷的冷链物流生态圈。

四、国际化布局，拓展全球市场

在全球化的背景下，寒链科技积极开拓国际市场，将先进的冷链物流技术和服务推向全球。公司先后在多个国家和地区设立分支机构，与当地企业开展深度合作，共同推动冷链物流行业的国际化发展。同时，寒链科技还积极参与国际标准的制定和交流活动，提升公司在国际冷链物流领域的影响力和竞争力。

五、创新驱动，引领行业变革

寒链科技始终坚持创新驱动的发展理念，不断投入研发力量，推动冷链物流技术的创新和应用。公司研发团队积极探索新材料、新工艺在冷藏设备和包装材料中的应用，提升产品的保温性能和耐用性。同时，公司还加强与高校、科研机构等的合作，共同开展冷链物流领域的前沿研究和技术攻关。这些创新成果不仅提升了寒链科技的核心竞争力，也为整个冷链物流行业的发展注入了新的活力。

（资料来源：网络。有删改。）

 一、冷链物流的发展现状及展望

（一）国外冷链物流发展现状

1. 美国的冷链物流发展现状

冷链运输起源于19世纪上半叶冷冻机的发明，电冰箱出现后，各种保鲜和冷冻食品开始进入市场和消费者家庭。20世纪30年代，美国企业家弗雷德里克·麦金利·琼斯（Frederick McKinley Jones）设计发明了世界上第一台机械式运输制冷机组，从此采用机械式运输制冷的冷藏车开始应用，这个系统后来也应用于其他车辆，包括船舶和火车车厢，推动了冷链运输的快速发展，这一发明使易腐食品能够长距离运输配送，美国的农产品冷链得到初步建立。美国是较早提出物流管理的国家之一，冷链物流领域的发展一直走在世界前列，并拥有一个庞大、通畅、复合、高效的农产品冷链物流体系。美国的农产品冷链物流体系是一个高度一体化的系统，该体系以农产品生产者和消费者为市场主体，实现从农田到餐桌的无缝衔接，平均78.5%的农产品是从产地经物流配送中心直接到零售商，批发商销量仅占20%，有效减少了中间环节，提高了流通效率。这种一体化模式不仅降低了物流成本，还保证了农产品的新鲜度和高品质。以美国的蔬菜产业为例，蔬菜从田间采摘到进入终端消费场所，始终处于所需的低温条件下。蔬菜自田间采摘后，经过预冷、冷库冷藏、冷藏车运输、批发站冷库冷藏、超市冷柜销售几个环节，最后进入消费者的冰箱，整个物流链的损耗率只有1%~2%。美国蔬菜物流的组织化程度非常高，农场主、生产合作社、产地中间商和大型超市或批发企业之间建立了紧密的合作关系，通过签约方式进行销售，使蔬菜的销售渠道更加稳定、高效。

此外，美国还建立了许多专门为农产品交易服务的组织，如装卸运输公司、加工包装和分类配送中心等，这类组织为农产品冷链物流提供了便捷的服务，基本实现了全程、全方位社会化服务，较好地解决了蔬菜均衡供应的问题，并且物流环节的损耗率极低。

美国的蔬菜物流还注重信息技术的应用。许多物流企业都建立了自动化控制系统，对冷藏车、冷库的温度进行实时监控，确保货物准时、高效、安全地运输配送。同时美国的冷链物流行业广泛应用RFID（radio frequency identification，射频识别）技术。美国很早就将非接触式射频识别技术引入冷链物流中，带温度传感器的RFID标签数据存储量大，可重复使用，使用成本低，可在30～100米内远距离读写。通过RFID标签，可以监控到一个集装箱内不同包装单位的不同温度，可连续记录温度变化的数据和变化时间，准确掌握冷链管理中最重要的运输途中的温度变化情况。这种信息化、智能化的管理方式不仅提高了物流效率，而且提升了蔬菜的品质。

2. 日本的冷链物流发展现状

日本作为农产品物流领域发展水平较高的国家之一，拥有世界上较为成熟先进的冷链物流体系，对其冷链物流行业的发展状况进行研究具有很强的代表性、借鉴性。

第二次世界大战后，日本冷链物流行业产生和发展的主要原因是国内经济的复苏和居民消费结构的升级。1985年后，尽管日本经济增长速度放缓，但是冷链市场的培育和发展已经成熟，易腐食品的消费金额已占总食品消费金额的50％以上。进入21世纪后，日本冷链物流行业进一步发展，冷链物流基础设施进一步完善，农产品冷藏流通率达95％，农产品运输腐坏率低于5％，生鲜农产品的运输成本占整个农产品销售成本只有30％左右。

在农产品冷链物流运作模式上，日本建立了以农业合作社为主、以中心批发市场为核心的农产品冷链物流体系，有效保障了城市的生鲜农产品供应，农产品总量的80％～90％经由中心批发市场送达最终消费者手中。日本大型冷链物流企业建立了完善的仓储网络和精细化的服务体系，保证了企业持续发展的能力。如日本日冷株式会社在全国范围内建成运营7大区域的冷库公司，75个转运中心，总计152个物流中心，通过4000多辆运输车，满足全国范围内5000多家门店的需求。

在日本冷链物流行业中，各企业共用的周转器具、冷藏车、冷库等设施设备越来越多，企业自营的资产逐渐下降。冷库、冷藏车等设施设备因投资高，需要专项使用，如果都是企业自营，则花费太多，设施设备共用使资源利用效率得到提升。如在日本的渔业生产中，生产环节以渔民和中小型渔业企业的分散经营为主，其难以承受冷链物流设施设备的资本投入和运营管理成本。日本全国渔业协同组合联合会作为该国渔业生产、加工、流通、销售的综合服务体，承担了行业冷链物流建设与服务的责任。该联合会拥有冷库和冷藏运输工具（汽车、船只等），为流通环节特别是产地批发环节的冷链物流提供了基础设施设备方面的保障，该联合会的全体渔户可以获得渔获物分拣、加工、搬运、保管等服务。由此，日本全国渔业协同组合联合会成为日本水产品冷链物流行业迅速发展并进行标准化运营的必要保障和主要推动力。

日本国内的消费者对生鲜食品的品质要求很高，促使日本冷链物流行业开展了新一轮的技术革新，因为冷链冰鲜技术的改进，鲜活鱼类的消费比例上升，冷冻鱼和鱼类加工产品的消费比例则略有下降。日本冷链冰鲜技术的发展说明，冷链物流技术的发展不仅仅体现在基础的低温储藏和运输能力的拓展，还包括温控能力的细化和服务类型的多样化。日本的冷链物流企业目前广泛使用了电子数据交换系统，这些技术的运用不仅改善了企业和顾客之间的关系，提高了企业在同行业乃至国际上的竞争力，而且使信息能够更快速地传达到客户手中，并尽量降低数据误差。同时，企业会在配送车辆上安装 GPS 掌握送货员的实际配送路线，不仅可以指导优化配送路线，提高配送效率，而且方便客户及时了解自己购买货物的流转情况。

3. 发达国家冷链物流行业的发展经验

发达国家的冷链物流行业起步较早，目前已发展得比较成熟，其主要经验为以下几点。

（1）注重基础设施建设。完善的交通运输网络是发展冷链物流的基础，发达的道路网络可以助力冷链物流行业的发展。

（2）注重行业标准的制定。国家通过出台相关政策扶持冷链物流行业发展，确保冷链物流产品的质量和安全，加大对冷链物流企业的投入和扶持，让冷链物流企业成为高质量、网络化、数字化的企业。

（3）建立"从农田到餐桌"的完整体系，实现全过程的食品安全控制与管理。

（4）鼓励多种冷链物流模式并存共赢，充分发挥行业组织、大型批发市场、超市集团等主体在促进冷链物流行业发展中的作用。

（5）采用先进的冷链物流技术设施，如产地加工企业可采用真空预冷和冰预冷技术，以及自动化冷库技术和气调贮藏技术，加强信息技术在冷链物流行业中的应用，对冷藏车和冷库进行全面动态监控，追踪运输中和库存的产品，保证冷链产品的质量和安全。

尽管我国和美国、日本等国家在基本国情、产业结构、消费习惯等方面存在一定差异，但我们依旧可以向这些国家借鉴和学习冷链物流发展的经验和技术。通过借鉴和学习，有助于我国建立充满活力、高效规范运作的冷链物流体系，助力我国居民消费结构升级，助力我国相关产业进一步发展。

（二）我国冷链物流的发展现状

我国冷链物流的萌芽阶段可追溯到 20 世纪 90 年代中期，随着改革开放政策的实施和连锁超市业的蓬勃发展，我国的冷链产业链开始逐步形成。2010 年，国家发改委印发了首个冷链规划《农产品冷链物流发展规划》，冷链理念开始普及，我国的冷链物流产业也开始快速发展。2019 年以后，在旺盛的消费需求的驱动之下，我国冷链物流产业步入了高速发展阶段。随着国家骨干冷链物流基地和产地、销地冷链物流设施设备建设的稳步推进，以及电商冷链物流系统的发展和冷链装备水平的显著提升，产业规模增长趋势明显。我国冷链物流市场规模稳步扩大，从 2018 年 2886 亿元增长到 2022 年的 4916 亿元，年均复合增长率达 14.24%。据中国物流与采购联合会最新统计数据显示，2023 年 1—5 月我国冷链物流市场规模达 2395 亿元，同比增长

3.6%，2023年全年市场规模达到5616亿元。2023年，我国冷链物流需求总量达到约3.5亿吨，同比增长6.1%，冷藏车市场保有量约43.2万辆，同比增长12.9%。近年来，中国冷链物流产业受到各级政府的高度重视和国家产业政策的重点支持，国家陆续出台了多项政策，为冷链物流产业的发展提供了有力的支撑，为企业的发展创造了良好的生产经营环境。截至2020年，我国初步形成全程温控、标准规范、运行高效、安全绿色的冷链物流服务体系，全面提升了冷链物流的服务品质。虽然我国的冷链物流规模不断扩大，但客观存在的情况是，我国的冷链物流水平仍与发达国家有一定的差距，仍有一定的成长空间。具体表现如下。

1. 物流基础设施地域分布不均，硬件设施建设不足

首先我国人均冷库容量偏小，低于发达国家水平。国际冷藏仓库协会（IARW）数据显示，2018年美国人均冷库容量达到0.49立方米/人，中国仅有0.13立方米/人，我国人均冷库容量约只有美国的1/4，反映出国内人均冷链资源水平还有待提升，冷库建设规模仍有较大的成长空间。其次冷库容量地域分布不均。据中冷联盟发布的《全国冷链物流企业分布图》显示，截至2021年，我国华东地区的冷库容量最大，占比全国冷库总量的39.92%，其次是华中地区，占比13.64%。西北和东北地区作为农产品的主产地，两地区的冷库容量总和仅约占全国的15%，说明我国冷链基础设施主要集中在沿海地带和一线发达城市，而承担了全国大部分生鲜农产品批发交易的中西部地区及东北地区的冷链资源却十分匮乏，发展相对滞后。最后是冷库企业分布不均。截至2021年，我国冷库百强企业中位于华东地区的数量最多，达到41家。

2. 产业链布局配套设施少、信息化水平低或引发"断链"风险

我国冷链物流前端、后端设施不够完善，使得大多数生鲜商品在运输过程中得不到规范保温、保湿、冷藏，加大了流通损耗，也加剧了货物品质的不稳定性。一是冷藏车等配套设施保有量少。冷藏车是冷链物流最主要的运输工具。2023年，我国冷藏车市场保有量约为43.2万辆，但人均占有比例相比美国、德国、日本等先进国家，不仅绝对额不足，技术水平也偏低。二是冷藏运输率低。根据中国物流与采购联合会冷链物流专业委员会数据显示，截至2021年底，我国果蔬、肉类、水产品冷藏运输率分别仅有35%、57%和69%，而发达国家平均冷藏运输已经达90%以上。三是"断链"时有发生。我国冷链"断链"所导致的农产品腐损率是发达国家的1~2倍。据估算，我国每年因冷链"断链"造成约1200万吨水果、1.3亿吨蔬菜的浪费，经济损失超千亿元。四是冷链物流信息化程度较低。从产地到消费地无法及时获取到匹配的链条信息，导致产需不对等。

3. 物流企业市场竞争激烈，市场集中度不高

我国的冷链物流企业普遍"小而散"，冷链物流行业市场集中度不高。一则我国冷链物流市场集中度仅为美国的1/4。截至2019年，中国冷链物流百强企业的冷链物流业务营收占总行业市场规模约16.21%，但相比美国前五强企业占63%的市场份额，我国冷链物流市场的集中度依然不高。二则我国冷链物流行业中大型企业较少，多为中小型企业，市场竞争力较弱。企业工商注册数据显示，截至2019年，我国现存续的冷链物流企业中小型企业数量占比高达99.28%，冷链物流行业仍面临散、小、杂的特点。

近些年来，我国出台了一系列政策，支持冷链物流企业向上、下游延伸，以此降低企业的运营成本。同时，资本市场对冷链物流企业也格外青睐，相关公司的股价不断攀升。冷链物流行业市场集中度逐渐提升，大型企业间兼并重组加速，未来我国冷链物流行业可能会出现较大规模的并购事件。国内冷链物流企业间的整合、兼并、重组加速，将在冷链仓储、运输、配送、设备生产等领域，形成一大批行业内的龙头企业。

4. 从行业监管来看，全链条监管体系尚未建立

尽管规范冷链物流行业发展已引起有关部门的高度重视，但各部门之间仍未能形成全链条监管体系。第一是未能形成统一标准。虽然相关部门出台了一些管理标准，但由于标准不一，相关企业在具体操作中有时会"顾此失彼"。第二是监管未能覆盖冷链全流程，就为个别企业偷工减料提供可乘之机，因此导致冷链"不冷"、冷链"不连"等现象的发生。第三是监管"真空"现象时有发生，加剧了"断链"风险。

5. 冷链物流管理和服务人才匮乏

冷链物流行业对人才的需求具有高度的专业性和技术性。冷链物流涉及食品、医药等多个领域，对温度控制、食品安全、物流运作等方面都有严格的要求。然而，目前市场上专业的冷链物流管理和服务人才相对较少，无法满足行业快速发展的需求。当前，我国冷链物流人才的培养主要集中在高校和职业培训机构，但绝大部分高校并没有开设冷链物流管理专业，相关课程开设得也不多，培养的人才数量和质量都无法满足市场需求。同时，冷链物流企业在人才培养方面的投入也不足，缺乏完善的人才培养机制和激励机制。冷链物流人才匮乏，严重制约着冷链物流行业的发展。

（三）我国冷链物流发展展望

1. 推动冷链物流的运行体系建设

2021年，国务院办公厅印发《"十四五"冷链物流发展规划》，提出将建设内外联通的国家冷链物流骨干通道网络，打造"三级节点、两大系统、一体化网络"的"321"冷链物流运行体系。完善国家骨干冷链物流基地布局，加强产销冷链集配中心建设，补齐两端冷链物流设施短板，夯实冷链物流运行体系基础，加快形成高效衔接的三级冷链物流节点；依托国家综合立体交通网，结合冷链产品国内国际流向流量，构建服务国内产销、国际进出口的两大冷链物流系统；推进干支线物流和两端配送协同运作，建设设施集约、运输高效、服务优质、安全可靠的国内国际一体化冷链物流网络；提高国家骨干冷链物流基地间供应链协同运行水平，推动基地间冷链物流规模化、通道化、网络化运行；聚焦产地"最先一公里"和城市"最后一公里"，补齐两端冷链物流设施短板,基本建成以国家骨干冷链物流基地为核心、产销冷链集配中心和两端冷链物流设施为支撑的三级冷链物流节点设施网络。2020年,国家发改委公布了全国首批17个国家骨干冷链物流基地建设名单。2022年、2023和2024年,国家发改委又分别公布了24个、25个和20个国家骨干冷链物流基地建设名单。2020年以来,国家发展改革委已分4批将86个国家骨干冷链物流基地纳入重点建设名单,覆盖31个省(自治区、直辖市,含新疆生产建设兵团),冷链物流市场有望加速发展。

2. 冷链物流产业与各产业不断融合创新

首先,在国家乡村振兴、产业升级、区域联动等战略深入实施之下,冷链物流已深入融合到我国农业、食品业、医药业等产业转型升级的过程中,重点聚焦"6+1"重点品类(肉类、水果、蔬菜、水产品、乳品、速冻食品等主要生鲜食品以及疫苗等医药产品),强化冷链供应链一体化服务能力,深耕产地链、产业链和价值链。其次,冷链物流与种植业、养殖业、加工业、交通运输业、零售业等多业态深度融合,且在"田头直配""社区团购""直播带货""预制菜""私人订制"等新消费形式的驱动下,冷链物流的新业态、新模式得以不断创新发展。

3. 实现行业的资源整合共享

一是在产地生产预冷端和配送末端的环节,冷链资源较为分散,空置率较高,可通过资源协同、共享整合,有效缓解下沉市场紧缺的冷链需求,提升冷链设施设备的利用率。二是提高冷库、冷藏车、冷链园区等资源的共享利用率,能够有效促进冷链零担和共配等业务的增长,从"竞争"到"协同""共享",以此实现降本增效。三是搭建资源共享平台,统一实现物流资源优化配置,提升系统效率,减少资源浪费,降低物流成本。

4. 加强冷链物流的标准化管理

建设标准化的冷链物流设施,提高冷链物流的效率和安全性;建立健全冷链物流服务标准体系,规范冷链物流服务行为,提高服务质量;优化冷链物流流程,提高物流效率,降低运营成本;建立完善的质量追溯系统,实现对冷链产品的生产、加工、储存、运输等各环节的质量控制和可追溯,提高产品的质量安全水平,提高客户信任度,规范冷链物流市场秩序,提高行业整体发展水平。

5. 冷链物流更加注重绿色化发展

2020年,我国明确提出2030年"碳达峰"与2060年"碳中和"的目标,要实现这个目标,就需要从能源方面进行调整和优化。冷链物流耗能大,是实现"双碳"目标的重点领域。冷链物流行业可以从冷库建设、冷链运输、园区建设、装备制造、运营管理等环节,力争做到节能减排、低碳零碳和降本增效,通过新能源冷藏车、低碳冷库和零碳园区等举措实现冷链物流绿色化发展,例如:采用先进的制冷技术和保温技术可以降低能源消耗和碳排放;为冷冻产品配置二氧化碳制冷系统,提高能源利用效率，节约用电；采用可再生能源和清洁能源，减少环境污染；同时，冷链物流的标准化和智能化发展可以提高资源利用效率和管理效率，推动绿色物流的发展。

6. 科技创新为行业赋能

科技创新与数字化技术应用将进一步推动冷链物流行业的数字化转型。物联网、大数据、人工智能等智能化技术可以为冷链物流行业各领域、各环节赋能，例如通过建立冷链信息共享机制，加强产业链上、下游信息交流，实现科学布局和供需信息实时对接，完善物流信息网络，以及全过程智能化监测产品、调控设备、优化流程，提高冷链物流系统的运营效率、透明度和精准度，促进冷链物流业态模式创新和行业治理能力现代化。

7. "一带一路"助力冷链物流开辟新空间

在"一带一路"倡议背景下，跨境冷链业务更加频繁，进出口生鲜品类和数量大幅提升，与之配套的海外冷链物流需求激增，因此冷链物流行业的发展具有广阔的市场空间。未来，更多的冷链物流企业会加快海外冷链物流布局，提升相关口岸国内外冷链通道衔接和组织能力，推动国内外冷链双循环发展新格局。

8. 形成多层次的人才教育、培训体系

冷链物流作业涉及从产品的生产端到消费端冷链的各个环节，因此，冷链物流行业需要能够从事产地认证、质量追溯、田头集货、产地预冷、冷藏保鲜、分级包装、设施运维、冷链采购与供应链管理、冷链运营、冷库管理、冷链运输、物流信息管理及流程优化等方面的相关人才。大力开发培训课程，在职业院校和本科院校设置相关专业，开设相关课程，加强冷链物流相关专业教育和职业培训，形成多层次的教育培养体系，打造与冷链物流高质量发展相匹配的高素质劳动者队伍是促进行业发展的重中之重。

二、冷链物流企业常见的岗位设置及岗位职责

冷链物流企业常见的岗位设置涵盖了动力设备、物流运营、业务开发、客户服务、质量监控、信息技术等方面。随着冷链物流行业的不断发展，冷链物流企业的岗位设置和岗位职责也会随之调整。工作人员也需要不断更新自身的知识和技能，以适应市场变化，满足日益增长的市场需求，为客户提供更加优质、高效、安全的服务。

（一）动力设备岗

动力设备岗专注于制冷技术的全面应用，涵盖了制冷设备的选型、精细安装、日常维护、精准检修以及专业检验等各个环节。以下是该类岗位的主要职责。

1. 启动前准备与故障预防

在制冷压缩机、辅助设备和冷却设备启动前，根据系统实际负荷精确计算所需冷量，并规划启动方案。同时，对可能出现的常见故障进行预先分析，确保设备在最佳状态下启动。

2. 系统运行与精细管理

负责制冷系统的日常运行，包括系统的排污、气密性测试、制冷剂的充注，以及冷冻机油的定期更换等。此外，还须灵活应对各种系统异常情况，如合理选择融霜时间，确保蒸发器高效运行等。

3. 系统调整与优化

根据实际需求，精确调整制冷系统的温度、压力等关键参数，以达到最佳运行状态。同时，对制冷压缩机、辅助设备和冷却设备进行必要的调试，确保系统的高效性和稳定性。

4. 故障处理与维护保养

针对长期停机、一般性故障停机等情况，制定并执行相应的处理方案。定期对制冷压缩机、辅助设备和冷却设备进行维护保养，确保设备长期稳定运行。在发生一般性事故时，能够迅速进行应急处理，减少损失。

5. 系统设计与管理

深入了解制冷系统的设计原理，包括制冷设备的选型、设计优化等。同时，参与制冷设备制冷剂改造工程方案的设计、技术监督、管理及后续服务工作，为制冷系统的持续优化提供专业支持。

通过以上职责的履行，动力设备岗为制冷系统的安全、高效运行提供了有力保障。

（二）物流运营岗

物流运营岗主要负责冷链物流企业的仓库管理工作以及运输配送工作。这类岗位很多，常见的有仓储经理、配送经理、自动化库系统操作员、仓库管理员以及配送员等岗位。

1. 仓储经理

仓储经理的岗位职责包括：根据公司年度经营任务，制定仓储部工作计划并组织实施；根据客户需求及仓储部特点，制定库房管理、出入库、装卸搬运等各项工作流程及操作标准并组织实施；监督检查商品入库、出库手续，把好商品的数量关、质量关、单据关，实现库存商品合理存储管理；负责核定和掌握仓库各种商品的储备定额，并严格控制商品出入库，保证合理库存，使仓储空间得到充分利用；负责定期组织盘点，对库存商品的盘盈、盘亏、丢失、损坏等情况查明原因和责任，并提出处理意见；负责监督检查各种商品的质量，对仓库内的不合格品提出处理意见并协助处理；负责对仓库进行安全管理，检查仓库消防设施，巡查安全隐患，保证仓库安全；负责高、低温库及常温库的现场作业管理，与其他职能部门进行协调与沟通；负责仓储部叉车等工具的管理。

2. 配送经理

配送经理的岗位职责包括：制定运输配送日常管理制度并负责落实执行；负责制定、监督、落实运输配送计划，根据配送区域、配送货量、配送时间的不同，制定合理的配送路线，节约运输成本，提高配送效率；负责运输配送人员的调度和安排，做到人车适配，满足客户服务要求；负责部门内异常情况的处理与汇报工作；负责车辆的组织、调配和管理，对车辆的油耗、维修、保养、保险、事故、违章、保洁等做到精细化管理；负责部门与部门之间、部门与客户之间的沟通、协调工作；协助上级领导做好部门员工的考核工作；积极听取其他部门对本部门的工作建议，对运输配送部负责，完成上级领导临时交办的其他工作任务。

3. 自动化库系统操作员

熟练使用数据采集与监视系统（即 SCADA 系统）和仓库控制系统（即 WCS），按规定程序操作堆垛机和输送线；随时掌握 WCS 及相关设备运行状态，遇突发事件及时向上级汇报；熟练排除和解决堆垛机的异常问题，诸如限宽、限高、货叉未在中央、水平或垂直激光错误、垂直回零等非软件后台和硬件损坏类的报警，保障堆垛机平稳作业；熟练排除和解决输送线的异常问题，诸如顶升移行机接送货未完成、光电异常、货物倾斜、货物碰撞等非软件后台和硬件损坏类的报警，保障输送线平稳作业；严格执行 SCADA 系统安全操作规程，进库维修时需两人结伴作业，同时在 SCADA 系统监控器上挂上"库内有人，严禁操作"的警示牌，确保安全作业。

4. 仓库管理员

仓库管理员的岗位职责包括：严格按照进货商品质检规定，把好入库商品关，禁止不符合食品安全标准的商品入库；严格执行《出入库管理流程》，负责出入库商品的收发工作，做到数字准确，单据完整，有凭有据；负责出入库月台的温度维护工作，检查装卸货平台及平台门封的合理有效使用；负责安排及指导装卸人员规范作业，做好货品码放及整理等工作，杜绝人为的商品损伤和短缺现象的发生；负责随时整理和清洁作业现场，维护作业现场的环境卫生；负责检查库区设施设备，如有损坏及时报修；负责仓库的日常管理工作。

5. 配送员

配送员的岗位职责包括：确保出车前准备充分，核对货物数量无误，并保持通信畅通；协助司机记录送货路线，对客户保持高度的责任心和耐心；在点货过程中发现任何差错需须及时通知业务部门处理，对客户的抱怨应耐心倾听并妥善解释，维护良好的客户关系；如遇退货需求，配送员须按规定及时将货物退回仓库，确保退货流程顺畅。配送员应具备细致、认真、善于沟通的素质，以及良好的服务意识和团队协作精神，帮助货物准确、及时送达，提升客户满意度。

（三）业务开发岗

1. 业务经理

业务经理须根据企业的年度经营计划，分时段制定本部门工作计划，并组织实施；根据企业经营情况及发展战略，制定市场拓展计划，开发不同类型的客户渠道；负责业务合同的草拟，并参与重大业务合同的谈判；做好企业品牌宣传工作，提高企业品牌在市场上的占有率；合理解决客户投诉问题，做好客户关系管理工作；与仓储部保持密切沟通，定期汇报业务工作情况及调整方向；指导和监督部门员工的工作情况，落实业务部的培训计划，不断提高部门员工的业务水平；负责企业与专业协会或其他群体的联系工作，密切关注行业动态；完成领导临时交办的其他工作。

2. 业务主管

业务主管的岗位职责包括：负责收集冷链物流行业信息，了解潜在客户及竞争对手情况，定期向领导汇报工作情况；负责联系企业潜在客户，争取合作机会；负责接收订单，参与企业的谈判、签订等；协助部门负责人完成市场开发及品牌宣传工作；与企业现有客户保持密切沟通，解决客户在接受仓储服务过程中遇到的各种问题；负责订单受理时商品的质量检查工作。

（四）客户服务岗

1. 客户经理

客户经理的岗位职责包括：负责协调与客户的关系，维护企业的形象和利益；负责部门管理制度与流程的制定、完善与落实；对客户数据进行汇总、分析，为领导决策提供参考依据；负责企业应收账款的统计，督促回款追踪；负责WMS（仓储管理系统）、WCS等系统的维护以及处理订单过程异常；负责部门员工的工作分配、教育培训及考核激励。

2. 客户主管

客户主管的岗位职责包括：为客户提供订单服务，维护客户关系；负责出入库商品基本资料的系统录入，确保资料正确无误；负责出入库单据的开具、质检单的审核、合同资费审核，确保各项单据信息准确一致；负责日账目核实、月实物盘点及批量进货的结算工作，确保各项信息准确无误；负责记录和处理异常信息，并及时反馈至上级。

（五）质量监控岗

质量监控岗主要负责对冷链物流各环节进行质量监控，全面提升冷链物流的服务质量，降低企业的产品损耗及成本。该类岗位的主要职责包括：负责企业的质量管理工作；制定和执行质量控制标准，使用监控系统和设施设备进行物流质量的追溯操作，对货物的温度、湿度、环境、作业时间、货损率、遗失率等指标进行监测；负责货物的抽检和检测工作，确保货物的质量符合相关标准和要求；与供应商和客户进行沟通，提高冷链物流的服务质量水平。

（六）信息技术岗

近年来，随着科学技术的进步，冷链物流技术也向智慧化和智能化方向迅速升级。大数据云计算、柔性供应链、物联网、AI技术以及区块链技术等，都逐渐成为冷链物流技术的重要组成部分，为整个冷链物流体系带来了更高效、更智能的运作模式。依托先进的信息技术，搭建冷链物流数据信息的收集、处理和发布系统，逐步实现冷链物流全过程的信息化、数据化、透明化和可视化，加强对冷链物流大数据的分析和利用，形成资金流、物流和信息流的一体化。行业的发展现状对冷链物流信息技术人员的从业能力提出了较高的要求。信息技术岗的岗位职责主要包括以下四点。

1. 技术集成与系统维护

负责整合并引入最新的冷链物流技术，如大数据云计算、柔性供应链、物联网、AI技术以及区块链技术等，确保企业技术水平始终保持在行业前沿；搭建并维护冷链物流数据信息的收集、处理和发布系统，确保系统的稳定、高效运行；对冷链物流全过程进行信息化、数据化、透明化和可视化管理，提升冷链物流管理的精细化程度。

2. 数据分析与优化

对冷链物流大数据进行深入分析，提取有价值的信息，为管理层提供决策支持。通过对数据的分析，优化冷链物流运作流程，提升运作效率，降低运营成本。

3. 技术支持与培训

为企业内部各部门提供冷链物流信息技术支持，解决技术难题；定期组织冷链物流信息技术培训，提升员工的技术应用能力和水平。

4. 信息安全与风险管理

负责冷链物流信息系统的安全防护，确保数据的安全性和完整性；对潜在的信息安全风险进行识别、评估和监控，制定有效的风险管理措施。

课堂案例

寒链科技的部门及岗位设置

寒链科技是一家总部位于上海的冷链物流企业,公司经营范围广泛,包括道路普通货物运输、货物专用运输(冷藏保鲜)、仓储服务、食品销售等。在冷链物流领域,寒链科技拥有先进的技术和专业的团队,致力于为客户提供高效、安全、可靠的物流服务。同时,公司还积极探索创新,拥有多项自主知识产权,不断推动冷链物流行业的发展。该公司的部门及岗位设置如图 1-8 所示。

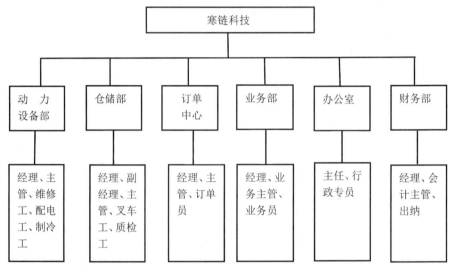

图 1-8 寒链科技的部门及岗位设置

(资料来源:网络。有删改。)

三、冷链物流从业人员的主要职责和能力要求

近年来,冷链物流在保障食品安全、药品质量以及其他需要温控的产品品质方面扮演着至关重要的角色,对专业性和技术性的要求不断提高,对从业人员的要求也越来越高。为了规范对冷链物流从业人员的基本能力要求,2017 年,中国物流与采购联合会、中国物流与采购联合会冷链物流专业委员会、全国物流职业教育教学指导委员会联合学术研究部门、物流企业等共同起草发布了《冷链物流从业人员能力要求》(T/CFLP 0005—2017)团体标准,该标准规定了冷链物流从业人员能力要求的等级分为物流员级、助理级、中级和高级,并规定了每一等级冷链物流从业人员的主要职责及职业能力要求。

（一）冷链物流从业人员的主要职责

1. 物流员级从业人员

物流员级从业人员的主要职责是根据作业流程的规定，完成冷链物流的仓储、运输、信息处理、系统的使用和维护等作业操作。

2. 助理级从业人员

助理级从业人员的主要职责是根据作业管理的要求，对冷链物流的仓储、运输、信息处理、系统的使用和维护等作业操作实施监督和指导。

3. 中级从业人员

中级从业人员的主要职责是根据业务需求，对冷链物流的仓储、运输、信息处理、系统运营等资源和流程进行管理和优化。

4. 高级从业人员

高级从业人员的主要职责是根据冷链物流行业的发展趋势和所在组织的发展战略，确定冷链物流业务发展方向和商业策略，对冷链物流的业务系统和业务网络进行规划和实施，组织重大业务的流程设计和实施。

（二）冷链物流从业人员的能力要求

现将助理级和中级冷链物流从业人员的职业能力要求介绍如下，如表1-4、表1-5所示。

表1-4　助理级冷链物流从业人员职业能力要求

岗位职能	工作内容	技能要求	相关知识
行业认知	冷链物流作业认知	（1）能描述冷链物流的应用领域和作用； （2）能描述冷链物流的基本作业内容； （3）能描述冷链物流作业相关的法律法规和标准	（1）冷链物流基本概念； （2）冷链物流基本作业流程； （3）冷链物流作业相关的法律法规和标准
	组织环境认知	（1）能描述所在组织业务类型、经营范围； （2）能描述所在部门和岗位的工作内容、职责	（1）冷链物流企业类型； （2）所在组织、部门和岗位信息

续表

岗位职能	工作内容	技能要求	相关知识
冷链物流加工、包装和装卸搬运作业管理	加工和包装作业管理	（1）能根据作业流程制定货物加工和包装方案； （2）能根据作业要求配置作业资源； （3）能对加工、包装作业进行监督和指导	冷链物流加工和包装的知识、流程
	装卸搬运作业管理	（1）能制定装卸搬运作业方案； （2）能对装卸搬运进行监督和指导	冷链物流装卸搬运的知识、流程
冷链物流仓储与配送作业管理	仓储与配送作业管理	（1）能制定仓储与配送的作业方案； （2）能执行仓储与配送作业质量管理和控制； （3）能执行仓储与配送作业的绩效考核； （4）能对仓储与配送作业流程、作业资源配置提出改善方案和建议	（1）冷链物流仓储与配送的知识和流程； （2）冷链物流仓储和配送作业质量管理及绩效考核的知识和流程； （3）冷链物流作业管理的知识
冷链物流运输作业管理	运输作业组织	（1）能制定运输的作业方案； （2）能制定运输计划，对作业资源进行规划和调度	冷链物流运输作业的知识和流程
	运输作业管理	（1）能对运输作业进行监督和指导； （2）能执行运输作业质量管理和控制； （3）能执行运输作业的绩效考核； （4）能对运输作业流程、作业资源配置提出改善方案和建议	（1）冷链物流运输的知识和流程； （2）冷链物流运输作业质量管理及绩效考核的知识和流程； （3）冷链物流作业管理的知识
设备和系统的使用和维护管理	设备和系统的使用与维护管理	（1）能制定设备和系统的使用和维护方案； （2）能监督和指导设备及系统的使用和维护作业； （3）能对设备和系统的使用与维护的流程提出改善方案和建议	（1）货物品类与温度控制、品控的知识； （2）冷链物流设备和系统的使用与维护的知识和流程
质量监控作业管理	质量监控作业管理	（1）能执行质量监控的作业管理方案、计划； （2）能对质量监控的结果汇总、反馈和提出改善方案	冷链物流质量监控的知识和流程

续表

岗位职能	工作内容	技能要求	相关知识
安全、节能与环保	作业安全和健康保障	(1) 能描述所在组织的作业安全和健康的要求与规定； (2) 能制定所在岗位的安全流程的执行方案和计划，分析并反馈执行结果； (3) 能组织对事故先期处理，并协助相关部门调查处理	(1) 所在组织作业安全和健康保障的规章制度； (2) 冷链物流安全作业的知识和流程； (3) 事故处理流程
	节能和环保处理	(1) 能制定作业环节的节能和环保执行方案； (2) 能对作业环节的节能和环保的执行进行监督、指导和反馈	(1) 冷链物流作业环节的节能知识和流程； (2) 冷链物流作业环节的环保知识和流程

表1-5　中级冷链物流从业人员职业能力要求

岗位职能	工作内容	技能要求	相关知识
行业认知	冷链物流作业认知	(1) 能描述冷链物流管理的基本内容； (2) 能描述冷链物流所在区域的市场概况； (3) 能描述所在组织业务相关的法律法规和标准	(1) 冷链物流管理基础知识； (2) 冷链物流市场概况； (3) 冷链物流法律法规和标准
	组织环境认知	(1) 能描述所在组织的战略目标和市场目标； (2) 能描述所在部门在组织中的定位和目标	(1) 所在组织战略目标、远景和市场定位； (2) 所在组织、部门和岗位信息
冷链物流仓储与配送管理	仓储与配送经营	(1) 能对仓储与配送系统提出功能需求； (2) 能对仓储与配送市场进行分析，撰写市场分析报告； (3) 能根据客户需求制订仓储与配送服务方案，审核服务合同	(1) 冷链物流仓储和配送系统的知识； (2) 冷链物流仓储和配送市场分析的知识
	仓储与配送运作	(1) 能制定、评估、优化仓储与配送管理流程； (2) 能对仓储与配送信息管理提出功能需求； (3) 能进行库存分析，能制定、实施和评估库存控制方案； (4) 能制定、执行、评估仓储与配送安全管理制度和流程	(1) 冷链物流仓储与配送管理的知识； (2) 冷链物流库存管理的知识； (3) 冷链物流仓储与配送安全管理制度、流程

续表

岗位职能	工作内容	技能要求	相关知识
冷链物流运输作业管理	运输经营	（1）能对运输系统提出功能需求； （2）能对运输市场进行分析，撰写市场分析报告； （3）能根据客户需求制定运输服务方案，审核服务合同	（1）冷链物流运输系统的知识； （2）冷链物流运输市场分析的知识
	运输运作	（1）能制定、评估、优化运输管理流程； （2）能对运输信息管理提出功能需求； （3）能对运输配送的运营成本、运营绩效评估进行管理； （4）能制定、执行、评估运输安全管理制度和流程	（1）冷链物流运输管理的知识； （2）冷链物流运输安全管理制度、流程
设备和系统的选型与使用评估	设备和系统选型	（1）能描述当前设备和系统的发展概况； （2）能提出设备和系统的采购要求和厂家分析； （3）能参与或组织设备和系统的选型工作	冷链物流设备和系统的市场情况
	设备和系统使用评估	（1）能制定设备和系统的管理流程； （2）能对设备和系统的使用及维护进行评价，并进行流程优化	（1）冷链物流设备和系统的知识； （2）冷链物流设备和系统的评估方法
质量管理	冷链物流质量控制与追溯	（1）能制定仓储、配送、运输环节的质量控制方案； （2）能制定、评价、优化质量控制与追溯管理流程； （3）能制定可视化的质量控制与追溯实施方案	（1）冷链物流仓储、配送和运输质量控制的知识； （2）冷链物流货物生产、消费的知识； （3）冷链物流可视化作业和管理的知识

续表

岗位职能	工作内容	技能要求	相关知识
安全、节能与环保	作业安全和健康保障	（1）能描述所在组织的作业安全和健康保障的管理体系； （2）能制定所在部门的安全和健康保障管理制度； （3）能组织对事故先期处理，并协助相关部门调查处理	（1）冷链物流安全和健康保障的法律法规； （2）所在组织作业安全和健康保障管理体系； （3）事故处理流程
	节能和环保处理	（1）能制定环保作业和管理方案； （2）能制定运作节能方案，对节能方案进行风险评估和保障分析	（1）冷链物流仓储和配送环保的知识； （2）冷链物流运作节能和环保的知识； （3）冷链物流运作节能经济型分析的方案和工具
行业发展分析	行业发展分析	（1）能阐述冷链物流产品、服务和技术的发展与创新对所在组织的影响； （2）能阐述行业技术、产品和服务的发展趋势	（1）冷链物流行业发展动态； （2）相关领域产品、服务和技术的发展

拓展知识

在冷链赛道，强强联合是否会成为新趋势？

视频案例

冷链物流产业发展现状

模块一 任务三 习题

背景资料

万纬物流和顺丰强强联合

2024年，万纬物流与顺丰签署了战略合作协议。根据协议，双方将在冷链仓储资源、冷链运输、配送和"最后一公里"资源上开展全方位的战略合作，同时，将寻求进一步深度推进双方冷链业务层面协同整合以及在冷链科技方面的合作交流。

行业人士认为，强强联合，冷链行业新的趋势和新的竞争格局或将要来了。顺丰和万纬物流的冷链业务都在各自领域具备领先地位，过去几年也取得了显著的成绩，在资源和能力上也有很强的互补性。在广阔的冷链市场以及发展高质生产力当前，双方多年在冷链资源的布局以及技术的沉淀或进入了更快的发展阶段。

顺丰冷链作为连续5年荣登中国冷链物流百强企业榜首的企业，旗下三大业务板块（生鲜寄递、食品冷运、医药物流）均在各细分领域处于领先地位。深究其背后的发展逻辑，离不开三个关键词——全链条、强网络、科技赋能。一方面全力强化基础设施建设，着重布局冷运宅配网络、城市配送网络、干线运输网络及仓库网络，尤其是在运输、配送和"最后一公里"资源上，其网络密度、运营水准及服务效能等方面，已达到行业顶尖水平；另一方面，凭借对冷链物流应用场景的深刻洞察力和运用前沿大数据技术进行大量数据挖掘分析的能力，顺丰成功提升了冷链业务的整体运营效率、服务质量，以及在市场中的竞争力。尤其是在完成对美国夏晖集团在内地、香港、澳门地区冷链业务的收购后，顺丰获得了夏晖集团国际一流的冷链物流运营体系及操作标准方面的先进经验。这不仅提升了顺丰在冷链物流领域的专业技能和运营管理，还增强了其在食品冷链物流方面的服务能力。万纬物流近年一直保持着迅猛的发展势头，作为国内冷链仓储规模第一的企业，其庞大且分布广泛的仓储设施网络遍及全国47个核心城市，囊括了170多个仓储项目，累计仓储总面积超过1200万平方米。其中，冷链节点建设已经布局全国29个重要节点城市，运营管理50多个专业冷链物流园区。同时，万纬物流还不断加强科技与运营服务的能力，通过智慧园区与算法能力的提升，以及全链路数字化解决方案的打造，为企业客户降本增效、创造价值。这种科技赋能的服务模式，也是万纬物流未来发展的关键方向。

总体来看，顺丰作为综合物流巨头，拥有中国领先的运输、城配及快递冷运网络，而万纬物流拥有中国领先的冷链仓网。这种合作模式能够实现资源的优化配置，顺丰可以利用万纬物流庞大且分布广泛的冷链仓储设施，提高其冷链物流服务的质量和效率；同时，万纬物流也可以借助顺丰在冷链运输、配送和"最后一公里"的资源，进一步扩大其在冷链物流市场的影响力。

更重要的是，随着双方合作的进一步深入，未来合作也充满足够大的想象空间。直播电商的高速发展必然会给冷链 B2C 业务带来新爆发点，但组套或买赠的订单组合销售模式加上订单波动大的特点必然会对仓的生产能力提出更高的要求——需要有足够弹性化、柔性化的供应链体系。顺丰可以利用其在智慧物流和供应链物流方面的技术优势，结合万纬物流在冷链物流仓网布局运营上的能力，共同开发更加高效、智能的冷链物流解决方案。

例如，万纬物流为顺丰提供稳定的冷链仓储设施，可以强化顺丰整体仓网密度及协同、生产能力，使顺丰实现冷链业务快速拓展；而顺丰可以提供先进的物流管理系统和数据分析工具，帮助万纬物流优化物流网络和提高物流效率。通过这种合作，双方不仅可以提高各自的服务质量和效率，还能共同开拓更广阔的市场，满足更多客户的需求。而随着冷链行业逐渐朝合规化、一体化、智慧化及绿色生态发展，这种合作也有助于推动冷链物流行业的高质量发展。正如万纬物流董事长张旭所言，"当前行业竞争烈度不断提升，行业内部，尤其头部企业之间，要做出表率，加强深度合作，不各自为战、减少内卷，才能共赢，以建立良好的行业生态，共同推动行业长期、可持续发展。"

（资料来源：罗戈网。有删改。）

训练任务	分析冷链物流行业发展
训练目的	1. 加深对我国冷链物流行业发展现状的理解； 2. 能够分析冷链物流企业的发展战略
训练要求	1. 分组学习：将学生分成若干小组，每组认真研读《万纬物流和顺丰强强联合》案例； 2. 案例分析：每组对以下问题进行讨论： （1）我国冷链物流行业发展前景如何？ （2）万纬物流和顺丰联合后，会给双方带来哪些优势？ 每组选取一名学生负责记录，并总结发言。 3. 结果展示：各小组选取一名同学在全班范围内发言，其他小组进行点评

续表

我的做法	
我的结论	
我的思考	

模块二 [**管理不同品类的冷链物流**]

Project Two

任务一　管理果蔬冷链物流

任务二　管理肉类冷链物流

任务三　管理水产品冷链物流

任务四　管理乳制品冷链物流

任务五　管理速冻食品冷链物流

任务六　管理医药冷链物流

任务七　管理鲜花冷链物流

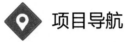 **项目导航**

  炎炎夏日，李阿姨在市场上购买了新鲜的草莓，却发现许多草莓在回家的路上就已经开始变质。她不禁思考，如果草莓在采摘、储存、运输过程中能够采用冷链物流技术，是否就能保持新鲜的口感？这个简单的日常现象，实际上反映了果蔬冷链物流管理的重要性。今天，我们就来探讨如何通过科学的冷链物流管理，确保果蔬的新鲜与安全。

模块导学

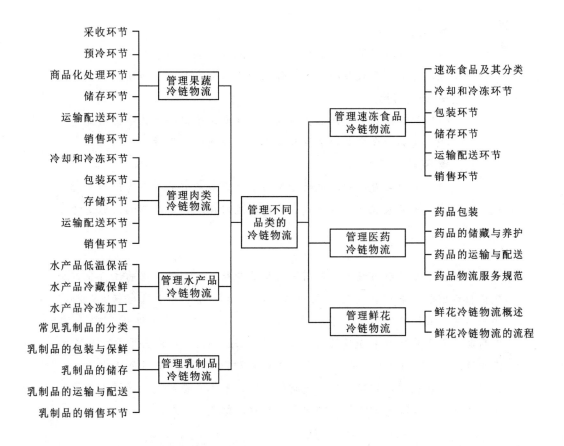

任务一　管理果蔬冷链物流

任务目标

◆ 知识目标

（1）能够描述果蔬类货物的冷链物流作业流程；

（2）能够说明果蔬冷链物流作业的操作要求和注意事项。

◆ 技能目标

（1）能够根据果蔬类货物特性和物流要求制定合理的冷链物流方案；

（2）能够结合实际对果蔬开展正确的冷链物流操作。

◆ 素养目标

（1）关注果蔬冷链物流的食品安全，养成良好的安全意识；

（2）能够采取环保措施减少冷链物流对环境的负面影响，形成良好的环保意识。

在居民消费升级与线上经济高速发展的背景下，中国冷链物流行业市场规模稳步增长。据中国物流与采购联合会冷链物流专业委员会统计，2024年一季度，我国冷链物流行业需求总量为 1.16 亿吨，同比增长 5.2%，其中高品质果蔬等冷链物流需求量有较明显上涨。2024 年前三个月，我国冷链物流总收入为 1392.5 亿元，同比增长 4.7%。目前，中国冷链物流行业正处在规范发展期，构建现代冷链物流体系、补齐冷链物流发展短板是行业发展目标，未来冷链物流行业将向着智慧化、绿色化、标准化发展。

任务思考

面对冷链物流行业的快速发展，特别是高品质果蔬冷链物流需求的大幅增长，应该如何确保果蔬在冷链物流中保持最佳品质呢？

身边的冷链物流

科技助力蔬果"鲜"行

2022年,农业农村部正式发文公布"十四五"农业农村部学科群重点实验室名单,依托湖北省农业科学院农产品加工与核农技术研究所申报的"农业农村部农产品冷链物流技术重点实验室"正式获得批复。

农产品流通是确保农民增产又增收的重要环节。目前,由于农产品冷链物流存在短板,果蔬等生鲜农产品流通损耗率达20%~30%,是发达国家的5~8倍。

农业农村部农产品冷链物流技术重点实验室是新建的学科群专业性重点实验室,由江苏农业科学院、湖北省农业科学院农产品加工与核农技术研究所和北京市农林科学院信息技术研究中心共建。该实验室将以农产品冷链物流科技的发展前沿为导向,开展应用基础研究和公益性共性技术研究,形成一系列科技成果,加强与推广机构和企业的交流合作,充分利用技术、人力等资源以及先进成熟的技术成果,促进企业科技创新,推进冷链设施数字化改造、加强冷链智能技术装备应用、提高冷链物流设施节能水平、完善冷链技术创新应用机制、构建生鲜食品供应链新生态,形成专业、产业相互促进,共同发展。

(资料来源:《湖北日报》。有改动。)

知识研修

一、采收环节

采收就是从果树或蔬菜田中采摘成熟的果实和蔬菜的过程。这个过程看似简单,实则涉及许多细致的步骤和技巧,以确保果蔬的品质和产量达到最佳状态。

(一)采收期的确定

果蔬采收期的确定是农业生产中的关键环节,对于提高果蔬的产量和品质具有重要意义。合理的采收期能够保证果蔬的口感、营养价值和储存寿命,从而提高农业生产的经济效益。在确定果蔬的采收期时,应综合考虑果蔬成熟度、气候条件、储存与运输等多个因素。

1. 果蔬成熟度

不同成熟度的果蔬在口感、营养价值和储藏寿命方面存在显著差异，因此，科学判断果蔬的成熟度对于确定合理的采收期至关重要。一般来说，果蔬的成熟度可以通过其外观、硬度、色泽、香气等指标进行判断。在实际操作中，则可以结合多种指标进行综合评价，以确保果蔬在最佳成熟度时采收。对于不同种类的蔬菜，可能还需要采取有针对性的措施，例如：对于叶类蔬菜，如油菜、芹菜等，可适当提早采收以满足市场需求；对于果类蔬菜，如番茄、黄瓜等，可采取保温措施促进果实成熟。

2. 气候条件

确定采收期时，应充分考虑当地的气候特点，如温度、光照、降雨等。在气候条件适宜的情况下，果蔬的生长速度和品质会得到提高，因此可以根据气候条件调整采收期，以获得最佳的果蔬品质。

3. 储存与运输

果蔬在采收后需要进行储存与运输，因此需要在采收期时就考虑这些环节对果蔬品质的影响。在确定采收期时，应充分考虑果蔬的耐储性和运输过程中的损耗，以确保果蔬在到达消费者手中时仍保持良好的品质。

（二）果蔬的采收方法

果蔬的采收方法主要分为人工采收和机械采收两种。

1. 人工采收

人工采收主要依赖人力进行果实的采摘和收集，这种方法在许多小型果园里比较常见。以下是人工采收的主要特点和步骤。

第一，灵活性高。人工采收可以根据果实的成熟度、天气条件和果园的实际情况进行灵活调整。采摘人员可以直观地判断果实的成熟度，并选择性地采摘。

第二，果实损伤小。人工采摘更加细致，可以减少果实在采收过程中的损伤，从而提高果实的品质和延长果实储存寿命。

第三，适用于复杂环境。在果园环境复杂、地形崎岖或果树分布不规则的情况下，人工采收更具优势。

采摘人员需要对果实进行成熟度判断，然后使用合适的工具（如剪刀、梯子等）进行采摘。采摘后轻拿轻放，避免损伤，最后进行分类和包装。

2. 机械采收

机械采收是利用机械设备进行果实的采摘和收集，这种方法在大规模果园和商业化种植中更为常见。具体采收步骤如下：首先对机械设备进行调试和设置，以适应果园的实际情况和采收需求；其次机械设备开始自动采摘果实，并将其收集到指定位置；最后对采摘下来的果实进行检查、分类和包装。

以下是机械采收的主要特点。

第一，效率高。机械采收可以大大提高采收效率，减少人力成本和时间成本。

第二，标准化程度高。机械设备可以按照设定的参数进行采摘，使得采收过程更加标准化。

第三，对果实大小和成熟度有一定要求。由于机械设备通常根据果实的大小和成熟度进行采摘，因此需要对果园进行良好的管理，以确保果实的一致性和品质。

（三）采收的注意事项

1. 选择合适的采收时间

采收时间对果蔬的品质和保鲜度至关重要。一般来说，在早晨露水干后或傍晚进行采收较为合适，此时温度较低，果蔬的呼吸作用减弱，有利于保持其新鲜度和营养价值，要避免在阴雨、浓雾天气和正午时分进行采收。

2. 采用合适的采收方法

不同的果蔬有不同的采收方法，人工采收和机械采收各有优势，具体选择哪种方法取决于果园规模、地形、果实类型和市场需求等因素。但无论何种方法，在采摘过程中，都应注意不要损伤果蔬的外皮或内部组织，保持其完整性。

3. 注意采收环境和条件

果蔬采收时应选择干燥、无风、阳光充足的天气条件，这样的环境有助于保持果蔬的新鲜度和品质。同时，要避免在雨天或潮湿的环境中采收，以免果蔬受到水分和病菌的侵害。

4. 保持良好的卫生习惯

在果蔬采收过程中，采摘者要保持良好的卫生习惯，避免身体接触果蔬，以防污染。

5. 温和处理小心包装

采摘后的果蔬要温和地处理，避免用力抓握或挤压，应立即进行包装，使用透气性好的包装材料，减少果蔬与外界空气的接触时间。果蔬的包装容器要实用、结实，并加上柔软的衬垫物，以防损伤产品。果蔬采收后应尽快进行储存或销售，以保持品质和口感。

二、预冷环节

（一）预冷与冷却

预冷较一般冷却的主要区别在于降温速度。预冷要求尽快降温，必须在果蔬收获后 24 小时之内达到降温要求，而且降温速度越快效果越好。多数果蔬产品在收获时的体温接近环境气温，高温季节达到 30℃以上，呼吸作用旺盛，后熟衰败变化速度快，同时易腐烂变质。如果将这种高温产品装入车辆长途运输，或者入库贮藏，即使在有冷藏设备的条件下，其冷却效果也是难以如愿的。有研究指出，苹果在常温（约20℃）下延迟 1 天，就相当于缩短冷藏条件（0℃）下 7～10 天的贮藏寿命。由此可见，果蔬产品收获后迅速预冷和及时贮藏，对保证良好的贮运效果非常重要，尤其对易腐烂变质和有明显的呼吸高峰的葡萄、樱桃等果蔬产品意义更大。

（二）预冷的方式

预冷的方式分为自然预冷和人工预冷，人工预冷又分为水预冷、冷库预冷、强制通风预冷、真空预冷等方式。预冷时应根据产品的种类、数量和包装状况来决定采用何种方式和设施。

1. 自然预冷

这是一种最简便易行的预冷方法。将收获后的果蔬放在阴凉通风的地方，利用夜间低温，使之自然冷却，翌日气温升高前入贮。这种方法简单，但冷却的时间长，受环境条件影响大，而且难以达到产品所需要的预冷温度。

2. 人工预冷

（1）水预冷。

水预冷是以冷水为介质的一种冷却方式，又分为冷水预冷和冰预冷。由于水比空气的比热容大，当将果蔬浸在冷水中或用冷水冲淋表面时，果蔬内部的热量就可迅速传至体表被水吸收，从而达到降温的目的。冷水有低温水（一般在 0～3℃）和自来水两种，前者冷却效果好，后者生产费用低。采用水预冷的方式对果蔬降温，操作简单且成本较低，不足之处是水的循环使用容易造成污染，果蔬表面容易滋生细菌，长时间喷淋、浸泡容易造成果蔬破皮和机械性损伤。因此这种方式只适合柑橘、桃、胡萝卜、芹菜、甜玉米、菜豆等硬质果蔬，而葡萄、香蕉这样的软质果蔬就不适合了。

（2）冷库预冷。

此法是将收获后的果蔬直接放在冷库内预冷。这种冷库是为贮藏果蔬产品而设计的，由空气自然对流或用风机送入冷风使之在果蔬包装箱的周围循环，再通过对流和传导逐渐使箱内产品温度降低。这种方法风量小，制冷能力弱，冷却速度很慢，一般需要一昼夜甚至更长时间。但此法不需要另外增设冷却设备，冷却和贮藏同时进行，可用于苹果、梨、柑橘等耐藏的品种，对于易腐烂变质的品种则不宜使用。

（3）强制通风预冷。

此法是采用专门的快速冷却装置，通过强制空气高速循环，使产品温度快速降下来。强制通风预冷多采用隧道式预冷装置，即将果蔬包装箱放在冷却隧道的传送带上，高速冷风在隧道内循环而使产品冷却。强制通风预冷所用的时间比一般冷库预冷快 4～10 倍，但比真空预冷所用的时间至少长 2 倍。大部分果蔬适合用强制通风预冷，如草莓、葡萄、甜瓜和红熟的番茄使用此法预冷效果显著。

另外，还有真空预冷和传统的包装加冰预冷等方式。在选择预冷方式时，必须要综合考虑现有的设备、成本、包装类型、距离销售市场的远近及产品本身的特性。在预冷期间要定期测量产品的温度，以判断其冷却的程度，防止温度过低产生冷害或冻害，造成产品在运输、贮藏或销售过程中变质腐烂。

（三）预冷的注意事项

总的来说，进行果蔬货物的预冷需要综合考虑多种因素，包括预冷方法、温度控制、空气流通和卫生质量等。通过科学的预冷处理，可以延长果蔬的保鲜期，提高市场竞争力，为消费者提供更好的食用体验。

（1）选择合适的预冷方法。选择哪种预冷方法，取决于预冷设备条件、成本预算、果蔬种类和包装类型等。

（2）控制预冷温度和时间。一般来说，预冷温度应尽可能接近但不低于果蔬的冰点，避免结冰造成果蔬损伤。预冷时间则取决于果蔬的种类、初始温度和所需达到的预冷温度。

（3）确保空气流通。在使用冷库或包装箱进行预冷时，一定要注意空气的流通。良好的空气流通有助于快速且均匀地降低果蔬的温度，提高预冷效果。

（4）注意卫生和质量安全。预冷过程中，应保持操作环境的清洁卫生，避免果蔬受到污染。

（5）预冷后的处理。预冷完成后，应立即将果蔬转移到适当的储存环境中，并继续进行温度监控和管理。

三、商品化处理环节

果蔬作为一种具有特殊生命力的商品，具有易磕碰、易腐烂、易变质等特点，而通过一系列商品化的处理，可以最大限度地减少果蔬的损伤，稳定并强化其品质，并取得良好的经济效益。

（一）什么是商品化处理

果蔬采后商品化处理就是为保持和改进产品质量，并使其从农产品转化为商品所采取的一系列措施的总称。商品化处理的目的是减少采后损失，使果蔬产品清洁、整齐、美观，耐储运，利于销售和食用，商品价值及信誉度高。商品化处理主要包括前处理、分级处理、清洗、打蜡、包装等环节。

（二）商品化处理的步骤

1. 前处理

首先要剔除有机械损伤、病虫危害、着色度不够、外观畸形等不符合商品要求的产品，以便改进产品外观，改善商品形象，亦便于包装贮运。有的产品还需要去除残叶、败叶、泥土，及去根、去叶、去老化部分等，单株体积小、重量轻的叶菜还要进行捆扎处理。

2. 分级处理

这个步骤需要根据果蔬产品的大小、重量、色泽、形状、成熟度、新鲜度、清洁度、营养成分以及病虫害和机械损伤等情况，对果蔬进行严格的挑选，并把产品分为若干等级，从而使之达到商品标准化，实行优级优价。同时，通过分级处理，果蔬也更便于贮藏、销售和包装。

3. 清洗

清洗时，可以采用浸泡、冲洗、喷淋等方式去除果蔬表面污物，减少病菌和农药残留，使之符合商品要求和卫生标准，提高商品价值。要注意的是，洗涤水要干净卫生，可以在水中加入适量的杀菌剂，如次氯酸钙、漂白粉等。水洗后要及时进行干燥处理，除去果蔬表面的水分。如果是套袋的果蔬，表面比较干净，也可以免去这一环节。

4. 打蜡

打蜡是在果蔬的表面涂上一层薄而均匀的透明薄膜，也称为涂膜，多用于苹果、柑橘、柚子等水果。打蜡一般在洗果后进行，方法有人工浸涂、刷涂和机械涂蜡。少量处理时，可用人工处理将果实在配好的涂料液中浸蘸一下取出，或者用软刷、棉布等蘸取涂料抹在果面上。无论采取哪种方法，都应使果面均匀着蜡，萼洼、梗洼以及果柄处也应均匀涂抹。

5. 包装

包装应在阴凉的环境下进行，要避免风吹、日晒、雨淋。包装方法须根据果蔬特点来选择，一般有定位包装、散装和捆扎后包装，但无论采用哪种方法，都要求果蔬按照一定的形式在容器内排列好，这样既可以防止其滚动而相互碰撞，又能使产品通风换气，还可以充分利用空间，提高包装效果。比如苹果、梨子用纸箱包装时，可以采用直线式或对角线式两种方式来排列，用筐包装时，常常采用同心圆的方式来排列。马铃薯、洋葱、大蒜等蔬菜常常采用散装的方式等。不耐挤压的果蔬，包装容器内应增加支撑物或衬垫物，以减少产品的震动和碰撞。易失水分的果蔬应在包装容器内增加塑料薄膜，以达到锁水锁鲜的目的。

包装容器的选择应根据不同果蔬的特点和要求，以及用途的不同来进行区分，比如用于运输、贮藏或销售，包装容器的选择就有所不同。包装容器的尺寸、形状应适应贮运和销售需要，长、宽尺寸可参考国家标准《硬质直方体运输包装尺寸系列》（GB/T 4892—2021）中的有关规定，高度可根据产品的特点和要求自行决定。

四、储存环节

（一）果蔬的贮藏方式

果蔬的贮藏方式有自然降温贮藏、机械降温贮藏和气调贮藏等。

1. 自然降温贮藏

自然降温贮藏是一种简易的、传统的贮藏方式，主要有堆藏（垛藏）、沟藏（埋藏）、冻藏、假植贮藏和通风窖藏等，它们都是利用外界自然低温来调节贮藏环境的温度、湿度。例如，沟藏适用于萝卜等，冻藏适用于菠菜等，假植贮藏适用于芹菜、菜花，大白菜等，苹果、梨等适用于通风窖藏，白菜、洋葱等可以堆藏。

2. 机械降温贮藏

机械降温贮藏是利用机械制冷来调节贮藏环境温度的贮藏方式。这种方式不受季节和地区的限制，还可以比较精确地控制贮藏温度，适用于各种水果和蔬菜。

3. 气调贮藏

气调贮藏是通过调整和控制食品储藏环境的气体成分和比例以及环境的温度和湿度来延长食品的储藏寿命和货架期的一种技术。一般情况下，呼吸跃变型果蔬如猕猴桃等，气调贮藏的效果较好，而非呼吸跃变型果蔬采用气调贮藏的作用不大。不同的果蔬对气体的敏感程度不同，要求的氧气和二氧化碳配比也不一样。由于气调贮藏的成本较高，操作管理的难度也比较大，所以应该选择适合长期贮藏或经济价值高的果蔬进行气调贮藏。

（二）果蔬适宜的贮藏条件

不同种类的果蔬产品适宜的贮藏温度差异较大，常见果蔬的适宜贮藏温度、湿度参照表 2-1、表 2-2 所示。

表 2-1　常见水果的贮藏条件

种类	贮藏温度（℃）	相对湿度（%）	种类	贮藏温度（℃）	相对湿度（%）
苹果	−1～0	90～95	甜橙/柑类	4～7	90～95
梨	−1～0.5	90～95	橘类	3～5	85～90
冬枣	−2.5～−1.5	85～90	沙田柚	6～8	85～90
葡萄/柿子	−1～0	90～95	香蕉/芒果/山竹	13～15	85～90
猕猴桃	−0.5～0.5	90～95	菠萝	10～13	85～90
草莓/蓝莓	0～2	90～95	番木瓜	13～15	85～90
山楂	−1～0	90～95	枇杷	0～2	90～95
石榴	5～6	85～90	杨梅	0～1	90～95
西瓜	8～10	85～90	荔枝	3～5	90～95
薄皮甜瓜	5～10	80～85	龙眼	3～4	90～95
厚皮甜瓜	4～5	80～85	榴莲	4～6	85～90
伽师瓜	0～1	80～85	番荔枝	10～12	90～95
板栗	−2～0	90～95	番石榴	8～10	90～95
无花果	−1～0	85～90	鳄梨	7～9	85～90
哈密瓜	3～5	75～80	橄榄	5～10	90～95

注：果实成熟度不同，贮藏温度不同；同一种类、不同品种的果实贮藏温度差异较大，实际应用时，应根据不同品种果实特性，确定适宜的贮藏条件。

表 2-2　常见蔬菜的贮藏条件

种类	贮藏温度（℃）	相对湿度（%）	种类	贮藏温度（℃）	相对湿度（%）
大白菜	0～1	90～95	韭菜	0～1	90～95
洋葱	0～1	65～70	荷兰豆	0～1	95～98
蒜薹	−0.5～0	90～95	大蒜	−2～0	70～75
甘蓝	0～1	95～98	莴笋	0～1	90～95
青花菜	0～1	95～98	芦笋	0～1	95～98
花椰菜	0～4	90～95	马铃薯（晚熟）	4～6	85～95
萝卜	0～1	95～98	红熟番茄	0～2	85～90
胡萝卜	0～1	95～98	绿熟番茄	10～11	85～90
芹菜	−1～0	95～98	佛手瓜	3～4	90～95
芥蓝	0～1	95～98	长豇豆	9～10	90～95
莴苣	0～1	95～98	青椒	9～10	90～95

续表

种类	贮藏温度（℃）	相对湿度（％）	种类	贮藏温（℃）	相对湿度（％）
生菜	0～1	95～98	甜椒	8～9	90～95
菠菜	－1～0	95～98	西葫芦	8～10	80～85
油菜	0～1	95～98	芋头	7～9	85～90
茼蒿	0～1	95～98	甘薯	12～14	80～85
扁豆	8～10	90～95	黄瓜	12～13	90～95
茄子	10～12	85～90	苦瓜	12～13	85～90
冬瓜	12～15	65～70	马铃薯（早熟）	10～12	85～95
南瓜	10～13	65～70	生姜	13～14	90～95

（三）果蔬贮藏的注意事项

果蔬货物的储存是确保果蔬在运输和销售过程中保持新鲜度和品质的关键环节，储存过程中需要综合考虑如下几点。

1. 分类储存

不同的果蔬有不同的储存要求，因此应根据其种类、特性和最佳储存温度进行分类储存。例如，大白菜、胡萝卜、葡萄、苹果等最佳存放温度为－1～1℃，而绿熟番茄、黄瓜等则适合在10℃左右的温度下储存。

2. 适宜的温度和湿度

果蔬在储存过程中会逐渐蒸发失水，因此保持适宜的温度和湿度至关重要。一般来说，大多数果蔬储存温度在0～15℃，而湿度则通常保持在85％～95％，这有助于减少果蔬的水分蒸发，避免干燥造成品质下降。

3. 适当的包装

包装可以有效防止果蔬在储存过程中受到外界因素的侵害，如氧气、水分和微生物等。使用塑料密封盒、玻璃罐、金属盒或真空密封袋等密封容器，可以有效保持果蔬的新鲜度和品质。

4. 定期检查

贮藏期间应定期检查果蔬的状况，及时挑出腐烂或变质的果蔬，同时定期翻动果蔬也有助于保持其新鲜度和均匀性。

5. 保持卫生

贮藏环境应保持清洁卫生，避免果蔬受到污染。对于需要长期贮藏的果蔬，应定期进行质量检查，确保其符合卫生和质量标准。

五、运输配送环节

（一）运输配送中果蔬质量的影响因素

运输和配送可看作动态的贮藏。在运输和配送过程中，产品振动、温度、湿度、气体成分、包装、堆码方式、装卸等都对果蔬运输质量产生一定的影响。

1. 振动

振动是在果蔬运输时应考虑的基本环境条件。剧烈的振动会使果蔬表面造成机械损伤，从而加速乙烯气体的合成，促进果实的快速成熟。同时，机械损伤造成的伤口易引起微生物侵染，致使果蔬腐烂，因此，运输中必须尽量避免和减少振动。新鲜果蔬的耐振动性，与果蔬的内在因素如果蔬的种类、栽培条件、成熟度、果实大小有关，同时也受运输条件的影响，特别是果实的成熟度不同，对振动的敏感性也不一样。

2. 温度

温度是运输过程中重要的环境条件之一，采用低温运输对保持果蔬的新鲜度、品质及降低运输损耗十分重要。根据国际制冷学会1974年修订的规定，要求温度低而运输时间超过6天的蔬菜，要与低温贮藏的温度相同。

（1）常温运输。

常温运输中的果蔬温度易受外界气温的影响，特别是在盛夏和严冬季节，受到的影响更大。如南菜北运，外界温度不断降低，应注意做好保温工作，防止产品受冻；而北果南运，温度不断升高，应做好降温工作，防止产品大量腐烂。

（2）低温运输。

低温运输受环境温度的影响较小，温度的控制受冷藏车、冷藏箱的结构及冷却能力的影响，而且也与空气排出口的位置和冷气循环状况密切相关。一般空气排出口设在冷藏设备上部时，货物就从上部开始冷却。如果堆垛不当，冷空气循环不好，则会影响下部货物冷却的速度。

3. 湿度

影响湿度的因素有果蔬本身的水分蒸腾强度和包装材料种类等。常见的控制湿度的方法有：在防水纸箱（纸板上涂有以石蜡或石蜡、树脂为主要成分的防水剂）或在纸箱中用聚乙烯（PE）薄膜铺垫，可有效防止纸箱吸潮；或采用定期浇水的方式来提高湿度。

4. 气体成分

除气调运输外，新鲜果蔬因自身呼吸作用、容器材料性质以及运输工具的不同，容器内气体成分会有相应的变化。如使用普通纸箱时，由于气体分子可从箱体表面自由扩散，箱内气体成分变化不大，二氧化碳的浓度不超过 0.1%；而当使用具有耐水性的聚乙烯薄膜贴附的纸箱时，气体分子的扩散受到抑制，箱内的二氧化碳就会不断积聚，浓度就会逐渐升高。

5. 包装

包装对果蔬起到保护作用，可以防止机械损伤，减少产品水分蒸散，防止萎蔫，还可起到自发气调的作用。常见的果蔬包装材料有瓦楞纸箱、浸蜡纸箱、泡沫箱、塑料箱、木板箱、塑料网袋、塑料薄膜袋等。

6. 堆码方式

新鲜果蔬的堆码方法正确与否，会对货物运输质量产生较大影响。果蔬堆码，首先应考虑质量保障，然后才是兼顾车辆载重量和容积的充分利用。常见的果蔬堆码方式有品字形堆码、井字形堆码、"一二三，三二一"堆码等（见图2-1）。果蔬冷藏运输时，货件之间必须留有适当的间隙，这样车内的冷空气才能均匀流动，温度才能保持均衡，因此，装车时每件货物都尽量不要直接接触车底板和车壁板，而应通过垫板、留空等措施形成间隙。这样，车内的热量就可以被冷空气充分吸收，从而较好地保持货物温度的稳定。此外，装载对低温敏感的果蔬时，货件不能紧靠机械冷藏车的出风口或加冰冷藏车的冰箱挡板，以免造成低温伤害。

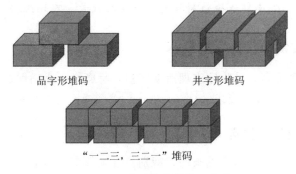

图 2-1 常见的果蔬堆码方式

7. 装卸

装卸是果蔬流通过程中必不可少的环节。新鲜果蔬鲜嫩、含水量高，如在装卸搬运中操作粗放、野蛮，就会导致果蔬出现机械损伤和腐烂，造成巨大的经济损失，因此，装卸时要求箱子要捆实扎紧，搬运时要轻拿轻放，快装快运。

> **课堂案例**

跨越国界的美味之旅——飓速冷链让泰国山竹香飘全国

一场跨越国界的美味之旅悄然启航。精选的 5A 级泰国新鲜山竹,在飓速冷链的精心呵护下,通过严格的温控和高效的综合供应链服务,直达中国消费者的餐桌,为中国消费者带来了一场热带水果的味蕾盛宴。

泰国山竹以其独特的香甜口感和多汁风味而备受赞誉。从泰国的山竹园到中国消费者的手中,为了让山竹在长途跋涉中保持最佳口感与营养价值,飓速冷链实现了全程精密控制。在飓速冷链云仓内,分拣人员首先对山竹进行严格的品质筛选、精确称重,确保山竹的无损、新鲜、符合标准;随后,山竹被装入专用的冷链保温箱,按照科学的冷媒包装方案进行专业的保温保鲜处理;最后,通过飓速冷链高效、安全的配送体系,将山竹迅速、准确地送达消费者手中。从接到订单到操作完成实现 2 小时发货,湖南省内当天达,国内次日达,让消费者在最佳食用时间享受到山竹鲜美的口感。

此次泰国山竹的成功送达,不仅彰显了飓速冷链在生鲜冷冻食品供应链领域的卓越实力,更是中泰两国贸易往来的生动例证。在"一带一路"倡议的推动下,飓速冷链积极搭建起连接两国生鲜食品产业的桥梁,让海外优质水果能够迅速、新鲜、以更低价格进入中国市场,满足消费者对高品质生活的追求。

(案例来源:湖南飓速冷链科技有限公司公众号。有删改。)

(二)果蔬运输配送的基本要求

新鲜果蔬水分含量高,采收后生理活动旺盛,易腐烂,为确保运输安全,要做到"三快、两轻、四防"的基本要求。

1. "三快"(快装、快运、快卸)

一般而言,运输过程中的环境条件,特别是气候的变化和道路的颠簸极易对果蔬造成不良影响。由于果蔬采收后仍然是一个活的有机体,新陈代谢越旺盛,果蔬呼吸作用越强,营养物质消耗越多,品质下降越快,因此,这就要求在运输中必须快装、快运、快卸,尽量减少周转环节,使果蔬迅速到达目的地。我们可以通过采用加快装卸速度、改善搬运条件、加大一次搬运量、采取必要的隔热防护等措施防止货物升温。同时,也可以采用机械装卸和托盘装卸等方式,以及积极推行汽车和铁路车辆对装、对卸等方式来进一步提升装卸速度。

2. "两轻"（轻装、轻卸）

合理的装卸直接关系到果蔬运输的质量。绝大多数果蔬的含水量为80%~90%，如果装卸粗放极易使果蔬受伤导致腐烂，这是目前运输中普遍存在的问题，也是造成果蔬采后损失的主要原因之一，因此，装卸过程中一定要做到轻装、轻卸，防止野蛮装卸。

3. "四防"（防热、防冻、防晒、防淋）

果蔬运输对温度有着严格的要求，温度过高，会加速果蔬的腐败变质，使果蔬品质下降，温度过低，果蔬又容易产生冻害或冷害，所以要防热、防冻。此外，日晒会使果蔬温度升高，增加呼吸强度，加快维生素的流失及营养物质的降解和分解，加速自然损耗。雨淋则会影响产品包装的完美性，过高的含水量也会滋生微生物的生长繁殖，加速产品腐烂。

六、销售环节

引人注意的陈列是良好销售业绩的基础，果蔬销售也是如此。原本简单堆叠的商品如果运用了陈列技巧，进行良好陈列展示，就会给消费者留下截然不同的印象，商品就会更容易被消费者看到并了解到，进而达到容易购买、提升销售业绩的目的。

（一）果蔬的陈列原则

1. 分类原则

（1）蔬菜按叶菜类、花果类、根茎类、菇菌类、调味品类及加工菜类分开陈列。

（2）水果按瓜类、柑橘类、苹果梨类、桃李类、热带水果类及礼盒类分别陈列。

（3）形状相似、大小相似的相关品项相邻陈列。

（4）叶菜类要随时喷水加湿，并避免在通风口处陈列，防止蔬菜失水、萎缩。

2. 质检原则

（1）果蔬在销售区域进行陈列之前，必须进行质检程序，确保所有货架上的商品符合优良品质的标准，体现出果蔬经营的"新鲜"宗旨。

（2）营业期间对销售区域上陈列的商品进行质检。一旦发现腐烂、变质的果蔬，要第一时间挑拣出来。

3. 丰满陈列原则

果蔬的陈列要丰满，起到吸引顾客的作用，做到货优价平，坚决杜绝缺货、少货情况的发生。

4. 色彩搭配原则

果蔬陈列时对色彩进行适当组合、搭配，使货品颜色丰富、色彩鲜艳，能充分体现出果蔬的丰富性、变化性，既能给顾客赏心悦目的新鲜感，又能较好地促销所陈列的商品，这一点是果蔬陈列的技巧所在。如将绿色的黄瓜、紫色的茄子、红色的西红柿进行搭配，或将红色的苹果、金黄色的橙子、绿色的啤梨进行搭配，将产生五彩缤纷的色彩效果。

5. 降低损耗原则

（1）在陈列时必须考虑不同果蔬的特性，选择正确的道具、方法、陈列温度，否则会因不当的陈列而造成果蔬损耗，如桃子比较怕压且容易生热，所以陈列时不能堆放。

（2）陈列面积必须与周转量成正比，且比例适当。陈列面积过大，果蔬在货架的滞留时间长，易造成损耗；陈列面积过小，每日补货的次数频繁，会降低人员的劳动效率。

6. 先进先出原则

先进先出是指先进的货物先陈列销售，特别是同一品种在不同时间分几批进货时，先进先出是判断哪一批商品先陈列销售的原则。果蔬的周转期短，品质变化快，坚持这一原则至关重要。先进先出原则是生鲜商品经营的普遍性原则和一般性原则。

7. 季节性原则

果蔬的经营具有非常强的季节性，不同的季节有相应的水果、蔬菜上市。因此，果蔬的陈列应因时而变，将新上市的品种陈列在明显的地方，更好地满足顾客的需求。

8. 清洁卫生原则

清洁卫生原则主要包括：果蔬是否干净、整洁，无泥土、杂草等，通过对果蔬的自行加工及对净菜的推广来保证其整洁、干净；区域、设备、陈列用的器具是否清洁卫生。

9. 清晰标识原则

果蔬的标识要做到：标识牌与陈列的设备相匹配，标识牌变价的方式满足果蔬频繁变价的特性；标识位置与商品的位置一一对应；标识的品名与陈列商品一致；标识的价格、销售单位要正确无误，与系统一致。

（二）果蔬的主要陈列方法

1. 圆积型陈列

这种陈列方法适用于苹果、柑橘、西瓜、柚、大白菜、圆白菜、莴苣等可平台式大堆陈列的果蔬。

2. 圆排型陈列

在并排或堆积圆形的果蔬时，可用隔物板等来支撑邻接的商品，将容易松垮的圆形商品摆成不容易松垮的形态，适用于菠萝、包菜等的陈列。

3. 茎排型陈列

将葱等长形的商品朝一定的方向排列时，边面的地方就会形成条直线，这种陈列的形态称为茎排型。

4. 茎积型陈列

将根茎类商品的面排列整齐，堆积起来，就成为茎积型的陈列形态。请勿与茎排型陈列混淆。

5. 方排型陈列

大葱、芹菜、韭菜花等根部成一直线排列，可斜立或平放。

6. 格子型陈列

萝卜、莲藕等长形的和袋装的商品，彼此交错，格子型陈列可平放交叉摆放果蔬。

7. 散置型陈列

适用于形状不一致的根菜类，如大白菜、土豆、甘薯、香蕉等，可利用平台式货架大量摆放陈列。

8. 投入型陈列

个体较小的商品，如辣椒、豆角或形状不一致的商品（如四季豆、豆芽菜等），利用容器或隔物板将前面及边面固定后，就可将此类商品任意地投入，可直接倒入周转箱陈列。

9. 堆积型陈列

将包装过的商品、袋装的商品，以及变形的商品、长形的商品等非圆形的商品先排好前面和边面的部分，然后往上堆到一定程度的陈列方式。

拓展知识

补齐保鲜"最先一公里"短板

视频案例

田间冷链,果蔬一路领鲜

习题

模块二 任务一 习题

能力提升

背景资料

荔枝保鲜关键技术要点

采收后的荔枝果实极其容易变褐变质,我国古代就有荔枝采后"一日而色变,二日而香变,三日而味变,四五日外,色香味尽去矣"的记载。要做好荔枝保鲜工作,要从以下方面入手。

1. 采收

荔枝从开始着色至完全红色约需 7~10 天,建议在果皮八成至全部呈红色期间采收。果皮暗红色的果实只适宜在产地销售,不宜远运,留树太久的荔枝会"退糖"、果肉结构解体、果汁外渗、味道变淡。未成熟的荔枝颜色不佳，且味淡、酸味浓，不能在采后增甜。

台风和下雨期间采收的荔枝不耐贮藏。荔枝采收后要注意防止日晒，注意保湿，否则荔枝果皮在高温下很容易失水，严重失水的荔枝果实很容易变褐，耐藏性严重下降。荔枝采后立即在包装箱或箩筐衬垫塑料袋装果后，尽快运回包装加工厂进行采后处理和包装。采收果园如果离包装加工厂或收购站太远，可在果园就地用冰水预冷，然后用塑料袋密封，有条件的话最好用冷藏车运回加工厂加工包装。

2. 挑选

剔除病果、虫叮果、裂果、日灼果、机械伤果、畸形果、褐变果、无蒂果、青果、过小果和过熟果等，注意识别蛀蒂虫果，在离果梗基部 0.5 厘米范围内有针头大小的孔。采收时造成的果实机械伤，在高湿度的冷库内贮放过夜后即可鉴别。不需去梗的果穗也要剔出所有前述伤害果，整理好果穗和果梗。

3. 预冷

荔枝采收后要尽快预冷，降低田间热。荔枝果实采收后经历的高温时间越长，货架寿命越短，品质越难保持。在等待分级和包装期间，可采用冰水、冷库、强制通风等方式进行预冷，通常把果温降低到 10～12℃，在普通冷库内再需要 2 天左右将果肉温度降到 5℃。采用冰水预冷技术，在 5～30 分钟内可迅速把果肉温度降低到 5℃左右，但容易造成冷害，影响果皮色泽。

4. 分级

经过挑选的单个果实可按照果实大小进行分级，目标是保证同一件包装内的果实有较为一致的品质、色泽、大小和外观。外观上总的要求是无裂果、无虫叮、无果梗伤，八至九成熟，无异味。果实大小主要根据消费市场的要求和品种特点按照果径和果重进行分级。

5. 包装

荔枝暴露在空气中经过 12～24 小时即会变色，大大缩短货架期，为避免荔枝快速失水褐变和长期高湿度导致的腐烂，荔枝可用具有一定透明度、厚度（0.02～0.03 毫米）的聚乙烯袋包装，规格为 2.5 千克、5.0 千克或其他重量。有些产区在荔枝采后立即用简易水池放冰水预冷，并采用泡沫箱包装荔枝，箱内放冰块或用已经冻结的瓶装矿泉水，然后在常温条件下运输。此种方法虽然方便，但由于预冷不够，且在常温条件下运输，泡沫箱内的冰块不足以降低箱内荔枝的温度，箱内的冰融化后，箱内温度上升很快，所以变质风险较高且货架寿命很短。

6. 清洗与药物处理

可采用漂白粉等消毒剂（0.2%～0.3%）对采后的荔枝进行初步清洗，清除表面的灰尘和减少微生物。荔枝采后病害主要由真菌引起，大部分真菌属果园感病，特别是危害严重的炭疽病和霜疫霉病，应以田间预防为主，采后再辅以杀菌剂处理。可使用 500～1000ppm 的扑海因和 500ppm 的施保功（或施保克）浸果 2 分钟。

国内外也有采用硫处理技术进行荔枝的护色保鲜，如非洲出口欧洲的荔枝即采用此法。处理方法一般为：去果梗、挑选和分级后，使用塑料筐进行包装，堆放于熏硫室中进行硫处理，一般用量为每立方米空间使用30克左右的硫黄粉熏蒸20～30分钟，然后使用3%的食用盐酸浸泡1分钟进行复色处理，随后立即进入冷库降温冷却。此外还有采用热处理进行荔枝果皮护色，即采用98℃左右的热水或热蒸汽处理后立即降温，用食用盐酸进行护色处理，也可延缓荔枝贮藏流通过程中的褐变。此外，在荔枝出口时，应了解不同国家对荔枝的检疫要求。如出口日本的荔枝，需要经46.2℃的蒸热处理20分钟，以消灭检疫性害虫。出口美国的荔枝，要经过1.38℃连续贮藏14天以上，这也是一种检疫措施，主要是为了杀死荔枝蛀蒂虫。

7. 贮藏

荔枝果实主要依赖低温冷藏，耐藏适宜温度是3～5℃，温度低于3℃，15天后果实受到冷害，表现为内果皮水渍状，移出室温后很快褐变。荔枝贮藏期间适宜相对湿度为90%～95%。

8. 运输

荔枝的长途运输需用冷藏车、冷藏集装箱在低温条件下进行，也有采用空运的方式，可更好地保证果实品质，但运输费高。常温车运输，可采用泡沫箱加冰方式。一般泡沫箱内的果冰比例为2∶1，在车厢四周围上泡沫板、棉胎或稻草等隔热，基本可满足约3天内的运输要求。若在装泡沫箱前先将果实预冷，再用泡沫箱加冰方式，效果会更好。具体做法是：泡沫箱规格为60×40×50厘米，板厚1厘米，每箱约可装荔枝10～15千克。荔枝果实和冰块分别用塑料袋包装，在泡沫箱中间装入。冰块还可用专用冰袋或饮料瓶盛装，也有的采用一层荔枝与一层碎冰块叠置直接装箱，一般加冰量占果实重量的1/3～1/2。盖好泡沫箱盖，用封箱胶封严，在车厢内泡沫箱要码放紧实，以延长保冷时间，运输到目的地后要迅速销售。

9. 销售

荔枝贮藏运输后的主要问题是货架寿命。经过保鲜处理和1个月的贮藏后，荔枝一般货架期为24～36小时，冷藏期越长，货架期越短。采用低温冷柜销售，可适当延长货架时间。

（资料来源：陈维信、吴振先，《荔枝采后处理与保鲜综合技术》。有删改。）

训练任务	荔枝保鲜关键技术要点
训练目的	1. 了解果蔬类货物的冷链物流作业流程； 2. 掌握果蔬冷链物流作业的操作要求

续表

训练任务	荔枝保鲜关键技术要点
训练要求	1. 每组认真研读《荔枝保鲜关键技术要点》案例； 2. 每组讨论该案例中荔枝的冷链物流作业流程； 3. 每组选取一名学生代表，负责记录、总结小组发言
我的做法	
我的结论	
我的思考	

任务二　管理肉类冷链物流

任务目标

◆ 知识目标
（1）掌握肉类冷链物流中冷却与冷冻环节的基本原理和方法；
（2）了解冷藏、冻藏技术及其在肉类储存中的应用。

◆ 技能目标
（1）能够根据肉类特性选择合适的冷却和冷冻方法，确保产品质量；
（2）能够结合实际合理安排肉类储存和运输。

◆ 素养目标
（1）强化食品安全责任感，确保肉类产品在冷链物流中的安全性；
（2）培养精益求精的工作态度，追求冷链物流管理的最佳实践。

××公司是一家肉类加工企业，近期该公司接到多起客户投诉，反映其生产的肉制品在保质期内出现变质问题。对此××公司立即组织内部团队对整个生产和物流过程进行彻底审查。初步调查发现，问题主要集中在冷链物流环节。由于运输过程中温度控制不严，部分肉制品在运输途中就开始变质。这不仅损害了企业品牌形象，还造成了不小的经济损失。

任务思考

如何确保肉制品从生产到消费的每一个环节都能达到最高的品质标准？

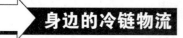身边的冷链物流

京东物流开通宁夏"牛羊肉专机"

在冬天，一碗热腾腾的羊汤是许多家庭温暖人心的餐桌佳肴，而来自宁夏无膻无腥、肉质鲜美的羊肉，更是无数美食家心目中的至鲜之选。为了在春节前夕更好地保障宁夏牛羊肉速达千家万户，京东物流于2024年1月22日开通宁夏牛羊肉全货机，满载新鲜牛羊肉的全货机从宁夏银川河东国际机场起飞，运抵北京大兴机场后，经分运发往上海、江苏、浙江、山东、广东等全国多个省市实现次日达，北京可实现次晨达。

宁夏地区的牛羊肉品质优良，口感鲜美，是公认的肉类佳品，如固原黄牛肉就荣获国家农产品地理标志，盐池滩羊肉更是数次登上国宴餐桌，被网友称为"羊肉界的顶流"。但因地理位置和物流条件的限制，传统物流运输方式难以满足消费者对宁夏牛羊肉新鲜度和时效性的要求。为更好地保障宁夏牛羊肉物流畅通，让消费者及时收到新鲜牛羊肉，京东物流充分发挥自身航空物流运营优势，在1月发运高峰期开通牛羊肉全货机。

京东快递宁夏片区相关负责人表示，用全货机为宁夏牛羊肉提供产季高峰运输保障，能有效提升宁夏牛羊肉的物流效率，降低物流成本，让宁夏的牛羊肉更好更快地进入全国市场，进一步推动牛羊肉产业的壮大。本次全货机从宁夏银川始发，贯通华北、华南、华东、北京、杭州、南通、深圳等多个城市实现牛羊肉次日达。全货机每周飞6班，能运送超百吨新鲜牛羊肉。

近年来，京东航空持续积极建设航空货运网络，在华北、西北等地区不断开拓全货机新航线，有效布局并提升了各地区间串联的寄递时效。2023年夏天，京东航空连续开通两条"樱桃航线"，此次牛羊肉新航线的开通，也将进一步丰富京东航空网络，实现货物的快速、安全运输周转，有效助力宁夏特色产业发展。未来，京东航空也将进一步加大在地方特色经济方面的航空资源投入，不断开拓全货机航线，以安全、高效的航空货运网络与仓储物流基础设施网络形成高效协同，有效提升各地区间的物流时效，推进航空网络布局与区域经济发展相融合。

（资料来源：《新消息报》。有删改。）

一、冷却和冷冻环节

根据《肉与肉制品冷链物流作业规范》(WB/T 1059—2016)规定，肉类冷链物流是肉与肉制品在温度控制的物流网从供应地向接收地实体流动过程。根据实际需要，将运输、仓储、配送、交接等基本功能实施有机结合。

(一)肉的冷却

1. 什么是冷却肉

冷却肉，又叫冷鲜肉，是指对严格执行检疫制度屠宰后的畜胴体迅速进行冷却处理，使胴体温度（以后腿内部为测量点）在24小时内降为0～4℃，并在后续的加工流通和零售过程中始终保持在0～4℃范围内的鲜肉。

与热鲜肉（畜禽宰杀后不经冷却加工而直接上市的肉）相比，冷却肉始终处于冷却温度环境下，大多数微生物的生长繁殖被抑制，肉毒杆菌和金黄色葡萄球菌等致病菌已不分泌毒素，可以确保肉的安全卫生，而且冷却肉经历了较为充分的解僵成熟过程，质地柔软，有弹性，滋味鲜美。与冷冻肉相比，冷却肉具有汁液流失少、营养价值高的优点。

2. 冷却肉的加工过程

（1）宰杀：活体先冲淋后进行宰杀，冲淋水温控制在40～50℃，宰杀处理后得到胴体。

（2）消毒：对胴体进行喷淋消毒，以有效抑制表面微生物的繁殖，降低初始菌数，延长产品的保质期。

（3）冷却：对消毒后的胴体进行急速冷却，使肉品中心温度达0～4℃。

（4）护色：对急速冷却后的胴体进行护色处理。

（5）保鲜：对上述步骤所得的肉制品进行分割剔骨后用保鲜剂进行喷淋或浸渍处理，在其表面形成保护膜，沥水后包装即得冷却肉制品。冲淋的时间为20～30秒，冲淋水压控制在2～3MPa，以减少牲畜宰杀前的应激反应，防止冷却肉的汁液流失。

在冷却温度的控制下，酶活性和大多数微生物的生长受到抑制，肉中的肉毒杆菌和金黄色葡萄球菌等病原体不分泌毒素，避免了肉质腐败，确保了冷却肉的安全卫生。

3. 肉的冷却方法

（1）空气冷却。

肉的冷却方法有空气冷却、水冷却和真空冷却等，我国主要采用空气冷却方法。进肉之前，冷却间温度应降至－4℃左右。在进行冷却时，把经过晾冷的胴体沿吊轨推入冷却间，胴体间距保持在3～5厘米，有利于空气循环和快速散热，当胴体最厚部位中心温度降到0～4℃时，冷却过程即完成。一般情况下，牛半片胴体的冷却时间为48小时左右，猪半片胴体的冷却时间为24小时左右，羊胴体的冷却时间为18小时左右。

（2）两段法冷却。

国外流行两段法对肉类进行快速冷却，冷却肉类的前后两阶段分别采用不同的温度和风速。

第一阶段，冷却温度为－15～－10℃，空气流动速度为1.5～3m/s，冷却时间为1～4小时，这一阶段肉体的平均焓值大约为40kj/kg，肉体表面会形成一层冰壳，既可以减少干耗，又能加快冷却过程（冰的热导率是水的4倍）。

第二阶段，库温为0～2℃左右，空气流动速度为0.5～1.5m/s，冷却时间为10～15小时，表面温度逐渐升高而内部温度逐渐降低，肉体温度平衡，直到热中心温度达到2～4℃为止。采用该方法冷却的肉，色、香、味、嫩度俱佳，既缩短了冷却时间，又可减少40%～50%的干耗（见图2-2）。

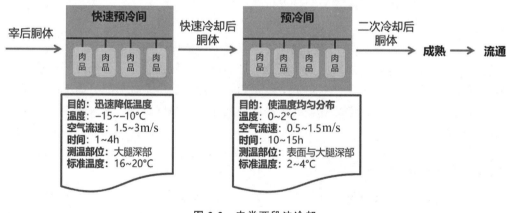

图2-2 肉类两段法冷却

（二）肉的冷冻

1. 什么是冷冻肉

冷冻肉是指畜肉宰杀后，经预冷排酸、急冻，继而在－18℃以下储存，深层肉温达－6℃以下的肉品。冷冻肉在－18℃以下可以储存4～6个月，在－25℃以下可储存8～12个月。

2. 肉的冷冻工艺

肉的冷冻工艺主要分为一次冻结和二次冻结。

(1) 一次冻结。

宰后鲜肉不经冷却,直接送进冻结间冻结。冻结间温度为-25℃,风速为1～2m/s,冻结时间为16～18小时,肉体深层温度达到-15℃,即完成冻结过程,出库送入冷藏间贮藏。

(2) 二次冻结。

宰后鲜肉先送入冷却间,在0～4℃温度下冷却8～12小时,然后转入冻结间,在-25℃条件下进行冻结,一般12～16小时完成冻结过程。

(3) 一次冻结和二次冻结的区别。

一次冻结与二次冻结相比,加工时间大大缩短,且减少了大量的搬运工作,提高了冻结间的利用率,干耗损失少。但对于冷收缩敏感的牛、羊肉类,一次冻结会使其产生冷收缩和解冻僵直的现象,故一些国家对牛、羊肉不采用一次冻结的方式。二次冻结后的肉质较好,不易产生冷收缩现象,解冻后肉的保水力好,汁液流失少,嫩度好。

3. 肉的冻结速度

肉的冻结速度,一般用单位时间内肉体冻结的速度来表示,通常分为以下三种情况。

(1) 冻结速度为0.1～1厘米/小时,称为缓慢冻结。这种冻结方式速度相对较慢,会导致食品中形成较大的冰晶,这些大冰晶可能会破坏食品的细胞结构,影响食品的口感和质地。

(2) 冻结速度为1.1～5厘米/小时,称为中速冻结。这种冻结方式速度适中,可以在一定程度上减少冰晶的形成,降低对食品细胞结构的破坏,同时保持食品的品质和安全性。

(3) 冻结速度为>5厘米/小时,称为快速冻结。

对于大多数肉品,以2～5厘米/小时的速度冻结即可避免其品质下降。对于中等厚度的半片猪肉体,在20小时以内由0～4℃冻结至-18℃,冻结质量是比较好的。从肉的冻结质量上看,冻结速度越快,肉的干耗损失就越少,肉的品质就越好。

4. 肉的冷冻方法

(1) 静止空气冷冻法。

空气是传导的媒介,家庭冰箱的冷冻室均以静止空气冻结的方法进行冷冻,肉冻结很慢,静止空气冷冻的温度为-30～-10℃。

(2) 板式冷冻法。

该冷冻方法热传导的媒介是空气和金属板。肉类为装盘或直接与冷冻室中的金属板架接触。板式冷冻室温度通常为-30～-10℃,一般适用于薄片的肉品,如肉排、肉片、肉饼等的冷冻,冻结速率比静止空气冷冻法稍快。

(3) 冷风式速冻法。

冷风式速冻法是指将冷冻后的肉贮藏于一定温度、湿度的低温库内,并利用风扇供应气流速度为760m/min、温度为－30℃的冷空气使肉品急速冷冻的方法。此方法热转移速率比静止空气冷冻法要快，且冻结速率显著。

（4）流体浸渍和喷雾冻结法。

流体浸渍、喷雾冻结法是商业上用来冷冻禽肉最普遍的方法，其他肉类和鱼类也可以利用此法进行冷冻。供冷冻用的流体必须安全无毒、成本低廉，且具有较好的低黏性、低冻结点及高热传导性等特点，一般常用液态氮、食盐溶液、甘油、甘油醇和丙烯醇等。此法热量转移迅速，但稍慢于冷风式速冻法。

二、包装环节

肉的颜色是肌红蛋白和氧气作用的结果，因此从这个角度来说，一般要求包装材料具有较高的透气率，使鲜肉与氧气的结合达到最佳状态，以保证鲜肉的最佳色泽。但如果包装材料的透气率很高，包装内的氧气含量就会增大，嗜氧性微生物的繁殖速度就会加快，脂肪的氧化也会加快，所以，肉类货物一般通过包装和冷藏相结合的方法来达到保鲜抑菌的作用。

（一）冷却肉的包装技术

1. 真空包装

真空包装是指抽取包装内所有的空气，并配合使用氧气透过率极低的包装材料，使外界的氧气无法渗透进包装内，从而降低冷却肉氧化、酸败的速度，以确保肉品的新鲜度。真空包装的肉品在0±1℃可贮存14～20天。真空包装的肉品本身比托盘包装的肉品货架期延长5～27天，在抽真空包装之后，由于阻断了氧气，肉品一般都会呈暗红色，有损外观。在拆除包装后，冷却肉遇氧气又会恢复成鲜红的颜色，因此真空包装的肉品一般适用于贮存时间较长而又要求高品质的餐厅及一些大卖场等。

真空包装所使用的材料，除了防氧气透过性及收缩性良好的聚偏二氯化乙烯（PVDC）外，还有聚酯、聚酰胺，或者尼龙、聚酯薄膜和聚乙烯多层等材料。其中聚偏二氯化乙烯的防止氧气和水蒸气的透过性为各种膜料之冠，但其最大的缺点是不耐热封。聚酯具有很强的张力强度和软性，尼龙防止氧气的透过率尚好，耐热、耐寒性亦佳，机械性也很强，但水蒸气透过率大，且价格昂贵，所以多以多层复合的形式作为冷却肉真空包装的材料。

2. 气调包装

食品贮藏主要受两个因素影响，即需氧菌和氧化反应，两者均需要氧气，因此，要延长货架期，就需要降低环境的氧气含量。气调包装技术能够在一定程度上弥补真空包装的不足，进一步抑制微生物的腐败。

气调包装的原理可归纳为两点：① 破坏微生物赖以生长繁殖的环境；② 能够维持食品内部细胞一定的活性，保持一定程度的生鲜状态。气调包装最常用的气体成分主要是"二氧化碳＋氧气＋氮气"，这种混合气体能通过引起细菌合成酶、改变酶反应速率以及影响羧化反应和脱氨反应，起到抑制微生物、防腐保鲜的目的，从而延长产品的货架期。混合气体中配有一定比例的氧气，是为了抑制病菌的生长，并保持肉品良好的色泽。一般通过充气包装的肉品的货架期可达到 10~14 天。

（二）冷冻肉的包装材料

冷冻肉的包装材料除了要能防止氧气和水蒸气透入以避免脂肪的氧化酸败外，还必须能适应温度的急剧变化，避免随着冻结或解冻操作而收缩或膨胀。以下是几种常见的肉品冷链包装材料。

1. 塑料包装材料

塑料包装材料，如聚乙烯和聚丙烯（PP）等，具有良好的柔韧性、防潮性和耐油性。它们能有效隔绝外界的空气和水分，从而延长肉品的保质期。

2. 纸质包装材料

纸质包装材料具有良好的吸油性和透气性，但防潮性和阻隔性相对较弱。它们通常用于外层包装或与其他材料复合使用。

3. 金属包装材料

金属包装材料，如铝箔等，具有优异的阻隔性和机械强度，能有效防止氧气、水分和光线的侵入。

4. 复合材料

复合材料结合了多种材料的优点，如塑料的防潮性、防氧性和金属的阻隔性，为肉品提供了更全面的保护。

三、存储环节

（一）肉的冷藏原理

肉的腐败变质，主要是由微生物的生命活动和肉中的酶所进行的生物化学反应所造成的。微生物的繁殖、酶的催化作用，都需要适当的温度和水分等条件，环境不适宜，微生物就会停止繁殖，甚至死亡，酶也会丧失催化能力，甚至被破坏。如果把肉放在低温（-18℃以下）条件下，则微生物和酶对肉的作用就变得很微小了。肉在冻结时，生成的冰结晶使微生物细胞受到破坏而不能繁殖，酶的反应受到严重抑制，另外，氧化等反应的速率，也会因温度降低而显著变慢，因此肉就可经较长时间贮藏而不会腐败变质。

低温可以减缓甚至完全抑制微生物的发展，但却不能使微生物完全死亡，因此冻结不能保证肉的完全灭菌。低温贮藏食品可使食品的结构、成分和性质的变化最小，与其他方法相比，是一种比较理想的贮藏方式。低温贮藏能急剧减慢肉的自溶过程的发展，但在实际采用的温度范围内，并不能使其发展停止，低温贮藏具有临时性，低温中止时，作用随之消失。

（二）肉的冷藏过程

1. 肉类质量变化过程

肉类屠宰后，会经历一个质量变化的过程。

首先是僵直阶段。屠宰后的肉质地松软，有很高的持水性，但几小时后，肉就会变得僵硬和收缩，失去柔软的特性，缺乏汁液和特有的风味。

其次是肉的成熟阶段。把肉放置一段时间，僵直就会自行解除，肌肉变软，风味会得到很大改善，这个过程称为肉的成熟阶段。

再次是肉的自溶阶段。成熟的肉会在自溶酶作用下，发生组织成分的分解，色泽逐渐变为棕褐，弹性消失，并伴有一定的酸败味。

最后是肉的腐败阶段。这一阶段微生物作用加剧，肉中的营养物质被分解，出现发黏、变色、发霉、变味等腐败现象。

上述过程说明，消费者要想吃到品质好的肉就需要第一时间对肉进行处理，使肉的品质停留在第二个阶段。

2. 肉品质量降低的表现

（1）发黏和发霉。

发黏和发霉是冷却肉最常见的现象，这是肉在冷藏过程中，微生物在肉表面大量生长繁殖的结果，与肉表面的微生物污染程度和相对湿度有关。微生物污染越严重，湿度越高，肉表面越易发黏、发霉。

（2）干耗。

肉在低温贮藏过程中，其内部水分不断从表面蒸发，使肉不断减重，俗称"干耗"。冷藏期的干耗与空气湿度有关，湿度增大，干耗减少。肉在冷藏中，初期干耗量较大，时间延长，单位时间内的干耗量便会减少。

（3）变色。

肉在冷藏中若贮藏不当，牛、羊、猪肉会出现变绿、变黄、变褐等，鱼肉产生绿变，脂肪会变黄。虽然这些变化有的是在微生物和酶的作用下引起的，有的是本身氧化的结果，但色泽的变化是肉品质量降低的表现。

（4）串味。

肉与有强烈气味的食品存放在一起，会出现串味情况。

（5）冷收缩。

冷收缩主要发生在牛、羊肉中，是牲畜在屠杀后短时间内进行快速冷却时出现的一种肌肉强烈收缩现象。这种肉在成熟阶段不能充分软化。

3. 肉的冷藏方法

（1）冰冷藏法。

冰冷藏法常用于冷链物流运输中的冷却肉冷藏，这种冷藏法的用冰量一般难以准确计算，主要凭经验估计。

（2）空气冷藏法。

空气冷藏法是以空气作为冷却介质的冷藏法，由于费用低廉、操作方便，是目前冷却、冷藏的主要方法。冷却肉一般存放在－1～1℃的冷藏间（或排酸库），一方面可以完成肉的成熟（或排酸），另一方面可以达到短期贮藏的目的。冷藏期间的温度要保持相对稳定，以不超出上述冷却温度范围为宜。冷藏间进肉或出肉时温度不得超过3℃，相对湿度应保持在90%左右，空气流速保持自然循环。

（三）肉的冷藏作业要求

冷却肉、冷冻肉的储存作业应符合《冷藏、冷冻食品物流包装、标志、运输和储存》（GB/T 24616—2019）的规定，也应符合《食品安全国家标准　肉和肉制品经营卫生规范》（GB 20799—2016）的规定。

1. 收货要求

当肉品到货时，应对其运输方式及运输过程的温度记录、运输时间等质量控制状况进行重点检查和记录，到货冷冻肉温度高于－15℃或高于双方约定的最高接受温度时，冷却肉高于7℃或高于双方约定的最高接受温度时，收货方应及时通知货主，双方按合同约定协商处理，否则应拒收。经检验合格的肉品才能入库贮藏，并依据进货信息和随货清单做好记录。

2. 堆码"五距"要求

肉品堆码应按照分区、分类、分生产批次和温度等进行管理。垫板应与地面距离大于或等于10厘米，与库墙距离大于或等于30厘米，与排管距离大于或等于30厘米，与风道距离大于或等于30厘米，与库体顶板距离大于或等于20厘米，堆放高度以纸箱受压不变形为宜。

（四）肉的冷藏环境条件

1. 温度

将冷冻后的肉品贮藏于一定温度、湿度的低温库中，在尽量保持肉品质量的前提下贮藏一定的时间，就是冻藏。冻藏条件的好坏直接关系到冷却肉的质量和贮藏期的长短。从理论上讲，冻藏温度越低，肉品质量保持得就越好，保存期限也就越长，与此同时成本也就越高。对肉而言，－18℃是比较经济合理的冻藏温度。冷库中温度的稳定性也很重要，温度的波动应控制在±2℃，否则会促使小冰晶消失和大冰晶长大，加剧冰晶对肉的机械损伤。

2. 湿度

在－18℃的低温下，湿度对微生物的生长繁殖影响很微小，从减少肉品干耗量，空气湿度越大越好，一般控制在95%～98%。

四、运输配送环节

肉类货物在运输和配送环节应注意以下几个要点。

（1）根据肉与肉制品的类型、特性、运输季节、运输距离等要求的不同，应选择不同的运输工具和配送线路。

（2）在装车前，保持车辆清洁卫生，运输车辆每次使用前应进行消毒，消毒液应符合相关规定；装载冷冻肉与肉制品时，温度应至少达到－15℃或达到双方约定的收货温度，同时装车前车厢温度宜预冷至－10℃以下；冷却肉与肉制品的车厢温度应预冷至7℃以下方可装运。

（3）装车过程宜使用托盘等物流工具，确保在较短时间内装车完毕。散装生、熟肉制品及易串味肉制品等不能混装于同一托盘、同一车辆，含有独立包装的预包装肉与肉制品可采用物理隔离等方法装载于同一车辆内。

（4）装车完成后，根据肉制品运输要求设置车厢的制冷温度，确认制冷机组正常运转后，依指定路线配送。

（5）运输过程中制冷系统应保持正常运转状态，全程温度应控制在指定的温度范围内。冷藏设备的温度记录间隔时间不应超过1小时，冷藏设备温度偏离设定范围持续1小时，应采取纠正行动。

（6）冷却肉与冷冻肉的运输作业应符合《肉与肉制品冷链物流作业规范》（WB/T 1059—2016）中的相关规定，冷却肉与肉制品在运输过程中厢体内温度应保持0～4℃，产品温度应保持在0～4℃；冷冻肉与肉制品在运输过程中厢体内温度保持－18℃以下，厢体内温度最高允许升温至－15℃，产品中心温度保持在－15℃或更低的温度。

课堂案例

牛肉的冷链保鲜技术

牛肉是日常餐桌上的重要佳肴。活牛经过屠宰与分解后，新鲜牛肉会被迅速放置在 2~6℃ 的恒温环境中冷却 2~3 小时，以确保其新鲜度与口感。紧接着，它们被装载进 2~6℃ 的冷藏车内，以保证牛肉的新鲜度，让消费者能够品尝到鲜美可口的牛肉佳肴。

在牛肉的运输环节中，对于冷冻肉而言，其贮藏温度必须精准控制在 −18~−22℃。通常，−18℃ 以下的低温足以有效防止肉品氧化，而若温度降至 −23℃ 以下，更能显著延长肉品保存时间。然而，与冷冻肉相比，冷鲜肉在口感和营养价值上无疑更胜一筹，但同时也对冷链物流的要求更为严格。为了维持冷鲜牛肉的品质，冷链物流系统必须确保牛肉从加工、储藏、运输到销售，乃至烹饪前的整个链条，都持续处于 0~4℃ 的恒温环境中。任何环节的温控失误都可能导致冷链中断，因此，确保冷链物流的完整性和连贯性至关重要。

所以在牛肉运输的时候，必须要使用冷藏车进行配送。运输过程中的冷藏车温度会一直采用恒温控制，车辆每运输 400 千米就需要打开门 3 分钟，散发二氧化碳，这样能有效抑制肉品中的水分挥发，保持肉品的新鲜度和口感，还能阻止微生物的生长和繁殖。同时，企业在仓储及运输冷冻肉的过程中，必须严格确保所有可能与肉品直接接触的部分均由防腐材料制成，以防范可能引发肉品的理化特性变化，确保肉品的质量与安全。

冻肉装运前须确保其中心温度降至 −15℃ 以下。短途运输（少于 12 小时）可用保温车加冰块保持低温，长途运输则应采用能保持 −18℃ 或更低温度的运输设备。运输过程中须严控温度上升，确保冻肉中心温度不高于 −15℃。装货前，车厢须预冷至 10℃ 以下。冷链物流能有效减缓酶分解、氧化和微生物繁殖，保证肉品在长时间内保持新鲜和营养。

（资料来源：网络。有删改。）

五、销售环节

肉类货物在销售环节，应注意以下几点。

（1）宜配备适用于肉品销售温度要求的冷藏展示柜。

（2）存放冷却肉的冷藏展示柜柜内温度应保持在 0~4℃；存放冷冻肉的冷藏展示柜柜内温度应保持小于或等于 −15℃。

（3）码放销售的肉品应遵守冷藏展示柜的使用要求，非预包装的肉品不宜在冷藏展示柜内销售，冷藏展示柜内应设置易读取的精确的温度计，温度测点应设在回风口的标记线处或柜内空气温度的最高线。

（4）对于质量不合格的肉与肉制品应及时下架。

《冷冻肉冷藏规范》技术要求解读

模块二　任务二　习题

背景资料

双汇冷鲜肉的处理过程

冷鲜肉又称冷却肉、排酸肉，是指生猪经宰前、宰后检验合格，胴体经冷却，其腿部肌肉深层中心温度在 0～4℃，在 12℃以下、良好卫生条件的车间内进行分割、分切工艺制得的肉品。这样生产的冷鲜肉经过排酸成熟，味道鲜美、口感细嫩、营养卫生，是最符合科学要求的生鲜肉，且其在后续的加工、流通和销售过程中始终在 0～4℃ 的环境下存放，微生物生长繁殖受到抑制，比热鲜肉更卫生、健康。

双汇冷鲜肉的处理过程有六大法宝，这六大法宝分别是官方兽医驻厂检疫、集团垂直品控管理实施在线同步检验、瘦肉精头头检测、实施无害化处理、实施信息化工程、开放式办厂，做到透明化管理，自觉接受消费者和社会各界监督，这是保证双汇冷鲜肉安全的保证。

那么双汇冷鲜肉的处理流程是怎么样的呢？生猪被运到厂门口，先由驻厂的官方生猪检验人员查验《动物检疫合格证明》和耳标，进厂后，运送生猪的工作人员须到饲养磅房签订双汇集团《生猪交售承诺书》（符合《动物防疫法》《食品安全法》）。

卸车后，官方兽医和集团垂直品控人员对生猪进行验收检疫检验，随后进入屠宰车间。对生猪进行温水冲淋，随后采用二氧化碳将生猪致晕，进行刺杀放血。随后会进入一个运河式的烫毛池，将猪胴体热水浸烫后，在滚筒形的打毛机里进行顺、逆时针旋转式的两段式打毛，使脱毛更加彻底。猪胴体干燥后进入燎毛炉和清洗抛光机，对其进行全方位清洗、抛光，再对其头部、腹部进行精细修整后，进入加工程序。猪胴体被固定在全自动设备内，自动进行开喉、雕圈和劈半的操作。

随后，双汇集团生猪在线瘦肉精同步检测，检测完成后进行白脏检验和旋检，白脏是指生猪的消化系统，旋检是旋毛虫检验采样。之后的步骤是去除红脏（指生猪的血液循环系统），自动劈半，摘下对人体有害的、不能食用的甲状腺、肾上腺和病变淋巴结，并集中起来焚烧，做无害化处理。

最后进入智能化的三段预冷库快速预冷，完成猪胴体的预冷、排酸、自然成熟过程，经过排酸后的产品口感细腻、营养易于吸收。猪胴体会进入0～4℃的预冷库缓慢预冷12～24小时，整个肉体的中心温度降至0～4℃，完成肉的自然成熟过程，并进行分割与包装。分割与包装的过程中必须全程消毒。

对于生鲜产品，双汇集团直接以周转盒的形式当日配送销售，配送至300千米以内的地区。双汇集团运输产品的车辆都是双汇物流公司冷藏车辆，有自动控温系统，确保产品运输温度始终控制到0～4℃。为确保冷鲜肉的冷链不断，双汇集团引进了先进的全封闭式升降对接平台，并采用专门的冷藏车，确保冷鲜肉在装卸车时冷链不间断，真正实现了"冷链生产、冷链配送、冷链销售"，有效保证了冷鲜肉的品质和质量。

（资料来源：网络。有删改。）

训练任务	双汇冷鲜肉的处理过程
训练目的	1. 掌握冷鲜肉的处理流程； 2. 能结合实际合理安排冷链肉的储存和运输
训练要求	1. 每组认真研读《双汇冷鲜肉的处理过程》案例； 2. 每组讨论该案例中的冷鲜肉的冷链处理过程； 3. 每组选取一名学生代表，负责记录、总结小组发言
我的做法	
我的结论	
我的思考	

任务三 管理水产品冷链物流

任务目标

◆ 知识目标
(1) 掌握水产品低温保活及冷藏保鲜原理;
(2) 了解各类水产品的加工方法。

◆ 技能目标
(1) 能够运用所学知识选择合适的水产品运输和保鲜方式;
(2) 具备基本的水产品冷冻加工技能。

◆ 素养目标
(1) 培养学生的食品安全责任感;
(2) 提升在水产品冷链物流中解决实际问题的能力。

近年来我国水产品冷链物流行业发展迅速,规模不断扩大。据统计,我国综合冷链应用率仅为19%,水产品冷链流通率达到23%,冷藏运输率也已达到40%,水产品冷链物流发展环境和条件下不断改善,并取得了较好的成果。但与此同时,我国每年水产品流通腐损率约为15%,每年造成的水产品损失约为730万吨,价值损失达到1445亿元,这对于水产品的资源利用、生产加工以及食品安全质量都产生了不利的影响,因此,建立完善的水产品冷链物流体系,将有助于加快推动整个行业的健康有序发展。

任务思考
(1) 水产品冷链物流过程有哪些环节?
(2) 水产品冷链物流各环节中有哪些工作要求和注意事项?

身边的冷链物流

冷冻白虾抵达天津!

2024年5月15日18时,由天津港强集团有限公司代理的湛江国联水产开发股份有限公司的首单30柜冷冻白虾,自沙特阿拉伯吉达港起运,顺利抵靠天津港集装箱码头。5月16日,天津新港海关进行查验并顺利进行通关、入库作业。

货物从抵港到通关的全过程在1天内完成,实现了快速通关,且在抵港后连夜进行卸船和转运作业,确保了冷链运输的时效性。快速通关和高效转运为客户节约了大量的时间成本和经济成本,体现了天津港全国冻品大港的优势,增强了客户对天津口岸作为国际贸易枢纽的信任和依赖。

据了解,预计全年从沙特阿拉伯和厄瓜多尔的进口货物将达3500柜,价值35亿元人民币左右,将极大丰富京津冀老百姓的"菜篮子""米袋子"。

(案例来源:津滨网。有删改。)

 一、水产品低温保活

从某种意义上来讲,保活属于保鲜的一个特殊范畴,是难度更高的一种技术。就目前的技术条件来说,冰温无水保活运输具有运载量大、无污染、质量高等优点,是水产品保活运输的发展方向之一。20世纪90年代中期以来,我国的真鲷、河豚、鲈鱼、大黄鱼、螃蟹、龙虾等水产的养殖已有较高的产量,如何使水产品在高密度下贮藏运输已越来越引起人们的重视。

(一)常见的活鱼运输方法

1. 增氧法

增氧法是保活运输过程中用纯氧代替空气或特设增氧系统的运输方法,可以解决运输过程中水产动物氧气不足的问题。该法多适用于运输淡水鱼类。

2. 麻醉法

麻醉法是采用麻醉剂抑制水产动物的中枢神经,使其失去反射功能,降低呼吸和代谢强度,从而提高存活率的运输方法。当前该法仅限用于运输亲鱼、鱼苗,而食用鱼能否使用这种方法目前存在争议。

3. 低温法

低温法是根据水产动物的生态冰温,采用控温方式,使其处于半休眠或完全休眠状态的运输方法，能够降低水产动物的新陈代谢，减少机械损伤，延长其存活时间。该法应用较广，如鱼、虾、蟹、贝等的保活运输均可使用。

4. 无水法

由于鱼类属冷血动物，有冬眠现象，因此，可采用低温法使鱼类冬眠，从而达到长距离保活运输的目的。日本学者曾使鱼处在生态冰温7℃左右，保持鱼体湿润冬眠成功。无水保活运输的特点是不用水，运载量大，无污染，并且保活质量高，适合于长途运输。

（二）水产品低温保活运输原理

水产动物和其他冷血动物一样，当生活环境温度降低时，其新陈代谢就会明显减弱。当环境温度降到水产动物的生态冰温时，其呼吸和代谢就会降到最低点，因此，在水产动物的冰温区内选择适当的降温方法和科学的贮藏运输方法，就可使水产动物在脱离原有的生活环境后还能存活一段时间，以达到保活运输的目的。水产品活体运输应考虑的因素有水产品的状况、运输方式、温度、装运密度、氧气供应、代谢产物、水质、运输时间等。无水运输时还应考虑到降温方式、暂养的程序、包装材料等。

（三）低温保活运输的影响因素

1. 暂养

暂养亦称蓄养，是指人们将捕获于天然水域或人工养殖中的水产动物转移至人工条件下进行停饵驯化保活，是活鱼进行运输前的必备环节，直接影响其运输时间的长短。暂养环境条件因活鱼品类的基本生活习性、生理特征、运输方式等而异。活鱼暂养的目的一方面是使其肠道排空，防止运输途中积累有毒排泄物而污染水质，另一方面是对其进行冷驯化，使其降低新陈代谢，从而适应低温运输。

就低温保活运输而言，在水产动物和暂养过程中，不仅对暂养的设施、密度、时间、水质等有严格的要求，而且更重要的是须对温度进行精密的调节控制。暂养设施一般可采用普通的水池、水族箱、水槽等，但若进行低温保活运输，则需要采用可控温暂养设备。暂养密度一般不能过大，可根据运输设备及运输时间确定，对鱼类而言，暂养时间最好在48小时以上。

2. 温度

低温保活运输过程中对温度的控制要求非常严格，主要包括3个温度调控期：暂养期、运输期及恢复期（唤醒期）。梯度降温是暂养期的关键内容（见图2-3），以下牙鲆无水保活运输实验可以说明这一点。

选取健康有活力的牙鲆置于添加有保活剂的海水中暂养1～2天，然后对海水进行梯度降温。通过实验发现，牙鲆在不同温度下的无水保活时间和保活过程中体重的变化结果见表2-3。

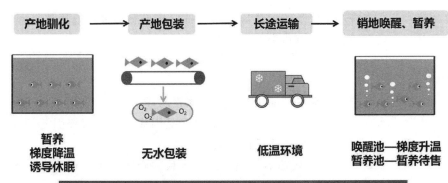

图 2-3　活鱼冷链物流过程

表 2-3　不同温度下牙鲆无水保活时间及体重变化

温度（℃）	13～15	7～10	3～5	−0.5～1.5
保活时间（h）	22	37	48	64
体重变化（%）	−2.8	−4.2	−3.8	−2.4

由表 2-3 中可见，牙鲆在 −0.5～1.5℃ 温度范围内无水保活时间最长，同时鱼体失重最少。

在上述实验基础上，对不同温度的海水（10℃ 以上、1～10℃、1℃ 以下）进行梯度降温至 −0.5～1.5℃ 后，将牙鲆取出放入充满纯氧的无水双层袋内，并置于 −0.5～1.5℃ 的环境中运输。通过实验发现，不同降温梯度下，降温速率对牙鲆无水保活时间影响如表 2-4 所示。

表 2-4　梯度降温速率对牙鲆无水保活时间的影响

海水温度	降温速率（℃/h）	无水保活时间（h）
10℃ 以上	≤4	63
1～10℃	≤1	
1℃ 以下	≤0.5	
10℃ 以上	≤4	54
1～10℃	≤2	
1℃ 以下	≤0.5	
10℃ 以上	≤4	35
1～10℃	≤1℃	
<1	≤2	

由表 2-4 可知，牙鲆在海水中的降温速率提高时，其无水保活时间缩短。造成这一结果的原因是鱼类在环境温度发生变化时，会产生应激反应，当环境温度的变化较缓时，鱼类的应激反应较弱，能够适应环境温度变化且不影响其正常存活；当环境温

度变化较快时，鱼类将产生较强的应激反应，这种变化虽然不会导致鱼类立即死亡，但会加速其死亡速度，从而影响鱼类的无水保活时间。

3. 氧气

水中的溶解氧含量是影响水产品生存的重要因素之一，同时，其耗氧量也是重要的生理参数。当水中溶解氧充足时，既可降低水产品因疲累、缺氧等引起的死亡概率，又大大降低水体氨氮等还原性物质的含量。

当水中溶解氧降低到一定数值时，鱼类就要加快呼吸频率来弥补氧的不足，当低于临界氧浓度时，可引起血碳酸过多症，从而导致呼吸性酸中毒及呼吸作用受阻，使血液溶氧量大大降低，直接致使组织缺氧，最终窒息致死。因此，高密度、长时间、远距离的保活运输过程中要有充足的氧气供给，才能保证鱼类较高的存活率。

水中溶解氧的量至少要保持在 3～5 微克/毫升以上，二氧化碳的含量要保持在可接受的水平 20～30 毫克/升以内，因此，活鱼运输的过程中应提供足够的氧气。不仅需要在暂养期提供充足的氧气，更重要的是在运输期提供足够的氧气，只有保证这两个期间充足的供氧，才能提高鱼类保活率。

4. 水质

在低温保活运输过程中，对水质的要求主要包括两个方面。一方面，运输用水的来源。通常来说，澄清后的河流、湖泊、水库等的水质较适宜作为运输用水，但实际生产中较难实现。饲养池的水较肥，井水中氧气的含量较低，自来水含氯量较高，都不宜采用。若想采用井水或自来水作为运输用水，需要对其进行处理后方可使用，常用的方法是将其放入池中暂放几天。另一方面，运输过程中水质的保持。虽然低温保活运输可以有效地抑制水产品的新陈代谢并降低其排泄物的排放量，但是由于运输密度较大及环境较差，不可避免会使水体中积累一些排泄废物（如二氧化碳、氨氮、有机物废物等），其中氨氮对水产品会起到一定的毒害作用，可以通过加入缓冲盐、杀菌剂，以及循环水过滤除污、活性炭吸附等方法来净化水质。

课堂案例

活鱼无水保活运输技术惊艳亮相中国冷链产业年会

2019 年 12 月，由中国物流与采购联合会主办的第十三届中国冷链产业年会在海南省海口市隆重举行，全国冷链物流行业 1200 余人参加会议。其间，公司联合国家农产品现代物流工程技术研究中心开展的活鱼无水保活运输技术商业化应用取得重大成功，得到与会嘉宾高度关注和认可。

本次应用，技术团队采用冷驯化技术，将来自山东的 30 条活体大菱鲆和半滑舌鳎诱导进入休眠状态，通过专业的"汽运＋空运＋汽运"多式联运方式，历经 20 小时、长达 2700 千米的无水运输到达海口会场，并全部成功唤醒，成活率达到 100%。

活鱼无水保活运输技术是公司在水产品冷链物流领域科技研发与实践转化的重要课题，运用精准的品控技术，保证了微环境的安全和稳定，同比当前主流的有水运输，可提高物流运量 20%～30%，提高成活率 15% 以上，有效降低物流成本的同时，有力支撑水产品消费新模式，提升餐饮食材标准化水平，具有显著的经济效益和社会效益。

（案例来源：山东海洋现代渔业有限公司官网。有删改。）

（四）特种水产品运输技术

1. 黄鳝运输技术

黄鳝运输选择用湿蒲包、木桶、机帆船或尼龙袋充氧装运，运前须剔出伤、病黄鳝。如选择蒲包装运，则装运应在 1000 千克以下，运途不超过 24 小时，洗净浸湿蒲包，每包装黄鳝 30 千克入筐加盖，如在炎夏时节运输，则需要在筐中放置冰块。如选择木桶装运，则需要用圆木桶，桶口用杉木板做盖，留若干通气孔，水温在 25℃ 以下、运程在 24 小时以内的，桶内装鳝量与加水量相当，闷热天气每桶装水量应减少。运输时定时换水，常搅拌，气温较高时，每 2～3 小时换清洁活水 1 次。如选择机帆船装运，则运程应在 24 小时内，且水路畅通，运输时黄鳝和水各占 50%。如选择尼龙袋充氧装运，则每袋装 10～15 千克，加水充氧紧扎袋口，用汽车、火车、飞机等运输。

2. 成蟹运输技术

成蟹运输，可用竹笼、竹筐及草包、蒲包、木桶等进行包装。在笼、筐内先铺一层湿蒲包或草包，将成蟹背朝上层层码放平整，沿筐边的成蟹头朝上用湿草包盖好，加盖捆牢，不使成蟹活动，以减少其体力消耗，从而提高运输成活率。运输途中须给成蟹加水喷淋保湿，此外，需要专人押车，且应驾驶平稳。1～2 天的长途运输，商品蟹成活率可在 90% 以上。

3. 黄颡鱼鱼种（二龄鱼种）运输技术

二龄鱼种规格相对较大，如采取带水运输，由于其胸鳍和背鳍上具有带锯齿的硬刺，鱼种相互之间容易扎伤，入池后易患水霉病或其他细菌性鱼病而大批死亡，因此二龄鱼种可采取干法运输。将从鱼池捕出的黄颡鱼鱼种先放入网箱或捆箱内暂养 2～3 小时，选择带孔的塑料鱼筐或泡沫箱，泡沫箱四壁挖孔，保证箱内通气。将充分浸湿的稻草均匀铺在筐底或箱底，也可铺浸湿的海绵，然后再从网箱或捆箱内捞出黄颡鱼鱼种，将黄颡鱼鱼种平铺于稻草上。鱼种之间要有空隙，不能相互挤压。最后，在筐顶或箱顶加盖，盖上留孔，便于观察鱼的情况。装箱完毕即可运输，一般可运输 8～12 小时，运输成活率可达 95% 以上。运输过程中每隔 2～3 小时少量淋 1 次水，保持鱼皮肤湿润即可。

（五）无水保活运输的注意事项

1. 保活生态冰温

由于水产品的种类不同，决定其存活与否的临界温度、冰点也各不相同，因此它们的冰温区也不一样。只有确定了其相应的生态冰温，才能采用控温方法，使活体处于半休眠或完全休眠状态。例如，魁蚶的冰温区为 0～2.3℃，菲律宾帘蛤的冰温区为 1.5～1.7℃，如在其冰温区内保活，魁蚶历经 18 天的存活率为 100%，菲律宾帘蛤历经 7 天的存活率为 100%。

2. 降温方法

水产品有其固定的生态冰温，当骤然改变其原有的环境温度时，会使其产生应激反应，严重时会导致其死亡。因此许多水产品如牙鲆、河豚等需要采用缓慢梯度降温法，降温一般每小时不超过 5℃，这样可减轻鱼的应激反应，提高其存活率。

3. 辅助条件

活鱼无水运输的容器应为封闭控温式容器。当鱼处于休眠状态时，应保持容器内的湿度，并考虑氧气的供应。

二、水产品冷藏保鲜

（一）冷藏保鲜原理

水产品冷藏保鲜原理主要是利用低温条件来抑制水产品自溶酶的活性和附着微生物的繁殖，同时减缓脂质氧化、非酶促褐变等化学反应速率。这种方法有助于水产品在贮藏期间保持其优良品质。冷藏保鲜方法通常是将水产品的温度降低到接近冰点，但又不至于冻结。这个温度范围一般在 0～4℃，具体取决于水产品的种类。例如，淡水鱼的冰点约为 -0.5℃，而海鱼的冰点可能更低。在这个温度范围内，水产品可以保持相对较好的品质，同时延长贮藏期。

（二）冷藏保鲜的方法

1. 冰水保鲜法

冰水保鲜法是一种有效的水产品保鲜方法，适用于短期贮藏和运输水产品。此方法是利用低温来降低水产品的温度，抑制微生物的繁殖和酶的活性，从而延缓水产品腐败变质。同时，低温还能减缓化学反应速率，如脂质氧化和非酶促褐变等，有助于保持水产品的品质和营养价值。

冰水保鲜法首先需要用碎冰将海水（或清水）降温至接近冰点，然后把水产品浸泡在冰水中。对于海水鱼，可以使用海水作为浸泡液；对于淡水鱼，则可以使用清水。浸泡的时间可以根据实际情况来定，一般来说，保存3~5天可以取得较好的保鲜效果。

冰水保鲜法的优点是操作简单易行，能够快速降低水产品的温度并保持其新鲜度；缺点是如果浸泡时间过长（超过5天），鱼肉可能会吸水膨胀并变质，因此，在使用冰水保鲜法时需要注意控制浸泡时间。

2. 冷却海水保鲜法

冷却海水保鲜法是一种将渔获物浸渍在温度为-1~0℃的冷却海水中进行保鲜的方法。此方法的原理是利用低温来抑制微生物的繁殖和降低酶的活性，从而延长渔获物的保鲜期。通过快速降低渔获物的温度，减缓其腐败过程，以保持渔获物的新鲜度和品质。

冷却海水保鲜法的操作需要预先向鱼舱中装入所需的海水量，并用制冷机组将其冷却至-1℃左右备用。渔获时，边向冷海水舱中装鱼，边加入已拌好的冰盐，直到满舱为止。加舱盖后注入海水，使之充满舱间空隙，然后开动循环泵，使冷海水循环流动，促进冰盐溶化和鱼体的冷却。当冰盐全部溶化、海水温度达到-1℃后，停止海水循环泵。随后随时检查舱中的水温，根据水温回升情况，开动制冷机组和循环泵，使水温继续保持在-1℃左右。若海水中血污较多，应先排出部分血污海水，并补充新的冷海水。

冷却海水保鲜法特别适合于品种单一、渔获量高度集中的鱼类，这种方法冷却速度快，能迅速处理大宗鱼货，且短期保鲜质量好。但需注意的是，鱼体会吸取水分和盐分，可能导致鱼体膨胀、鱼肉略咸、体表稍有变色等问题。同时，海水产生的泡沫可能会造成污染，且鱼体鲜度下降速度比同温度的冰藏鱼要快。

3. 冷海水喷淋保鲜法

冷海水喷淋保鲜法首先需要将循环海水通过制冷装置进行降温处理，通常将水温降至-1.5℃左右。降温后的海水通过管道和水泵送入特制的鱼舱或水产品舱内，并通过喷淋的方式使水产品降温，同时消除细菌，提高保鲜效果。这种方法能提供稳定的水温环境，与冰水保鲜法相比，能更精确地控制水产品的温度，保鲜时间可以达到7~10天，有效延长了水产品的货架期。此外，冷海水喷淋保鲜法还可以克服水产品因吸水而膨胀的问题，能更好地保持水产品的原有质地和口感。

冷海水喷淋保鲜法不仅应用于鱼类的保鲜，还适用于其他水产品。这种方法可以在不使用冰的情况下，通过直接、快速的冷热交换原理，在最短的时间内快速冷却水产品至理想的保鲜温度，然后通过舱内的保温、保湿系统进行储存，以达到最佳的保鲜效果。

（三）水产品其他保鲜方法

冷藏保鲜还可以结合其他保鲜技术，如气调保鲜、化学保鲜、生物保鲜、辐射保鲜等。

1. 气调保鲜

水产品气调保鲜是一种通过调整包装内气体组成来保持水产品新鲜度的技术。在适宜的低温下，通过改变贮藏库或包装内空气的组成，降低氧气的含量，增加二氧化碳的含量，可以减弱水产品的呼吸强度，抑制微生物的生长、繁殖，降低食品中化学反应的速率，从而达到延长水产品保鲜期和提高保鲜效果的目的。气调包装中的混合气体通常由二氧化碳、氧气、氮气三种或其中两种混合组成。二氧化碳是水产品气调保鲜中起保鲜作用的主要气体，对鱼类表面污染的细菌和真菌有抑制性。氧气在很多劣变反应中是关键因素，因此降低氧气含量可以减缓劣变反应。氮气则常被用于替换包装内的空气，以降低氧气含量。

气调保鲜技术可以延长水产品的货架期，提供高质量产品，改善产品的外观。该技术还可以抑制微生物的生长，对于脂肪含量高的水产品，可以抑制其脂肪氧化。

2. 化学保鲜

水产品化学保鲜是利用化学方法来保持水产品的新鲜度和延长其保质期的技术。该技术通常涉及在水产品中添加化学试剂，以提高水产品的耐藏性或达到特定的加工目的。

化学保鲜剂的种类分为防腐剂、抗氧化剂、杀菌剂等。防腐剂是能够抑制或杀灭微生物的化学物质，如苯甲酸及其盐类、山梨酸及其盐类、丙酸及其盐类等。防腐剂主要在酸性条件下有效，通过控制微生物的生理活动来减缓或停止其发育。抗氧化剂是防止或延缓食品氧化变质的物质。它们可以作为氢或电子供给体，阻断食品自动氧化的连锁反应，或者抑制氧化活性来达到抗氧化效果。杀菌剂是能够有效杀灭食品中微生物的化学物质，主要分为氧化型和还原型两大类。

传统的化学保鲜方法有盐腌、糖渍、酸渍及烟熏等。这些方法通过改变水产品的渗透压、pH值或增加风味来延长其保质期。总的来说，水产品化学保鲜是一种有效的保鲜技术，但在使用时必须谨慎选择化学试剂，确保其安全性和有效性。随着消费者对食品安全的日益关注，开发更安全、更天然的化学保鲜方法已成为行业的重要研究方向。

3. 生物保鲜

水产品生物保鲜是利用从动物、植物及微生物中提取的，或利用生物工程技术改造获得的生物保鲜剂，来保持水产品的品质，并延长水产品的保质期。生物保鲜剂可以通过抑制微生物的生长、繁殖和代谢活动，或者通过抗氧化、酶的抑制等作用，来延缓水产品的腐败变质过程。

生物保鲜技术的优点有：安全性高，生物保鲜剂来源于自然，对人体无害，且易降解，不会对环境造成污染；专一性强，可以针对特定的微生物进行抑制，提高抑菌效率；能够延长保质期，通过生物保鲜技术处理过的水产品，其保质期得到显著延长；保持风味和口感，生物保鲜技术可以较好地保持水产品的原有风味和口感。

总的来说，水产品生物保鲜技术是一种安全、有效的保鲜方法，具有广阔的应用前景。随着消费者对食品安全和健康的要求不断提高，这种技术将在水产品保鲜领域发挥更大的作用。

4. 辐射保鲜

水产品辐射保鲜是利用电离辐射技术来延长水产品保质期的方法，其原理是利用电离辐射辐照各种水产品，抑制或杀灭微生物，从而保持水产品的新鲜度和品质。

电离辐射具有较高的能量和穿透力，因此可以快速、高效地杀灭或抑制水产品中的微生物。与传统的化学保鲜方法相比，辐射保鲜无须添加任何化学物质，从而避免了化学残留和潜在的健康风险。此外，世界卫生组织（WHO）等国际组织已经确认，低于一定剂量的电离辐射对人体是安全的。

目前，辐射保鲜技术已广泛应用于鱼、虾等水产品的保鲜处理。通过辐射处理，可以有效延长水产品的保质期，提高食品安全性和市场竞争力。随着辐射保鲜技术的不断进步和完善，该技术未来有望在水产品保鲜领域发挥更大的作用。同时，随着科技的发展和研究的深入，辐射保鲜技术还有望进一步拓展到其他食品领域。

三、水产品冷冻加工

（一）冻鱼加工工艺

1. 工艺流程

原料鱼验收→清洗处理→去头、去内脏→切段或切片→清洗→沥干→装盘→速冻→脱盘→镀冰衣→包装→冷藏。

这一工艺流程是为了确保冻鱼产品的品质和安全性，从原料验收到最后的冷藏环节，每一步都经过严格控制和优化，为消费者提供高品质的冻鱼。

2. 操作要点

（1）原料鱼验收：选择新鲜、无病害的鱼类为原料，确保原料鱼的质量。

（2）清洗处理：彻底清洗鱼体，去除表面的污垢和杂质。

（3）去头、去内脏：将鱼头和内脏去除，减少细菌滋生和保持鱼肉的纯净。

（4）切段或切片：根据需要，将鱼体切成适当大小的段或片，方便后续加工和食用。

（5）清洗：再次清洗鱼肉，确保无杂质残留。

（6）沥干：将鱼肉沥干，去除多余的水分，为后续的速冻做准备。

（7）装盘：将鱼肉整齐地摆放在盘中，确保速冻效果的均匀性。

（8）速冻：采用适当的速冻技术，确保鱼肉在短时间内达到低温状态，以保持其新鲜度和口感。

（9）脱盘：速冻完成后，将鱼肉从盘中取出。

（10）镀冰衣：在鱼肉表面镀上一层薄冰，以保持其新鲜度和防止干燥。

（11）包装：将镀好冰衣的鱼肉进行真空包装，以延长其保质期。

（12）冷藏：将包装好的鱼肉放入冷库保存，等待销售。

3. 带鱼加工实例

以带鱼为例，首先进行原料验收，选择新鲜的带鱼为原料，然后进行清洗处理，去除带鱼内脏。根据市场需求，将带鱼切成适当大小的段。再次清洗后沥干水分，将带鱼段整齐地摆放在速冻盘中。可采用液氮速冻技术，确保带鱼在短时间内达到极低的温度。速冻完成后进行脱盘，再在带鱼表面镀上一层薄冰。最后进行真空包装，并放入冷库保存。这样加工出来的冻带鱼，能够保持其原有的新鲜度和口感，满足消费者的需求。

（二）贝类冻品加工工艺

1. 工艺流程

原料贝类处理→预处理→清洗→割取贝肉→分级→漂洗和浸泡→沥水→速冻→镀冰衣→包装→冷藏。

2. 操作要点

（1）原料贝类处理：选择鲜活的贝类为原料，确保其品质优良，无病害。

（2）预处理：对于蛤仔、文蛤等，须用海水蓄养一夜，使其吐出泥沙，牡蛎等贝类也需要进行适当的处理以去除泥沙和杂质。

（3）清洗：彻底清洗贝类外壳，去除表面的污垢。

（4）割取贝肉：将贝肉从壳中割取出来，注意保持贝肉的完整性。

（5）分级：根据贝肉的大小、品质等进行分级，确保同一等级的贝肉质量均匀。

（6）漂洗和浸泡：对贝肉进行漂洗和浸泡，进一步去除泥沙和杂质，并改善贝肉的质地和口感。

（7）沥水：将贝肉沥干水分，为后续的速冻做准备。

（8）速冻：采用适当的速冻技术，确保贝肉在短时间内达到低温状态，以保持其新鲜度和口感。速冻过程中要注意防止贝肉粘连在一起。

（9）镀冰衣：在速冻后的贝肉表面镀上一层薄冰，以保持其新鲜度和防止干燥。

（10）包装：将镀好冰衣的贝肉进行真空包装或气调包装，以延长保质期并保持其品质。

（11）冷藏：将包装好的贝肉放入冷库中保存，等待销售。

3. 扇贝加工实例

以扇贝为例，选择鲜活的扇贝为原料，确保其品质上乘且无病害。将扇贝放在海水中蓄养一段时间以吐出泥沙，并彻底清洗其外壳，去除污垢。之后使用专用刀具将扇贝肉从壳中完整割取出来,根据扇贝肉的大小和品质进行分级处理,并用细盐水漂洗进一步清洁扇贝肉,改善口感。将扇贝肉沥干水分后放入速冻设备中进行快速冷冻处理,确保扇贝肉的新鲜度和口感不受损失,在速冻过程中要注意防止扇贝肉相互粘连,保持其完整性。速冻完成后,在扇贝肉表面镀上一层薄冰防止干燥并保持其新鲜度。随后对扇贝肉进行真空包装或气调包装,可以延长其保质期,确保产品品质稳定。将包装好的扇贝肉放入冷库中保存,进一步加工成其他扇贝产品如扇贝罐头等。

(三)头足类水产品冻品加工工艺

1. 工艺流程

原料验收与处理→去内脏、墨囊、眼睛和嘴→剥皮→去头、去腕→分级→清洗→沥水→速冻→镀冰衣→包装→冷藏。

2. 操作要点

(1)原料验收与处理:选择新鲜或冷冻的头足类水产品原料,确保其品质优良,并进行初步的检查和处理。

(2)去内脏、墨囊、眼睛和嘴:仔细去除头足类水产品的内脏、墨囊、眼睛和嘴部,确保产品的清洁和食用安全。

(3)剥皮:将头足类水产品的外皮剥离,以提高产品的食用口感和外观质量。

(4)去头、去腕:根据产品的需要,选择去除头足类水产品的头部和腕部,使产品更加规整。

(5)分级:根据头足类水产品的大小、品质等进行分级,以满足不同市场和消费者的需求。

(6)清洗:用清水彻底清洗处理后的头足类水产品,去除残留的血污和杂质。

(7)沥水:将清洗后的头足类水产品沥干水分,为后续的速冻做准备。

(8)速冻:采用速冻技术,确保头足类水产品在短时间内达到低温状态,以保持其新鲜度和口感。

(9)镀冰衣:在速冻后的头足类水产品表面镀上一层薄冰,以保持其新鲜度和防止干燥。

(10)包装:将镀好冰衣的头足类水产品进行真空包装或气调包装,以延长保质期并保持其品质。

(11)冷藏:将包装好的头足类水产品放入冷库中保存,等待销售。

3. 冻鱿鱼加工实例

以鱿鱼为例,对新鲜的鱿鱼原料进行严格的验收,确保其品质上乘且无病害。仔细去除鱿鱼的内脏、墨囊、眼睛和嘴,轻柔地剥去鱿鱼的外皮,以提升其食用口感。随后去除鱿鱼的头部和腕部,使其形状更加规整。根据鱿鱼的大小、品质等进行分级,以满足市场的多样化需求。接下来,对鱿鱼进行彻底的清洗,去除残留的血污和杂质,以确保其清洁度。清洗后的鱿鱼沥干水分,为速冻环节做准备。在速冻环节,采用先进的速冻技术,确保鱿鱼在短时间内迅速降温,锁住新鲜度和口感。速冻完成后,工人会在鱿鱼表面镀上一层薄冰,以保持其湿度和新鲜度。镀好冰衣的鱿鱼会进行真空包装或气调包装,以延长其保质期并确保品质。包装好的冻鱿鱼被送入冷库保存,等待销往各地市场。

拓展知识

新能源冷藏车销量实现大幅增长

习题

模块二 任务三 习题

能力提升

背景资料

大闸蟹及冷链物流要求

近年来,中国大闸蟹产业持续升级,成为备受关注的消费领域。据了解,2022 年中国大闸蟹产量高达 78.22 万吨,需求量紧随其后,达到 77.69 万吨,2022 年国内大闸蟹批发市场规模近 330 亿元,且将保持高增速。

众所周知,大闸蟹是生鲜运输中极具"技术难度"的典型商品之一,存活的"黄金期"只有 72 小时,这对运输时效、运力保障和保鲜温控具有极高的要求。大闸蟹冷链物流问题分析如下。

(1)大闸蟹冷链流通率低导致损耗高。据数据统计,未使用冷链物流或冷链"断链"成为大闸蟹损耗的主要原因。

(2)大闸蟹冷链物流设施设备不够先进。大闸蟹冷链物流涉及冷库、冷藏车、冷藏箱、冷藏陈列柜、保鲜柜等设备设施。目前,我国的冷库网点不足，分布不均衡，且大多冷库设备陈旧落后，缺乏现代化的保鲜冷藏设备，无法满足水产品的低温控制工作。冷链运输设备需要冷藏车或活水车等，但目前大闸蟹的运输工具基本是装有水箱的普通货车，运输过程中根本达不到冷链标准，有严重的"跑冷"现象。

（3）专业化第三方物流采用率低。由于第三方物流成本高，终端消费者地址分散、偏远，大闸蟹养殖户基本无法直接向全国消费者大规模配货。加之，国内能运输鲜活水产品的第三方物流企业并不多，目前85%的电商订单都是靠顺丰快递配送，一家独大的冷链物流模式也极大地局限了大闸蟹第三方冷链物流市场的发展。

针对以上问题，以阳澄湖大闸蟹为例，参与运输大闸蟹的企业做法如下。

1. 顺丰

阳澄湖开捕当天，顺丰运用无人机开启"第一篓蟹"运输，仅仅10分钟，便将大闸蟹从10千米以外的湖中央运输到主会场。更值得一提的是，顺丰深入阳澄湖大闸蟹源头产地，布局100多个揽收点，增加20台无人车串点接驳，在收派两端投入充足的专业包材、自动化设备、冷运专车等资源，让蟹农可以随时随地打包寄件。

为保障大闸蟹以最快的时效、最鲜活的状态送达消费者手中，顺丰还启动了3个阳澄湖大闸蟹专用中转场，加速快件中转；同时，杭州、鄂州双枢纽并驾齐驱，启用7个机场，搭配11个民航机场、30余架全货机，将运能提升至2300余吨，实现全国200多个城市次日达，全面保障阳澄湖大闸蟹运输全程的鲜活。

2. 京东物流

为确保蟹商和蟹农能第一时间联系到京东小哥，实现家门口即捕即寄、产地直发，京东快递在阳澄湖大闸蟹产地投入近千名京东小哥揽收作业，帮助蟹农打包寄递。除此之外，京东还在苏州部署两大专仓，可实现单日20万只大闸蟹出货量。在时效方面，通过临时分拣中心、干线拉直、增密航线、高铁等运力资源，实现寄苏州、上海当日达，寄北京、深圳等核心城市最快次晨达，全国范围内已有近300个城市可实现48小时内鲜活送达。

3. 盒马

阳澄湖开湖当天，首批"爬上岸"的大闸蟹已被"快马加鞭"地空运到全国各地的"盒区房"。在盒马门店中，为保证鲜活，工作人员每隔一两个小时就会来给大闸蟹喷水"保湿"，而库存的则在15℃左右的冷藏室里乘凉。同时，为了应对多湖区的大闸蟹上市，2023年盒马启动了23条冷链物流链路运送大闸蟹。

4. 中通快递

中通标快运输的阳澄湖大闸蟹在全国主要一线及新一线城市实现"次日达"，多个核心城市48小时内送达，且可为消费者提供100%的送货上门服务。同时，2023年中通在阳澄湖及周边区域设置了160多个网点，加大人力快速揽收。此外,中通冷链车的"冷链升级"也是其中一大亮点,将短驳冷链配合干线冷链,移动冷仓全程驻场,严格管理阳澄湖大闸蟹的储存温度。中通还预备了多条航空线路,航空加冷链为保鲜抢时间。售后服务方面,中通标快定制了专属保价方案,承诺超时死蟹必赔,保障大闸蟹客户的利益。

5. 南航物流

阳澄湖大闸蟹开捕当天,南航物流上海分公司承运大闸蟹达 40 吨,达到单日大闸蟹出港峰值,主要运往广深、东北等地区。为做好大闸蟹运输保障工作,南航物流上海分公司提前与大闸蟹养殖户、终端客户和电商平台进行沟通,完善大闸蟹整套运输合作流程,做好生鲜的保障工作。同时,临近中秋国庆佳节,上海始发海鲜水产、水果等应季产品运输货量也呈上升趋势。对此,南航物流推出"南航飞递"产品,提供"当日达"和"次日达"两种服务,借助南航丰富的航线网络资源实现上午下单晚上享用。为做好节日货物运输保障工作,南航物流上海分公司还制定了针对性运输保障方案,根据节日商品、生鲜货物的特点,安排专人严格检查包装和收运质量,开通生鲜绿色通道,提高运输时效,确保货物运输安全、高效、顺畅。

6. 菜鸟

有数据显示,我国生鲜产品的损耗为 20%~30%,损耗分别发生在原产地、仓储运输、"最后一公里"配送等几个环节。而跨境冷链运输,涉及报关、检验检疫并转换很多不同场地和运输工具,更加剧了运输大闸蟹的难度。菜鸟依托于每周三班的"杭州—吉隆坡"包机航线,特别开设阳澄湖大闸蟹专属"头等舱",每周最多可将 75 吨活蟹从杭州运到马来西亚吉隆坡,5 小时直达,全程冷鲜包装,时效内坏死包赔。

从各大快递物流龙头发布的物流方案中便能看出,"蟹斗"已经开始,各方都不愿放弃大闸蟹这个流量担当,而且,这也将成为各大企业竞争的新高地。

(资料来源:《物流时代周刊》。有删改。)

训练任务	大闸蟹及冷链物流要求
训练目的	1. 能描述大闸蟹的物流操作步骤和要求; 2. 能结合实际拟订一份大闸蟹冷链物流作业方案
训练要求	1. 每组认真研读《大闸蟹及冷链物流要求》案例; 2. 每组讨论该案例中不同企业针对大闸蟹的物流操作步骤和要求; 3. 每组选取一名学生代表,负责记录、总结小组发言
我的做法	
我的结论	
我的思考	

任务四　管理乳制品冷链物流

任务目标

◆ 知识目标
(1) 掌握乳制品的分类及保鲜技术；
(2) 了解乳制品储存与运输的基本原理。

◆ 技能目标
(1) 能够合理应用乳制品包装技术；
(2) 具备乳制品储存质量控制和配送规划的能力。

◆ 素养目标
(1) 培养食品安全责任感；
(2) 提升在乳制品冷链物流中的问题解决能力。

2～6℃，一般是对乳制品的温控要求，冷藏业态既是对温控把握难度的考验，又是考验一个冷链物流公司对时效性、规范性的综合把控能力。乳制品大部分保质期较短，对温度要求较高。不同于其他需要二次加工的冷链果蔬食材，乳制品是打开后直接饮用的，没有二次加工过程，因此，冷链物流已成为衡量一个乳制品企业市场竞争力的重要指标，冷链物流的时效性在乳制品上体现得淋漓尽致。由于末端销售的时效性，倒逼乳制品在工厂生产、干线运输、支线运输等环节的紧迫性。

随着人们生活水平的提高，低温奶受到越来越多消费者的欢迎，无论是低温鲜奶还是低温酸奶，销量都很不错。在线上，低温奶的销量增速同样迅猛，伊利、蒙牛、三元、新希望等乳制品企业正在大手笔布局低温奶。

虽然低温奶受追捧，但布局门槛却很高。相较于常温奶，低温奶最大的特点便是保鲜时间短、口感好、保留了生乳本身的一些天然活性物质，一旦温度过高，乳制品在短时间内就会变质，因此需要更先进的运输条件以及冷链技术，确保在运输过程中乳制品品质不会受到损坏。随着低温奶市场呈现快速增长，如何提供更高品质、更加新鲜的低温奶制品，完善的冷链供应链体系已经成为各大乳企突围的制胜关键。

任务思考

（1）什么是低温奶？
（2）低温奶冷链物流环节有哪些环节？
（3）如何防止低温奶"最后一公里"的"断链"？

身边的冷链物流

上海领鲜物流

光明乳业旗下上海领鲜物流有限公司（以下简称"领鲜物流"）成立于2003年，领鲜物流坚持"食品物流专家、领鲜品质保证"的经营目标，秉承"新鲜、品质、迅捷、准确、亲切"的服务理念，致力于为广大客户提供多温度带的现代食品物流配送服务。领鲜物流已在全国5大区域设立65座综合物流中心，仓库总面积超过17.2万平方米，日配送终端网点多达50000余家。同时，领鲜物流注重信息化建设，实施OMS订单管理系统、WMS仓储管理系统、DPS电子拣货系统、TMS运输管理系统、GPS车辆监控系统等，以及手机移动端订单交付系统，为客户订单执行及物流全程运作和管理提供有效的技术保障。

领鲜物流是一家具有雄厚实力和丰富管理经验的冷链物流企业，不仅为光明乳业提供仓储配送服务，也面向社会为第三方客户提供专业的物流服务。企业物流营运团队深谙冷链体系及物流服务体系建设，具有极为丰富的冷链运作及实战经验，是专业供应链解决方案提供商。2015年，领鲜物流荣获"五星级冷链物流企业"和"4A级物流企业"资质，成为全国首批8家五星级冷链物流企业之一，连续3年荣获中国物流与采购联合会冷链物流专业委员会"中国冷链物流百强企业"称号。同时领鲜物流也是《食品冷链物流追溯管理要求》国家标准试点企业和《餐饮冷链物流服务规范》行业标准达标企业，同时还是《药品冷链物流运作规范》国家标准试点企业。为满足不同客户对仓储及运输管理方面的需求，推动领鲜物流精细化管理，企业主动对标最高国际管理体系与标准，成功通过英国零售商协会仓储与配送的BRCS&D认证和IOS9001的质量管理体系认证。2018年，领鲜物流成为首届中国国际进口博览会期间，唯一一家展馆内餐饮企业食品供应保障物流配送企业。2018年10月，领鲜物流常州物流中心顺利通过BRCS&D标准AA+级别的现场复评审，领鲜物流成为全国首家且唯一通过该标准最高级别认证的冷链物流企业。

（资料来源：光明乳业官方网站。有删改。）

知识研修

 一、常见乳制品的分类

乳制品是日常生活中广受欢迎且营养丰富的食物,以下是一些常见的乳制品分类。

1. 超高温消毒奶

这种奶通过超高温(UHT)处理技术进行消毒,可以在常温下保存较长时间而无须冷藏。由于处理过程中经过高温,这种奶的保质期相对较长,便于储存和运输,是许多家庭常备的乳制品之一。

2. 巴氏杀菌奶

巴氏杀菌法是一种较为温和的消毒方式,它能有效杀死有害微生物,同时能较好地保留牛奶的营养成分和风味。巴氏杀菌奶需要在冷藏条件下保存,并且保质期相对较短,但它的口感和营养价值通常被认为是优于超高温消毒奶的。

3. 生鲜牛奶

生鲜牛奶是指直接从奶牛身上挤出,未经过任何加工处理的牛奶。生鲜牛奶保留了牛奶最原始的风味和营养成分,但由于未经处理,可能含有细菌或病原体,因此需要特别小心处理和储存。在一些地区,生鲜牛奶被视为一种健康食品,受到健康食品爱好者的青睐。

4. 酸奶

酸奶是通过在牛奶中添加乳酸菌发酵而成的乳制品。酸奶不仅保留了牛奶的营养成分,还增加了对人体有益的益生菌。这些益生菌有助于维护肠道健康,提高人体免疫力。酸奶种类繁多,包括原味酸奶、果味酸奶、低脂酸奶等,满足了不同消费者的口味和需求。此外,一些酸奶还添加了水果、谷物等配料,增加了营养价值和口感多样性。

二、乳制品的包装与保鲜

（一）乳制品的包装技术

1. 包装的基本要求

乳制品包装的基本要求是保护产品免受污染和变质，确保产品在运输、储存和销售过程中的安全性。同时，乳制品的包装还应具备便利性和实用性，方便消费者携带。此外，随着环保意识的提高，乳制品包装还应考虑到环保性和可持续性等要求。

2. 包装材料

根据材料和使用方法的不同，乳制品的包装材料可分为纸质包装、塑料包装、玻璃包装、金属包装等多种类型（见表2-5）。

表2-5 乳制品的包装材料

品种	优点	适用范围
纸质包装	轻便、环保、成本低廉	酸奶、鲜奶等
塑料包装	良好的防潮性能和抗氧化性能	各类乳制品
玻璃包装	虽然成本较高，但密封性和透光性优异	高端乳制品
金属包装	高强度和高防潮性	各类奶粉

3. 包装技术

（1）利乐包。

利乐包是一种用于液体无菌食品包装的纸基复合材料的俗称，最早由瑞典利乐公司开发。它以原纸为基体，与塑料、铝箔或其他阻透材料复合而成。利乐包的多层结构使其具有出色的阻隔空气、光线和水分的能力，从而有效延长食品的保质期。此外，利乐包还具有环保可回收的特点，符合当前绿色环保的包装趋势，被广泛应用于牛奶、酸奶等乳制品的包装。

（2）复合塑料软包。

复合塑料软包是一种多层结构的柔性包装材料，通常由聚对苯二甲酸乙二醇酯（PET）、铝箔和聚乙烯等材料复合而成。这种包装材料具有良好的韧性和阻隔性能，能有效防止氧气、水分和光线的侵入，从而保持乳制品的质量和口感。复合塑料软包在乳制品中的应用十分广泛，特别是在常温奶、乳酸菌饮料等产品的包装中表现出色。由于其轻便、易携带的特点，深受消费者喜爱。

乳制品包装必须符合相关的安全标准和法规要求，以确保产品的安全性和合法性。国内外针对乳制品包装制定了一系列严格的法规和政策，要求包装材料无毒无害、符合卫生标准，且包装过程中不得添加任何有害物质。企业应严格遵守这些法规，确保乳制品的包装安全。

（二）乳制品的保鲜技术

1. 冷藏保鲜技术

冷藏保鲜技术是通过降低温度来减缓乳制品中微生物的生长和化学反应速率，从而延长乳制品的保质期。在低温条件下，微生物的代谢活动减缓，繁殖速度减慢，从而降低了乳制品腐败变质的风险。

对于液态乳制品，如鲜牛奶、酸奶等，冷藏保鲜是最常用的贮藏方法。这些产品通常在生产后立即进行冷藏处理，并在整个供应链中保持低温状态，以确保产品的新鲜度和品质。此外，像奶酪、黄油等固态乳制品也会通过冷藏来延长保质期。

2. 真空包装保鲜技术

真空包装保鲜技术是通过将包装袋内的空气抽出，创造一个低氧环境，从而抑制微生物的生长和繁殖。在低氧条件下，好氧微生物的生存和活动受到限制，进而延长了乳制品的保质期。

真空包装广泛应用于各种乳制品，如奶酪、酸奶、黄油等。通过真空包装，这些产品可以在常温下保存更长时间而不变质。效果评估表明，真空包装可以显著延长乳制品的保质期，同时保持产品良好的口感和风味。

3. 气调包装保鲜技术

气调包装保鲜技术是通过调节包装袋内的气体组成来延长乳制品的保质期。通常，这种技术使用氮气、二氧化碳和氧气的混合气体来替换包装袋内的空气，这种气体组合可以抑制微生物的生长，保持乳制品的品质。

与真空包装相比，气调包装可实现相似的保质期。硬质奶酪通常会采用在包装袋内填充二氧化碳气体，来有效抑制霉菌的生长。软奶酪通常采用二氧化碳和氮气的混合气体进行包装，可抑制细菌腐败和氧化酸败。奶酪粉可使用30%二氧化碳和70%氮气的混合气体进行包装。除此之外，气调包装特别适用于易碎奶酪，使用真空包装容易造成产品的挤压，使用气调包装则不会造成产品的挤压。

4. 各类保鲜技术优、缺点比较

各类乳制品保鲜技术的优、缺点如表2-6所示。

表2-6 乳制品保鲜技术

保鲜技术	优点	缺点
冷藏保鲜技术	简单易行，成本低廉	需要持续的低温环境，长时间冷藏可能会影响产品的口感和风味

续表

保鲜技术	优点	缺点
真空包装保鲜技术	可以有效延长保质期，保持产品的新鲜度和风味	需要专门的真空包装设备和材料，成本相对较高
气调包装保鲜技术	可以根据乳制品特性定制最佳气体环境，延长产品的保质期并保持品质	技术复杂度高，需要精确控制气体组成和比例，成本相对较高

课堂案例

全产业链智慧化运营让牛奶12小时从牧场到餐桌

在位于渝北区宝圣湖街道的天友乳业温乳制品加工厂，乳品一厂一车间负责人介绍道："这里主要生产巴氏杀菌乳（鲜奶）、发酵乳（酸奶）和乳酸菌饮品，车间拥有三大国际先进生产线，两个数字化中央控制室，实现了生产全程的自动化控制，所以几乎看不到我们的工作人员。"

刚挤出来的原奶含有杂质，需要在加工厂"过五关斩六将"。为此，天友乳业在产品品质上猛下功夫。该车间相关负责人告诉记者，巴氏杀菌乳（鲜奶）采用国际先进的SPX杀菌设备进行75℃、15秒杀菌处理，最大限度保留了乳铁蛋白、免疫球蛋白、乳过氧化酶物等生物活性物质。发酵乳（酸奶）和乳酸菌饮品则使用国际头部企业丹尼斯克和汉森的优质菌种生产发酵乳，其产生的乳酸菌在肠道存活时间较长，更有利于人体健康。

目前，天友乳业已达到国内乳制品质量安全高级生产等级，全自动封闭生产，全流程无菌灌装，全环节智能监控，最大限度保留营养和新鲜。

值得一提的是天友乳业新鲜智慧冷链。"我们自建了西南地区规模大、智能化水平高的智慧冷链，挤奶后20秒极速锁鲜，确保更多鲜活营养，生鲜乳2~3℃恒温冷链，全程GPS实时温控，确保鲜奶在全程低温条件下2小时内送往工厂。"该车间相关负责人说，经过严格标准的统一验收后进入安全指标检测环节，随后在高规格、高标准的生产线上加工、灌装，牛奶最快12小时内即可进入市场。为了确保极致新鲜，天友乳业还在终端售点投放冷藏设备，确保产品全程不脱冷链，实现与消费者无缝对接。

（案例来源：重庆讯网站。有删改。）

三、乳制品的储存

（一）储存期的质量变化

乳制品的储存过程涉及多个复杂的物理、化学和生物反应，这些反应共同影响着产品的品质和保质期。

1. 储存中的物理变化

在乳制品的储存过程中，温度和湿度是两个至关重要的物理因素。温度波动会直接影响到乳制品的稳定性和质量。过高的温度可能导致乳制品中的水分蒸发，从而影响其口感和质地；而过低的温度则可能使乳制品中的脂肪和蛋白质结构发生变化，进而影响其营养价值。湿度也是一个不可忽视的因素，不恰当的湿度控制可能导致乳制品吸湿或失水，进而影响其整体的感官品质和保存期限。

2. 储存中的化学变化

在储存期间，乳制品中的化学成分也会发生变化，例如，乳制品中的脂肪可能会发生氧化反应，这不仅会改变乳制品的风味，还可能产生对人体健康不利的物质。同时，乳制品中的蛋白质也可能发生变性，导致产品的结构和功能性质发生改变。这些化学变化通常与温度、光照、氧气浓度等储存条件密切相关，因此，合理的储存环境对于延缓这些不利化学变化至关重要。

3. 储存中的微生物作用

微生物的存在是乳制品储存过程中不可忽视的因素。一些微生物，如乳酸菌和酵母菌，可能在储存过程中繁殖，导致乳制品发酵或变质。这些微生物的活动不仅可能改变乳制品的风味和质地，还可能产生有害物质，对人体健康构成威胁，因此，在储存过程中，必须严格控制微生物的生长和繁殖，以确保乳制品的品质和安全。可通过适当的温度控制、使用防腐剂或采用无菌包装等方式来实现。

（二）常见的保存环境

乳制品对保存环境有着特定的要求，即需要在低温环境下保存，防止细菌繁殖和食品变质，从而保持其新鲜度并延长保质期。常见的乳制品保存环境要求如表 2-7 所示。

表 2-7 各类乳制品保存环境

品种	储存温度	保质期
超高温消毒奶	常温	6～9 个月

续表

品种	储存温度	保质期
巴氏杀菌奶	2~6℃	7~15 天
生鲜牛奶	4℃以下	24~36 小时
酸奶	−4~4℃	7 天左右

（三）乳制品储存质量控制

乳制品储存过程中的质量控制是确保产品安全性和品质的重要环节。乳制品储存期间质量控制的要点如下。

1. 质量监测指标

在乳制品储存期间，关键的质量监测指标包括酸度、脂肪含量、蛋白质含量、微生物指标（如总菌落数、大肠菌群等）以及保质期内的感官评估等。为了有效监测这些指标，常用的方法包括化学分析法（如测定酸度、脂肪和蛋白质含量）、微生物检验方法（如菌落计数法、PCR 检测等）以及感官评价法（通过专业评鉴员对乳制品的外观、口感、风味等进行评价）等。

2. 质量控制措施

（1）严格管理储存环境。

储存环境对乳制品质量的影响显著。高温和高湿环境可能加速乳制品的变质过程，而温度波动则可能导致乳制品中乳脂和蛋白质分离或变质。为了确保乳制品在储存过程中的良好品质，必须严格管理储存环境。选择恒温、恒湿的仓库进行储存，以减少温度、湿度的波动对乳制品造成的影响。同时，定期检查和校准温控设备，确保设备数据的准确性和稳定性。此外，实施严格的清洁和消毒程序，降低微生物污染的风险，进一步保障乳制品的卫生质量。

（2）实施有效的库存管理和安全防护措施。

除了环境因素，乳制品储存还可能面临产品变质、产生异味、包装破损等问题，因此建立一套全面的安全储存解决方案尤为重要：一是实施严格的进货检验制度，确保进入仓库的乳制品质量上乘，从源头上减少不合格产品的流入；二是按照"先进先出"的原则管理产品，降低产品过期的风险；三是加强仓库的安全管理，包括安装监控、加强门禁等；四是建立快速响应机制，对任何质量问题迅速处理，如隔离、召回等，以最小化潜在风险。

四、乳制品的运输与配送

（一）乳制品的运输

1. 常见的运输方式

乳制品的运输是确保产品质量和新鲜度至关重要的环节。两种常见的乳制品运输方式是汽车运输和火车集装箱运输。

（1）汽车运输。

汽车运输是乳制品行业中最常用的一种运输方式。这种运输方式具备极高的灵活性和便捷性，特别适用于中短途的乳制品配送。汽车能够直接送达目的地，减少了中转环节，从而缩短了乳制品从生产地到消费者手中的时间。

山西乳制品驰援上海

2022年4月，伊利（晋中）乳业有限责任公司通过汽车运输，将31360件、总计104吨的牛奶从山西运往上海。这次运输行动凸显了汽车运输的灵活性和快速响应能力。由于汽车可以直接送达目的地，减少了中转环节，使乳制品能够在最短的时间内送达上海。

（资料来源：网络。有删改。）

（2）火车集装箱运输。

火车集装箱运输是另一种重要的乳制品运输方式，特别适用于长距离、大批量的乳制品运输。火车运输具有成本低、运量大、稳定性好的优点，能够有效降低乳制品的运输成本。集装箱化的运输方式还可以提高装卸效率，减少货物在运输过程中的损耗。同时，火车运输受天气和交通状况的影响较小，能够保证乳制品的稳定供应。

但火车集装箱运输也存在一定的局限性。例如，火车运输的路线相对固定，无法像汽车运输那样灵活。此外，火车运输还需要配套的装卸设备和场地，增加了初期投入和运营成本。

宁夏首趟牛奶隔热保温集装箱专列

  2022年2月23日,宁夏开出首趟牛奶隔热保温集装箱专列。这趟专列由30个隔热保温集装箱组成,满载800吨宁夏产牛奶,从青铜峡铁路货场启程,一路南下驶向1000多千米外的四川成都。这次运输采用了具有GPS实时定位及远程温度监控功能的隔热保温集装箱,实现了0~25℃的恒温运输,确保了乳制品的新鲜度和品质。这一案例展示了火车集装箱运输在大批量、长距离乳制品运输中的优势。

  (资料来源:网络。有删改。)

2. 运输注意事项

(1) 必须确保乳制品在运输过程中保持适宜的温度,防止产品变质。
(2) 乳制品的包装须完整无损,防止在运输过程中发生泄漏或污染。
(3) 合理安排运输时间和路线,缩短产品在途中的时间,降低运输风险。
(4) 严格遵守相关的食品安全法规,确保乳制品的运输符合卫生和安全标准。

  综上所述,汽车运输和火车集装箱运输各有优势,在乳制品配送中都发挥着重要作用,共同保障了乳制品的安全、及时送达,在实际应用中可根据具体需求和条件进行选择。

(二)乳制品的配送

1. 常见的配送方式

  乳制品的配送方式多种多样,主要取决于销售渠道和市场需求。以下是三种主要的配送方式。

  (1) 传统的分销模式。

  传统的分销模式主要通过经销商、批发商等中间环节将乳制品从生产商传递到零售商,最终到达消费者手中。这种模式下,生产商将产品批发给经销商,经销商再分销给各个零售点。该模式的优势在于能够利用经销商的资源和网络,使产品快速覆盖更广泛的市场。然而,该模式也存在一些缺点,如较长的供应链可能导致产品的新鲜度下降,以及多级分销可能增加成本。

  (2) 电子商务式的直销模式。

  随着电子商务的兴起,越来越多的乳制品生产商开始采用直销模式,通过线上平台直接将产品销售给消费者。这种模式下,消费者可以在网上下单,生产商或第三方物流直接将产品配送到消费者手中。电子商务式的直销模式减少了中间环节,降低了成本,同时提供了更便捷、个性化的购物体验,但这种模式对物流配送的效率和冷链控制要求较高。

(3) 专卖店式的终端销售模式。

专卖店式的终端销售模式是乳制品生产商通过自有的专卖店或加盟店直接向消费者销售产品。这种模式下,专卖店不仅提供产品销售,还会提供产品咨询、试吃等服务,从而增强消费者的购买体验。专卖店式的销售模式有助于树立品牌形象,提供更加专业化的服务,但该模式需要较高的初期投入和运营成本,且市场覆盖范围也相对有限。

综上所述,不同的乳制品配送方式各有优、缺点,生产商应根据自身情况和市场环境选择合适的配送方式。随着市场变化和消费者需求的变化,乳制品的配送方式也在不断创新和发展。

2. 配送注意事项

在乳制品配送过程中,质量控制是至关重要的,以下几点需要特别注意。

(1) 配送车辆应保持清洁卫生,并定期进行消毒处理,防止交叉污染。

(2) 配送人员应接受专业的培训,了解乳制品的储存和运输要求,确保产品在配送过程中得到妥善处理。

(3) 应建立严格的温度监控系统,确保乳制品在配送过程中始终处于适宜的温度范围。

(4) 对于不合格或过期的乳制品,应建立完善的退货和销毁机制,确保市场上的乳制品质量安全可靠。

五、乳制品的销售环节

(一) 乳制品基本陈列要求

在乳制品的销售环节中,需要特别注意商品的陈列摆放。

首先,要确保乳制品的可见性。陈列乳制品时,应保持产品的标签向外,便于顾客识别和选购。摆放整箱产品和单包产品时,必须保持产品外箱、产品外包装的清洁、无破损、无残缺,明显位置上要摆放价格牌。

其次,要确保乳制品的新鲜度。陈列乳制品时,最重要的是要将最新日期的产品放在前面,过期的产品及时下架,以减少浪费和避免顾客购买到过期产品。

最后,陈列乳制品时还可以考虑产品的形状和节日元素,营造吸引顾客的场景。比如可以利用展板、插卡、立牌等小道具,突出乳制品的品质和奶源的纯净,营造出草原牧场的场景,以吸引顾客。

此外,还可以着重关注并融入一些陈列技巧与原则。

(1) 采用垂直陈列法。可以将同类乳制品沿货架的垂直方向分层展示,使顾客能够轻松地在不同高度间进行比较挑选,提升购物便捷性。

(2)突出陈列策略。利用货架的端头位置进行焦点展示,可以特别推荐当前促销的乳制品品类,以此吸引顾客的即时注意,促进销售。

(3)遵循重心下移原则。为确保货架结构的稳固与安全,应将重量较大的乳制品置于货架下层,而较轻的产品则安排在上层,这样既保持了陈列的平衡美感,也避免了安全隐患。

(4)遵循易于发现性原则。通过清晰的标识系统,明确指示乳制品的具体位置,确保顾客能够一目了然地找到所需商品,增强顾客的购物体验。

这些策略的综合运用,不仅能够优化商品布局,提升顾客的购物效率,同时也能增强店铺的视觉吸引力与商品销售力。

(二)低温奶陈列规范

低温奶的陈列需要遵循一定的规范和标准,以确保产品的质量和安全性。

(1)须使用低温展示柜陈列。低温奶应存放在温度适宜的冷藏设备中,通常为 2~6℃。低温展示柜是一种专门用于展示低温保鲜产品的冷藏设备,其控温范围一般在 1~10℃,内部的空间分割较多,方便陈列不同种类的产品。低温展示柜具有保鲜、展示、陈列等功能,适用于超市、便利店、饮品店、奶茶店、咖啡店等多种场所。

(2)须按商品陈列原则陈列,可先按照品牌,再按照原味牛奶、低脂牛奶、高钙牛奶、高铁牛奶、甜味牛奶、其他牛奶,及原味酸奶、低脂酸奶、高钙酸奶、果味酸奶、果粒酸奶、其他酸奶等类别顺序陈列。

低温奶的陈列如图 2-4 所示。

图 2-4 低温奶的陈列

低温酸奶陈列标准

模块二 任务四 习题

背景资料

全程冷链让鲜奶更鲜

随着乳制品消费量、生产量的高速增长，带来的不仅仅是乳制品行业在品牌、价格、渠道、奶源、科技水平、研发能力、新产品创新能力等方面的快速发展，物流供应链配套服务方面的需求也随之快速增加。乳制品生产或销售企业，一般采取全程冷链物流模式以确保其产品从奶源地到消费者手中的品质。冷链物流这个词看似"高大上"，实则跟老百姓的生活息息相关。

乳制品是市民饮食中较常见的种类，除常温乳制品，低温乳制品也逐渐受到市民的青睐。相较于常温乳制品，低温乳制品指的是全程都需要保持2～6℃的低温才能保质保鲜的乳制品。那低温乳制品是如何利用冷库冷链实现到达消费者手上还是新鲜的呢？

现在中国的乳制品消费量、生产量都在高速增长，带来的不仅仅是乳制品行业在品牌、价格、渠道、奶源、科技水平、研发能力、新产品创新能力等方面的快速发展，物流供应链配套服务方面的需求也随之快速增加，全程冷链物流的配套服务是乳制品行业高速发展的品质保障。

我国大部分乳制品企业都采用全程冷链物流模式，从奶源地着手保证乳制品品质。从整个行业来看，供应端乳制品冷链物流即奶源地到生产工厂间对于原奶的收集、储藏及运输。销售端的乳制品冷链物流模式及其销售通路是密切相关的。乳制品生产后运输至配送中心或经销商仓库处，再进行二次分拨，配送至终端门店或直接拆零配送给客户。近年兴起并快速发展的电商O2O模式，即乳制品运输至配送中心、经销商或渠道商后，通过电子商务模式，消费者直接下单，由配送中心、经销商或渠道商直接进行拆零配送，满足消费者的即时需求。

为了维持牛奶新鲜的口味和丰富的营养，从"奶牛"到"奶站"到"奶罐车"到"工厂"的工序中明确规定：从挤奶到进厂贮藏的牛奶，全程低温封闭式的运输须在6个小时内完成。另外，除送到工厂严格全程冷链外，出厂后的配送、销售等也须严格遵循全程低温，否则失衡环境下的牛奶等乳制品极易变质，造成食品卫生安全隐患。例如，企业在出厂后的运输须自购或与第三方物流冷链企业合作，采用冷藏运输车保障低温运输，运输至零售终端如小店、零售店、批发店等零售商后，零售商须将低温牛奶等乳制品遵循储藏规范放置在冷柜中，以保证低温乳制品的品质。

低温乳制品在运输过程中有哪些注意事项呢？

（1）低温乳制品属于温度升高后就极易腐败变质的产品，所以在外界气温较高的夏季，建议选择早晚时候运输，尽可能减少外界气温的影响。

（2）低温乳制品运输时最好配备专门的奶罐车，如条件不允许，则一定要确保盛装牛奶的容器具有良好的隔热保温性能，同时确保盛装容器做到严格消毒且已盖严实，避免运输过程中的污染，或因震荡造成升温或者溅出。

（3）低温乳制品运输过程中，严禁中途长时间停留，尤其是从挤完奶到工厂加工的这段时间。要尽量缩短运输时间，低温乳制品经营企业对冷库工厂的选址，要尽可能选择接近奶源且交通便利的位置。

（案例来源：网络。有删改。）

训练任务	全程冷链让鲜奶更鲜
训练目的	1. 能描述乳制品冷链物流的过程与要求； 2. 能结合实际制定一份乳制品冷链物流方案
训练要求	1. 每组认真研读《全程冷链让鲜奶更鲜》案例； 2. 每组讨论该案例中的鲜奶冷链处理过程； 3. 每组选取一名学生代表，负责记录、总结小组发言
我的做法	
我的结论	
我的思考	

任务五　管理速冻食品冷链物流

任务目标

◆ 知识目标
(1) 了解速冻食品的分类及特点；
(2) 掌握速冻食品冷却、冷冻的基本原理。

◆ 技能目标
(1) 能够合理选择和应用速冻食品的包装材料；
(2) 具备速冻食品储存与运输管理的实际操作能力。

◆ 素养目标
(1) 培养食品安全与质量控制意识；
(2) 提升应对速冻食品冷链物流中突发问题的能力。

受快节奏生活的影响，消费者对方便、快捷的食品需求不断增加，中国速冻食品市场规模不断扩大。数据显示，2022年中国速冻食品市场规模已达1689亿元，五年内年均复合增长率为10.10%。随着餐饮端对半成品食材的需求日益增强，半成品食材的兴起丰富了速冻食品市场，赋予了速冻食品行业新的发展机遇。从竞争格局来看，我国速冻食品行业市场集中度高，前三企业（安井食品、三全食品、思念食品）的市场份额已经超过80%。龙头企业凭借强大的资金实力与研发能力，不断推出新品。此外，出于对食品安全问题的考虑，消费者购买速冻食品时也更加愿意购买大品牌、老品牌的产品。头部企业的收益率良好，并能够很好地利用规模效应不断巩固自己的地位，进一步扩大自己的市场份额，竞争优势不断加强。

任务思考
(1) 冷链物流在中国速冻食品市场规模不断扩大的过程中扮演了什么角色？
(2) 如何开展好速冻食品冷链物流管理？

速冻面点市场未来是一片"蓝海"

近年来,速冻面点等速冻食品的上升势头强劲,连锁餐饮迅速崛起,对速冻产品的需求不断增长,而且随着生活节奏的加快,年轻一族如都市白领越来越追求效率化,对速冻食品依赖加剧。

一、速冻面点市场发展迅速

种种迹象表明,速冻面点市场未来是一片"蓝海",产品需求呈明显上升趋势。事实上,我们发现很多品牌早就已经开始走向年轻人,以年轻人的方式与他们进行沟通。除了邀请代言人吸引年轻人购买,推出年轻化的产品和持续的产品创新,对于吸引年轻消费者的长期购买显得更为重要。比如湾仔码头推出的彩皮小笼包,彩皮中注入了天然蔬菜汁,包括胡萝卜汁、南瓜汁等,满足了年轻人对健康和颜值的双重需求。在国内的植物基趋势下还推出了植萃肉水饺,满足消费者对于低脂、低热量的植物蛋白的需求。而另一传统品牌三全食品,则进行了多元化的产品布局,以满足消费者多元的需求。在经典的速冻水饺之外,还提供速冻的薄皮鲜肉馅饼、千丝手抓饼、包点、春卷等产品,并面向儿童早餐这一场景,推出了儿童水饺、儿童馄饨、炫彩小汤圆、水果馅元宵等产品系列。

就产品本身而言,速冻面点属高频、刚需产品,功能强大,品种多,选择性强,应用场景广泛,餐饮、家庭均适用。如今越来越多的品牌开始创新,与年轻人贴近距离,未来可见是一片"蓝海"。

二、产品种类多样,适用多个消费场景

就速冻面点品类来说,可以创新研发的点很多,众多企业也纷纷在产品创新上发力,近两年出现的新品类非常多。

说到消费者广泛接受的蒸饺和煎饺,就有多方势力进驻。有数据介绍,正大食品(青岛)四条蒸饺线上,每条线每小时生产5万只蒸饺,24小时的产能约480万只。正大京东旗舰店玉米蔬菜猪肉、菌菇三鲜蒸饺两款产品的评价总数量超过4.2万条;日式煎饺在正大天猫旗舰店的月销量超过2.5万单;针对儿童消费群体,还研发出了兼具颜值、口感和营养的鳕鱼海苔蒸饺。此外,正大针对一人食场景,还进驻盒马,研发专门的小包装产品。

安井食品的煎饺产品在京东的评价数量已突破8万条,广受好评。餐饮品牌也面向电商、社区团购等C端渠道推出蒸饺、煎饺,如必品阁的速冻饺子,主打蒸煮煎炸样样出色,满足年轻消费者多重口味需求。

其次是黏豆包。黏豆包本是北方区域的特色面食,青龙满族自治县双合盛生态农产品有限公司"在旗"黏豆包在线下商超渠道销量持续攀升,产品已进入北京、天津、石家庄、济南、青岛、沈阳、哈尔滨等城市商超系统,

并与永辉、家乐福、乐购、大润发等大型商超系统和7-11便利店等达成长期合作。

伴随四川火锅铺遍全国，围绕火锅的小吃也登上C端消费者热搜的产品榜，红糖糍粑就是一款火锅标配。比如，在2024年"6·18"活动期间，唐玖珑食品推出的糍粑系列食品火爆微博、朋友圈等各大社交媒体平台，成为网红美食，拉动C端消费的走高。小品类吸引了诸多快消烘焙产品品牌加入，比如专门针对家庭烘焙DIY的品牌展艺，"上马"红糖糍粑，将糍粑的食用场景进一步拓宽至火锅之外，比如早餐、年节餐桌以及休闲零食场景。

继汤圆、水饺之后，面点被认为是速冻食品行业的第三大品类。在汤圆、水饺增长乏力的情况下，速冻面点却保持了较高的增长速度，近年来由于单身经济、"宅"经济的发展，以及速冻面点技术的日趋成熟，更多的品类加入速冻面点家族，为市场打开了新道路。而随着预制菜的新风口，"烘焙＋速冻"的概念也成为速冻面点的又一新战场，可以看见，整个市场始终保持活性。也许，未来烘焙行业将是速冻米面产品多样化的一个大金矿。

（资料来源：全食在线公众号。有删改。）

一、速冻食品及其分类

速冻食品又称急冻食品，是指将各类加工后的新鲜食品或处理后的原料进行深度快速冷冻的食品。在急速低温下（-18℃以下），食品内80％以上的水分会变成冰晶，能有效防止食物的细胞组织被破坏，从而达到保鲜的目的，以及方便在低温下进行储存、运输和销售等。速冻食品主要分为速冻米面食品、速冻鱼糜制品、速冻肉制品、速冻其他制品四类。受快节奏生活的影响，消费者对方便、快捷的食品需求不断增加，中国速冻食品市场规模不断扩大。

二、冷却和冷冻环节

（一）冻前处理

原材料冷冻之前可以采用多种方式进行加工处理，例如清洗、分拣、切割、切片、漂烫、调节、陈化、烫洗、切柳和加热等。是否将这些程序设为关键控制点,取决于原材料类型和实际情况,尤其是原材料和加工后的产品在可能致使病原体滋生的温度范围内度过的时间长度。特别需要重视的是,在临界温度范围内(即10~60℃)所花时间应尽可能缩短。同时应考虑是否将这些程序设为基本质量规定的控制环节。

漂烫常常用于冷冻蔬菜和其他产品的生产,以使冷冻储存期间可能造成质量问题(味道、颜色)的酶失活。应当确定漂烫时间计划表,以确保能得到想要的质量结果,同时漂烫也可以设为一项基本质量规定。如果加工处理之前需要储存中间配料(例如某种速冻蔬菜,以后会与其他速冻蔬菜或其他配料合并后成为最终产品),那么储存条件,尤其是温度,应适合这种食物,而且必要时应考虑到食品的未来用途或进一步的加工处理。许多预先煮熟的食品,例如预制食品,其加热处理应足以保证可将问题病原体灭活。根据操作程序中的危害情况和特定控制措施,可以决定是否将时间、温度处理和随后的冷却处理设为关键控制点。

如果使用了冷冻原材料并且其中包括解冻过程,则应明确规定解冻方法,并应仔细监测解冻进程(时间和温度参数)。选择解冻方法时应考虑到特定产品的厚度和均匀性。解冻应以能够控制微生物滋生的方式来完成。解冻时间和温度参数可设为关键控制点和/或基本质量规定。

(二)速冻操作

速冻程序应得到妥善执行,同时须综合考虑冷冻系统或程序及其性能、产品的特性(包括热导率、厚度、形状、初始温度等)和生产产量等因素,旨在最大限度地减少产品物理、化学和微生物方面的变化。为了达到这一目标,最关键的是确保产品能够迅速穿越其最大结晶温度区间。鉴于不同产品的最大结晶温度区间存在差异,因此,将速冻程序确立为一项基本质量规定显得尤为重要。

在执行食品冷冻过程时,务必在食品箱或各件食品之间预留出空间或通道,以保证空气流通。当冷冻大批量食品或食品包含大块食品时,这一点尤其关键。如果未设置这样的空气通道,即便鼓风速度较快且空气温度较低,整批食品的内部冷却速度和冻结速度仍可能非常缓慢。食品的热中心必须迅速冷却,来防止病原微生物的滋生或微生物毒素的产生,因此,将冷冻环节设定为关键控制点是至关重要的。

只有在温度稳定后,产品的热中心达到-18℃或更低,速冻过程才可视为完整。产品一旦离开冷冻设备就应尽快移至冷库,尽量减少产品在暖湿环境中的暴露,以及将产品温度维持在-18℃或更低。这一原则同样适用于速冻程序后装入包装的产品。

(三)冻后处理

为了减少产品冷冻储存期间脱水,可以为产品包冰衣,即在无包装冻结食品的表面均匀地包裹一层冰膜,以免食品表面脱水风干而影响食品外观和质量。包冰衣程序应当进行合理控制,国家标准也对包冰衣的限量及加工技术有着明确的规定和监督,以确保产品质量和安全性。

三、包装环节

（一）常见的冷冻食品包装材料

由于全程采用低温冷链保藏，冷冻食品具有货架期长、不易腐败、食用便利等特点，这也对包装材料提出了更大的挑战和更高的要求。目前，市场上常见的冷冻食品包装袋多采用以下材料结构。

1. PET/PE

此类材料结构防潮、耐寒，低温热封性能较好，成本相对较低，一般用作蔬菜、简装冷冻食品等的外包装袋。

2. BOPP/PE、BOPP/CPP

此类材料结构防潮、耐寒，低温热封拉力强度高，成本相对比较经济。其中，BOPP/PE结构的包装袋外观、手感较PET/PE结构好，能提升产品档次。

3. PET/VMPET/CPE、BOPP/VMPET/CPE

此类材料结构由于镀铝层的存在，表面印刷精美，但低温热封性能稍差，成本较高，因此使用率相对较低。

4. NY/PE、PET/NY/LLDPE、PET/NY/AL/PE、NY/PE

此类材料结构的包装耐冷冻、耐冲击，由于NY层的存在，其耐刺穿性能很好，但成本相对较高，一般用于包装有棱角或较重的产品。

（二）冷冻食品包装面临的现实问题

1. 食品的干耗、冻结烧现象

干耗是冻结食品在冻藏过程中因温度变化引起表面干燥、质量减少的现象。冻结烧是冻结食品在冻藏期间脂肪氧化酸败和羰氨反应所引起的结果。冻藏虽然可极大限度地限制微生物的生长、繁殖，减缓食品腐败变质的速度，但食品的干耗、冻结烧现象仍会随着冷冻时间的延长而变得愈发严重。

2. 冻藏环境对包装材料力学强度的影响

塑料长时间处于低温环境会变脆，因此冷冻食品尖锐的突起容易刺破包装，从而造成泄漏，使食品加速腐败。同时，在贮藏和运输环节，瓦楞纸箱会逐渐吸收环境中的水分，导致箱体边压强度、抗压强度、黏合强度降低，增加了后期塌箱的风险。

（三）冷冻食品包装解决办法

为最大限度地降低食品的干耗、冻结烧现象以及冻藏环境对包装材料强度的影响，保证冷冻食品的安全，可以从以下几个方面入手。

1. 选择合理的复合或共挤原料

尼龙、LLDPE、EVA 都具有优异的耐低温性和耐撕裂性、抗冲击性，在复合或共挤工艺中加入此类原料，可有效提高包装材料的防水阻气性以及机械强度。

2. 适当提高增塑剂的比例

增塑剂主要用来削弱聚合物分子之间的次价键，从而增加聚合物分子链的移动性，降低结晶性，表现为聚合物的硬度、模量脆化温度下降，以及伸长率、柔韧性的提高。

3. 提高瓦楞纸箱的抗压强度

加强箱体中竖直放置的四块纸板的抗压强度，在纸箱内壁四周增加环形内套，或采用套合型纸箱结构，都可以有效提高纸箱的整体抗压强度。

4. 加强包装检测力度

国家制定了《出口冷冻食品类商品运输包装检验规程》（SN/T 0715—1997）等相关标准，企业应及时对冷冻包装材料进行阻隔性、抗压性、耐穿刺性、耐撕裂性、耐冲击性等系列检测试验。

随着科技水平的不断进步，新材料也层出不穷，可食性包装膜是其中的代表之一。它以生物降解多糖、蛋白质或脂质为基质，通过包裹、浸渍、涂布或喷洒等手段，在冷冻食品表面形成一层以天然可食性物质为原料、通过分子间相互作用而形成的保护膜，来控制水分转移和氧气渗透。这种薄膜具有明显的阻水性、较强的抗气体渗透能力，最重要的是可与冷冻食品一起食用，无任何污染，具有广阔的应用前景。

（资料来源：网络，有删改。）

 四、储存环节

（一）温度控制

温度是速冻食品存储中最关键的因素。速冻食品应始终保存在 -18°C 或更低的恒定低温环境中,以最大限度地抑制微生物生长和酶促反应,保持食品的营养成分和口感。在存储过程中,应定期检查并记录冷库温度,确保无温度波动或异常升高现象。此外,运输和配送环节也应采用适当的保温隔热设备,以保持产品温度稳定。

(二)卫生管理

速冻食品的存储环境应保持清洁卫生,定期进行清洁消毒工作,防止微生物污染。工作人员应严格遵守个人卫生规范,穿戴整洁的工作服,操作前后须洗手消毒。此外,还应建立完善的食品追溯体系,确保每批速冻食品的来源可追溯、去向可查明,一旦发现问题可迅速采取措施处理。

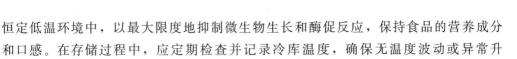

随着消费需求增长以及鼓励政策出台,特别是2023年中央一号文件首次明确提出"培育发展预制菜产业",预制菜产业迅猛发展。作为预制菜产业发展的重要支撑,冷链物流也迎来巨大机遇。

北京快行线食品物流有限公司(以下简称"快行线")是专业第三方冷链物流服务企业,在全国拥有12座多温区仓库,并将同城配送"准时达"、冷链零担"约时达"、生鲜宅配"恰时达"、咨询管理"目标达"4个物流产品服务于超市餐饮供应商、超市配送中心、连锁餐饮、生鲜电商、冷链物流园等5类客户,服务网络遍及236个城市。"一点进入、全网覆盖"已经成为快行线在冷链物流行业中的核心竞争力。

在快行线总部所在的北京,公司更是配备有全温带(含常温仓、冷冻仓、冷藏仓、恒温仓)、全业态(覆盖 to B、to C)的超大规模冷库设施,冷链园区占地47000平方米,冷库面积37000平方米,被称为"北京城市大冰箱"。作为预制菜产业发展的重要支撑,冷链物流也迎来了巨大发展机遇。面对预制菜产业的兴起以及冷链物流需求的不断增加,快行线敏锐地捕捉到预制菜产业发展过程中带来的机遇,在不断升级现有冷链物流能力的基础上,还成立了华源甄选地标食材及预制菜选品中心等,为预制菜产业提供包括冷链物流配送等在内的全链接服务。

(资料来源:物流技术与应用公众号。有删改。)

五、运输配送环节

（一）速冻食品运输与配送的特点

1. 温度控制严格

速冻食品需要在低温环境下进行储存和运输，以保持其品质和口感，因此，运输过程中必须确保温度的稳定性，防止温度波动导致食品品质下降。

2. 时效性要求高

速冻食品属于易腐食品，需要在短时间内送达消费者手中，以保证其新鲜度和食用安全性，因此，速冻食品对运输与配送的时效性要求极高。

3. 包装要求严格

速冻食品的包装材料需要具有良好的保温、防潮、防破损等性能，以确保食品在运输过程中不受外界环境的影响。

4. 配送网络广泛

速冻食品的消费群体广泛，需要建立完善的配送网络，覆盖城市、乡村等不同地区，以满足消费者的需求。

（二）速冻食品运输与配送注意事项

1. 温度控制

在运输和配送环节中，产品温度应设定为基本质量规定和/或关键控制点，旨在预防违反临界温度规定的情况，从而确保食品安全不受威胁。针对速冻食品的运输，必须使用具备良好保温隔热性能的设备，确保产品能够持续维持在－18℃或更低。在运输开始前，货物的温度必须控制在－18℃以下，并且装载前应对车厢进行预冷处理，同时须注意预冷操作不应影响温度控制效率和制冷能力。

2. 运输控制

（1）在装载过程中，须严格监控货物温度，并对车辆内的货物进行合理配载，提供必要的保护并防止外界热量侵入。

（2）通过在冷冻产品上喷洒少量水或将其短暂浸入饮用水中，使冷冻食品表面形成一层保护性的附着冰层。

（3）制冷机组在运输途中应保持高效运行状态，并确保温控器的设定值准确无误。

（4）到达目的地后，须采用正确的卸载方法，特别关注车门开启的频率和时长，减少温度波动。

（5）车辆或集装箱应彻底清洁。为确保产品质量，应尽量避免车内温度超过－18℃，即便出现升温情况，其幅度也应控制在一定范围内；在任何情况下，货物包装的温度都不得高于－12℃，且交货后应尽快将货物温度降至－18℃。

（6）车辆的装载、卸载，以及冷库入库、出库的过程均须迅速高效地进行，以最大限度地控制产品温度的上升。

六、销售环节

速冻食品应放在专用冷冻柜中出售。冷冻柜应确保产品维持在－18℃或以下的温度，并按此要求操作设置冷冻柜。产品温度允许出现短暂升高，但升温幅度应处于相关主管部门设定的限度之内，任何情况下，货物包装的温度都不得高于－12℃。冷冻柜中的温度可以设为基本质量规定和/或关键控制点，避免出现违反临界温度规定的情况而危及食品安全。冷冻柜应符合以下条件：

（1）应配备适当的温度测量装置；

（2）放置的位置不应受到气流或异常辐射热的影响（例如阳光直射、强烈的人造光源或热源直接辐射）；

（3）产品码放不得越过装载线。对于需要除霜的冷冻柜，应将除霜期的设置尽可能避开高峰购物时段。如有必要，除霜期间应将速冻食品移至合适的冷库，避免除霜造成的升温或解冻对食品造成不利影响。零售场所应设有后备仓库，用于储存速冻食品并可将产品维持在－18℃或更低。存货应按一定顺序周转，确保产品的售出是按照"先进先出"或最短保质期的顺序。任何情况下，产品的储存期都不应超出其指定保质期。

中国速冻产品市场的发展趋势

隧道式速冻机

模块二　任务五　习题

能力提升

背景资料

三全食品的冷链物流

三全食品作为一家专注于研发、生产和销售冷冻饺子等速冻食品的企业，在冷链物流方面积累了丰富的经验。三全食品冷链物流以保证食品品质和安全为首要目的，在满足市场需求的同时，注重环保、节能和效率提升。

相比于普通物流，三全食品冷链物流有着以下几方面优势。

（1）保证食品品质。冷链物流能够将食品储存在适宜的温度下，保证食品的新鲜度、口感和质量，避免食品腐败、变质等情况。

（2）提高安全保障水平。三全食品冷链物流采取了多层次的安全管理措施，确保食品的安全性。同时，利用物联网技术和大数据分析，及时预警食品质量问题，保障消费者权益。

（3）节能环保。采用节能技术，例如利用风能、太阳能等能源，减少环境污染。在运输过程中，优先采用环保的、能源消耗更少的交通工具，降低碳排放量。

三全食品冷链物流的服务内容丰富，包括以下几个方面。

（1）存储与配送。企业通过先进的管理系统，对食品的存储和配送进行严格的监控与管理，确保食品的品质和安全。

（2）温度监测和控制。针对不同的冷藏和冷冻食品，企业能够提供不同的温度保持和监测服务，确保食品在运输和存储过程中温度稳定。

(3) 定制化服务。针对不同的客户需求，三全食品冷链物流能够提供个性化的服务，满足不同客户的特殊要求。

三全冷链物流未来发展的自身优势有以下几方面。

(1) 全面的冷链服务能力。三全冷链物流拥有全国性冷链物流网络，同时可以根据客户的需求，提供细分化、个性化的服务。

(2) 高效的物流运输能力。三全冷链物流以卓越的物流运输创造市场，配备先进的物流设施与技术，确保物流服务的高效性。

(3) 专业的团队支持。三全冷链物流拥有一支高素质、专业化的团队，以安全、可靠、高效、精益的理念，为客户提供全方位的物流服务。

(4) 贴心的客户服务。三全冷链物流注重客户需求，旨在提供专业化、个性化、细致化的物流服务，通过透明、互信、共赢的合作关系，提升客户服务质量。

（资料来源：网络。有删改。）

训练任务	三全食品的冷链物流
训练目的	1. 能描述速冻食品冷链物流的操作步骤和要求； 2. 能结合实际制定速冻食品的冷链物流方案
训练要求	1. 每组认真研读《三全食品的冷链物流》案例； 2. 每组讨论该案例中三全速冻食品的冷链物流作业流程； 3. 每组选取一名学生代表，负责记录、总结小组发言
我的做法	
我的结论	
我的思考	

任务六 管理医药冷链物流

任务目标

◆ 知识目标

(1) 了解药品冷链包装技术和优化策略；

（2）掌握药品冷藏、温度控制及养护知识。

◆ **技能目标**

（1）能够合理选择和运用药品包装材料；

（2）具备药品的储藏、运输与配送管理的实际操作能力。

◆ **素养目标**

（1）培养药品安全与质量控制意识；

（2）提升遵守药品物流服务标准与规范的职业素养。

近期，某生产中成药的企业遇到了一件令人头痛的事。由于这家企业生产的中成药品每次发运数量较少，一次5~10件货，如果选择包车发运到目的地则成本过高，而选择零担冷链运输方式又存在过程温控和货物污染的安全风险，交货时效也不太可控。冷藏药品的温度通常控制在2~10℃，冷冻药品的温度则一般要求在－25~－10℃，不同的药物温度要求也不尽相同。对于中成药品而言，其存放的环境温度十分重要，失温很可能会导致药品变质，对人体产生有害影响；而温度过高，有效成分会降解或者失活，导致药品疗效降低，甚至对人体产生副作用。冷链物流药品运输是药品产业链中的重要一环，具有高风险、高难度的特征，必须引起足够的重视。

任务思考

如何才能正确、高效地开展药品冷链物流，并在合规、品质、时效、成本方面实现较好的平衡？

身边的冷链物流

九州通物流

作为医药行业首家5A级物流企业、国家唯一的医药智能仓储示范基地，九州通物流拥有规模庞大的医药供应链服务平台基础设施，截至2024年，包括141座物流仓、建筑总面积约430万平方米的经营及配套设施，其中GSP仓库290万平方米、冷库容量11.51万立方米，具备1532万箱储存能力、1.66亿箱吞吐能力，并拥有覆盖全国96%以上区域联网的物流网络资源。

九州通物流通过自主规划集成、自主系统研发、自研智能装备，在物流领域所有子系统实现数据的口径统一、互联互通，构建了集覆盖全国GSP仓储网络、全国联动的运输网络、数智信息网络"三网合一"的专业大健康物流供应链服务平台。报告期内，九州通物流继续推进智慧化标杆仓项目——华南物流中心项目上线，打造行业先进的智能化、无人化、柔性化物流中心。

九州通物流搭建了行业特有的"Bb/BC仓配一体化"全渠道物流服务模式，针对B端客户，通过对线上线下B端业务协同运作，实现B端客户与公司库存品种资源共享、仓运配资源及信息平台共享，打造B端一体化一站式服务。针对C端用户，通过全链路数据链接和智能化物流技术支持，实现分销与动销物流侧同场存储、同场生产、同场分拣与配送等核心功能。目前，全国24家公司物流"Bb一体仓"以及6处"BC一体仓"持续稳定运行，已实现面向多端的"Bb/BC仓配一体化"能力的高效供应链物流服务体系全覆盖。

九州通物流多年逐步形成了完善的客户服务体系，通过对订单进行全程可视化跟踪，多渠道、全方位、迅速响应并受理客户需求，做到客户响应及时率100%、收货及时率96%、出库及时率和准确率分别达98%和99.99%，订单处理时长仅80分钟，同城和省内配送时效分别控制在12小时和24小时内，实现备货、管理和流通成本的"三低"目标。

（资料来源：网络。有删改。）

随着生物医药技术的快速发展，越来越多的药品需要在特定的低温条件下储存和运输，以保证其疗效和安全性。药品冷链包装技术作为确保药品在冷链物流中保持恒定温度的关键环节，其重要性日益凸显。

药品冷链物流是指需要冷藏的药品在生产、储藏、运输、销售直至使用的全过程中，温度应始终控制在规定范围内。随着生物医药技术的不断进步，越来越多的药品，如疫苗、生物制品、血液制品等，需要在低温条件下储存和运输，以确保其疗效和安全性。

一、药品包装

（一）药品冷链包装

药品冷链包装作为冷链物流的重要组成部分，其主要功能是确保药品在运输和储存过程中保持恒定的温度，从而防止药品失效或变质。药品冷链包装可根据其保温性能、材料和使用环境等因素进行分类。常见的药品冷链包装材料包括真空包装材料、泡沫塑料、相变材料等。这些材料具有良好的保温性和抗震性，能够有效保护药品在运输过程中的安全性和稳定性。

（二）药品包装技术

1. 真空包装技术

真空包装技术是一种将药品放入密封的包装袋中，抽出空气，达到预定真空度后完成封口工序的包装技术。该技术具有防止药品氧化、延长保质期、提高药品品质等优点。然而，真空包装技术也存在一定的局限性，如包装袋的耐压性能有限，存在因内外压差过大而破裂的可能性。

2. 泡沫塑料包装技术

泡沫塑料包装技术是利用泡沫塑料材料作为保温层，将药品包裹在其中，从而达到保温效果。泡沫塑料具有良好的保温性和抗震性，能够有效保护药品在运输过程中的安全性和稳定性，但泡沫塑料材料不易降解，会对环境造成一定的污染。

3. 相变材料的应用

相变材料（PCM）是一种能够在特定温度下吸收或释放热量的材料。在药品冷链包装中，相变材料可以在运输过程中吸收药品产生的热量，从而保持药品温度的稳定性。相变材料具有高效、环保、可重复使用等优点，因此在药品冷链包装中具有广泛的应用前景。

（三）药品冷链包装优化策略

1. 设计原则

药品冷链包装的设计原则：一是确保药品在运输过程中的安全性和稳定性；二是具有良好的保温性，能够满足药品储存温度的要求；三是考虑环保性，选择可降解或易回收的包装材料；四是成本控制，实现经济效益与环保效益的平衡。

2. 包装材料的选择与优化

在选择药品冷链包装材料时，应综合考虑保温性、环保性、成本等因素。例如，可以选择具有良好保温性能的泡沫塑料材料作为保温层。同时，为了提高包装材料的环保性，可以选择可降解或易回收的包装材料。此外，还可以通过优化包装结构，减少材料的使用量，降低包装成本。

3. 温控技术的集成与应用

为了实现药品在运输过程中的恒温控制，可以将温控技术集成到药品冷链包装上。例如，在包装中加入温度传感器和温控设备，实时监测药品的温度，并根据温度变化自动调节包装内的温度。这种智能温控技术能够确保药品在运输过程中的温度稳定，从而提高药品的品质和安全性。

二、药品的储藏与养护

（一）药品冷藏设备

1. 冷库

冷库是药品冷链存储的核心设备之一，其主要功能是提供稳定、可控的低温环境。根据药品的储存需求，冷库可分为不同类型，如低温冷库（-25~-18℃）、中温冷库（-5~5℃）和高温冷库（5~15℃）等。在选择冷库时，须综合考虑药品的储存温度要求、库房的保温性能、制冷系统的效率和稳定性等因素。

2. 冷藏车与冷藏集装箱

在药品的运输过程中，冷藏车和冷藏集装箱是确保药品冷链不"断链"的关键设备。这些设备不仅具有良好的保温性，还配备了独立的制冷系统，确保在运输过程中药品始终处于适宜的温度环境下。为了提高冷藏车和冷藏集装箱的运输效率，可采用先进的温控技术和智能监控系统，实时监测并记录车厢内的温度数据，确保药品在整个运输过程中的质量和安全。

（二）温度监测与控制技术

1. 温度传感器

温度传感器是冷链存储中用于实时监测温度的关键元件。通过将温度传感器放置在冷库、冷藏车等关键位置，可以实时采集并记录温度数据。这些数据不仅可以帮助工作人员及时了解药品的储存环境，还可以为后续的养护措施提供依据。为了提高温度数据的准确性和可靠性，可采用高精度的温度传感器和稳定的数据采集系统。

2. 温度控制系统

温度控制系统是确保药品冷链储藏稳定性的核心。该系统通过接收温度传感器的信号，并根据设定值自动调整制冷设备的运行状态，从而保持药品储存环境的温度稳定。在选择温度控制系统时，需要考虑其控制精度、响应速度和稳定性等因素。先进的温度控制系统通常采用PID（控制）算法，能够根据实时温度数据快速调整制冷设备的输出功率，确保温度的稳定控制。

3. 湿度控制方法

湿度对药品的质量也会产生重要的影响。过高的湿度可能导致药品吸湿、结块或变质，而过低的湿度则可能导致药品干燥、开裂或失效，因此，在冷链储藏过程中，需要对湿度进行有效控制。

常见的湿度控制方法包括：使用除湿机或加湿机来调节库内的湿度；在库房内放置适量的干燥剂或吸湿剂来吸收多余的水分；通过通风换气来降低库内的湿度；等等。在选择湿度控制方法时，须根据药品的储存需求和库房的实际情况进行合理选择。

（三）药品养护措施

1. 定期检查与维护

为了确保冷链储藏设备的正常运行和药品的质量安全，需要定期对设备进行检查和维护。具体措施包括：检查冷库、冷藏车等设备的保温性是否良好；检查制冷系统是否正常运行，制冷剂是否充足；检查温度传感器和数据采集系统是否准确可靠；定期对设备进行清洁和消毒；等等。通过定期检查与维护，可以及时发现并处理设备故障和安全隐患，确保药品冷链储藏的稳定性和安全性。

2. 药品翻转与整理

在冷链储藏过程中，为了防止药品过期或变质，需要定期进行药品的翻转和整理工作。具体措施包括：按照"先进先出"的原则对药品进行出库操作；定期对库存药品进行盘点和清查，及时发现并处理过期或变质的药品；根据药品的储存要求和销售情况合理安排库存；等等。通过药品翻转与整理，使药品在冷链储藏过程中的质量和安全性得到有效保障。

3. 应急处理

尽管采取了各种措施来确保冷链储藏的稳定性和安全性，但仍然有可能遇到一些突发情况，如设备故障、温度异常等，因此，需要制定相应的应急处理措施来应对这些突发情况。

具体措施包括：建立应急响应机制，明确应急处置流程和责任人；配备必要的备用设备和物资，确保在设备故障时能够及时替换或修复；定期对员工进行应急培训和演练；等等。

三、药品的运输与配送

药品运输是一个复杂而细致的过程，涉及多个环节和严格要求。以下是关于药品的运输与配送环节的详细要求。

（一）发货准备

（1）药品运输前应合理安排送货线路，确保运输及时、准确、安全、经济。

（2）优先选择急货和须冷藏的药品进行运输。

（3）送货人员须依据库管员提供的销货清单，逐一核实药品的单位和件数。

（二）车辆准备

（1）药品运输应采用封闭式运输工具，防止出现药品盗抢、遗失、调换、损毁等事故。冷藏车厢应具有防雨水、不透气、不易燃、耐腐蚀等性能，并设置有良好气密性能的排水孔。

（2）运输人员须检查运输工具，根据天气情况和药品储存温度要求选择合适的运输方式。运输条件不符合规定时不得发运，运载车辆应保持密闭，并根据季节和运程采取必要的保温或制冷措施。

（3）启运前须按照规定操作，包括预热或预冷车厢温度、检查厢门密闭情况等。

（三）药品装运

（1）依据出库单逐一将药品装车，按照配送线路的顺序进行装运。

（2）药品搬运和堆垛时要严格按照外包装图示标志要求进行，轻拿轻放，避免摔碰。

（四）温湿度监测

（1）运输冷藏、冷冻药品的设备中应配备温湿度监测系统，实时自动监测和记录温度和湿度。

（2）监测数据须按日备份，数据保存不少于 5 年。温度超出规定范围时，必须及时查明原因并采取有效措施调控。

（五）交接与返回

（1）运输员须与客户当面清点所交药品，并确保冷链不"断链"。

（2）运输员须按规定与相关人员办理交接手续，并将客户签收的送货回执联交财务部作收款凭证。

四、药品物流服务规范

《药品物流服务规范》（GB/T 30335—2023）是由全国物流标准化技术委员会提出并归口，中国物流与采购联合会等众多单位起草。文件规定了药品物流服务的基本要求、人员与培训、设施设备、信息系统、仓储、运输与配送、装卸与搬运、交接、增值服务、信息管理、风险管理、投诉处理、服务评价与改进的要求。

　　基本要求规定了药品物流服务应制定相应的管理制度、各个环节的操作流程及应急预案，配置相适应的人员和设备设施；人员与培训主要规定了人员的健康、培训计划、培训记录、岗前考核等；设施设备主要规定了经营场所和库房、运载工具等；信息系统主要规定了系统具备的各种功能、接口等；仓储主要规定了信息、单据审核及作业准备，药品收货、验收，药品在库储存、养护，药品出库与包装，销后退回药品处理，不合格药品处理，单据信息传输与管理，作业场所、标志等；运输与配送主要规定了特殊路况的措施、运输前的准备、合同的履行、委托运输等方面的管理等；装卸与搬运主要规定了装卸与搬运的相关操作流程及加固措施等；交接主要规定了交接的各种注意事项等；增值服务主要规定了物流的服务体系、定制服务、智能化服务等；信息管理主要规定了信息系统的灾备演练、信息追溯及信息备份等；风险管理主要规定了从防盗、车辆安全等方面采取的措施；投诉处理主要规定了物流服务应提供投诉渠道和方式并及时处理投诉，做好记录；服务评价与改进主要规定了评价方式、关键服务评价指标、改进要求等。

课堂案例

科技赋能物流：万纬智慧冷链园区运营管理平台

　　为了更好地服务客户和保障食品安全，万纬物流打造了以冷链服务为核心的智慧园区新体系，从安全、环境、设备、能耗、日常运营、全局管理6个维度出发，综合应用物联网、AI、运筹优化和云计算技术，为园区提供体系化、标准化的SaaS服务，实现安全质量、能耗节降、设备保障、降本增效等价值。

　　"温度就是生命线"，万纬物流依据食品药品最新的监管法律与不同货品对仓库温度的各要求设计，深度结合公司闭环温湿度管理流程机制，开发了温湿度实时监控多级预警报警、历史数据查询分析、报警闭环管理等功能，可实现±0.5℃的温控精度、24小时实时监控、实时预警，库内和运输的温度、湿度均实现全程可视化追踪，历史数据保存及回溯，做到"每一单货品都有迹可循"。

　　万纬物流所有园区均搭建了完善的QEHS（质量、环境和职业健康安全管理体系），并通过技术手段开发QEHS安全质量平台，实现了QEHS系统化管理。平台基于冷链物流行业法律法规转化的隐患标准库，维护1000余个相关法律法规和400余个安全质量标准。

　　（案例来源：中国日报网。有删改。）

血液的冷链运输

九州通物流

模块二　任务六　习题

能力提升

背景资料

2～8℃冷链直达南美

2021年11月底，在杭州东站站台上，若干个旅行箱大小的深蓝色温控箱鱼贯而入，登上一列即将驶向北京的货运列车。这批承载着国产癌症辅助治疗药的温控箱，此后以铁路和空运的方式历经10多天跨越亚、欧、美三大洲，抵达南美洲，进行清关、卸货与"最后一公里"配送。

菜鸟利用其2～8℃温控的跨境医药冷链物流技术，成功将中国首个自主研发的癌症辅助治疗药运抵南美，此举标志着跨境医药物流成为菜鸟国际化的重要一环。

菜鸟国际团队从零到一搭建了一条跨越三大洲的医药冷链新航路。全程只用一个提单就能实现中国到拉美的三程联运，这样的"一单到底"给客户带来了便利。换言之，这相当于使用三个快递公司接力寄送一件快递，但消费者只需下一单，用一个运单号来查询物流详情。这背后不同航司、国际机场、冷库之间的无缝衔接，全程保持平均5℃左右的温控，恰恰是菜鸟全球智慧物流能力扎实的体现。

接到任务，菜鸟团队便迅速搭建出全新的航线方案，还提供堪称"保姆级"全链路托管服务。在药厂打包时，菜鸟团队将注射液放置在相应大小的凹槽之中，并以保温材料进行环绕。此外，菜鸟通过提高保温隔热板的厚度与密度，优化出可以300多小时保持2~8℃温控的耐用型温控箱。

为了保证全程实时温控追踪，菜鸟为每一个温控箱配备了全球温度记录仪，可将保温箱内温度实时上传至云端，温度一旦超出预警范围，将及时向管理人员推送报警信息。此外，菜鸟还安排专人进行全程监测，定时向客户回传温度信息。

"随着国内生物医药产业的蓬勃发展，中国的生物制药企业出海成趋势，逐渐在全球舞台上崭露头角。"菜鸟国际供应链总经理赵剑告诉记者，依托菜鸟全球物流能力和运输疫苗积累的丰富经验，我们可以为中国药企提供全球达、数字化、全链路可追溯的一站式解决方案，为中国的医药产品"出海"增速提效。据悉，菜鸟已经累计向全球150多个国家和地区运送了超过2.5亿件医疗物资，已经具备15~25℃以及-25——15℃超低温跨境全链路运输的技术能力。

（案例来源：央广网。有删改。）

训练任务	2~8℃冷链直达南美
训练目的	1. 能描述药品的冷链物流操作步骤与要求； 2. 能结合实际制定一份药品冷链物流方案
训练要求	1. 每组认真研读《2~8℃冷链直达南美》案例； 2. 每组讨论该案例中癌症辅助治疗药物的冷链物流作业流程； 3. 每组选取一名学生代表，负责记录、总结小组发言
我的做法	
我的结论	
我的思考	

任务七 管理鲜花冷链物流

◆ 知识目标
(1) 了解鲜花冷链物流的特殊性;
(2) 熟悉鲜花冷链物流的流程和环节。

◆ 技能目标
(1) 掌握鲜花冷链物流的温度、湿度控制技术;
(2) 能够进行鲜花冷链物流的运输和储存管理。

◆ 素养目标
严格遵守行业规范,具有高度的责任心。

随着人们对美好生活的追求和环保意识的增强,花卉作为提高生活品质、增添居家美感的物品,越来越受到消费者的欢迎。同时,城市绿化和景观美化需求的增加,也推动了鲜花市场的销量增长。我国花卉种植面积约150万公顷,花卉从业人员超500万人,我国已成为世界最大的花卉生产国、重要的花卉贸易国和花卉消费国。

2023年我国花卉零售市场总规模达2165.8亿元,同比增长9.0%。近几年鲜花市场规模稳步增长,规模在2000亿元左右,并且借助新业态、新渠道,向着2025年3000亿元、2035年7000亿元的年销售目标加速迈进。数据显示,昆明国际花卉拍卖交易中心在2024年母亲节与"5·20"期间迎来供货高峰,单日最高供货量飙升至850万枝,日均供货量687万枝,较去年同比增长31.61%。2024年七夕期间,云南昆明斗南花卉市场鲜花单日最高供货量达980万枝,日均交易量800万枝左右。鲜花,已然从"礼物"走向"生活",成为消费升级与审美提升背景下大众消费的"新宠"。

商贸物流业的高质量发展为鲜花架设了一条通往百姓家的"高速路"。在被誉为"亚洲花都"的昆明斗南花卉市场,通过电商平台,全国各地的消费者皆可轻松购买到来自该市场的鲜花。快递物流时效不断优化、冷链运输技术持续提升,斗南花卉市场的鲜花可以在24小时内抵达全国主要省会城市。一批清晨从厄瓜多尔进口到北京的鲜花,经首都机场海关查验合格放行后，中午就能运抵北京王四营鲜花批发市场，最快下午就可摆进北京居民家中。

任务思考

鲜花市场规模增长，带来了大量的物流需求，然而鲜花美丽而娇嫩，要让这些花朵跨越千山万水，甚至漂洋过海，最终完好无损地抵达消费者手中，保鲜技术成为关键。那么，在鲜花产业的背后，从业者是如何运用各种妙招来确保鲜花的鲜活与美丽的呢？

身边的冷链物流

冷链物流助力芍药鲜切花网络销售爆红

山东菏泽的芍药花，通过直播电商的风口，短时间内在网络爆红，日均采切鲜切花10万枝，甚至供不应求。这背后，离不开流通供应链的完善、物流配套的迅速发展以及供应链数据化应用的增强。据统计，自2022年以来，鲜花电商零售市场规模已突破千亿元大关，标志着"鲜花经济"成功从线下实体转向线上虚拟，开辟出更多元、更高效的经营路径。2023年菏泽芍药鲜切花年销量突破1.1亿枝，产品远销30多个国家和地区，预计2024年菏泽芍药总产量将达1.2亿支。

"原来芍药是以药用为主，从2018年开始发展芍药鲜切花，近两年间突然火爆起来。目前，菏泽的芍药鲜切花产量占全国市场的60%以上。在都司镇的种植基地，有150余万株芍药，涵盖了国内外100多个优秀品种。"菏泽市牡丹发展服务中心副主任说。

菏泽因气候温和、光照充足，适宜牡丹、芍药等花卉生长。早在隋代，菏泽就有种植牡丹的记录，至清代成为中国牡丹的栽培中心，已有千余年历史。近年来，菏泽市政府加快推动芍药产业发展，实现了牡丹花期和芍药花期的无缝对接，"一枝独秀"成为"双花齐放"，不仅鲜切花产销两旺，还催生了赏花旅游热。

为了拉长芍药鲜切花的采摘、销售期，菏泽通过大棚催花的方式让鲜花提前上市，目前芍药种植有暖棚、冷棚、地膜、大田四种模式，菏泽芍药采摘期比世界上最大的芍药种植批发市场荷兰提前一个月，从每年的春节前后一直持续至5月20日前后，不仅延长了产品供应周期，还在价格上更具竞争优势。

鲜切花对温度极为敏感，这对储存、运输、周转都提出了很高的要求。国内快递公司针对鲜花运输业务采取"产地仓＋销地仓"模式，在产地仓完成鲜花采摘、切割、分拣、捆绑及基础处理，经全程冷链运输直达销地；在销地仓根据客户订单做好二次分拣、打包、配送、插花等服务。

菏泽交通便利，已通航运营的机场、高铁，形成了便利的物流网络。将冷库车间建在种植基地里，保证芍药在田间采切 20 分钟内送进冷库，降温 4 小时后再进行分拣、预处理。在鲜花包裹内放置冰袋，到客户手里开箱的温度保持在 17～20℃，最大限度地维持了鲜花的品质。

（资料来源：新华社。有删改。）

 一、鲜花冷链物流概述

（一）鲜花冷链物流概念

鲜花冷链物流是指在从花农到花店或消费者手中的整个物流过程中，采取温度、湿度控制及通风等措施，以保证鲜花的新鲜度和品质。

花卉属于特殊的鲜活植物产品，具有易凋亡、易腐烂等特点，其物流过程讲究时效性、专业性、保鲜性。这些特性要求鲜花物流应该采取全程冷链物流。冷链物流可以有效控制鲜花的生理代谢，延长花朵的保鲜期，减少质量损失。

（二）鲜花冷链物流关键要素

1. 温度控制

鲜花的适宜温度为 0～5℃，过低或过高的温度都会影响花朵的新鲜度和品质。

2. 湿度控制

适度的湿度有利于保持鲜花的娇嫩状态，过高或过低的湿度都会对鲜花的品质造成损害。

3. 通风换气

冷藏车内应保持良好的通风换气，避免二氧化碳和乙烯积聚，影响花朵的品质。

4. 防震保护

鲜花对外界的震动较为敏感，特别是长途运输时，震动会对花朵造成破坏，因此，冷链物流企业应在运输车辆或容器中配置防震设备，降低运输过程中的震动对鲜花的影响。

二、鲜花冷链物流的流程

鲜花冷链物流的主要流程有采摘、整理、分级、包装、预冷、冷藏等环节。种植地是鲜花冷链物流的源头。种植地的冷链物流环节对保证鲜花的品质至关重要。在种植地通常有采摘、整理、分级、包装、预冷等环节。在进入流通领域后通常有冷藏、分拣、运输等环节。在销售末端时，除仓储、分拣外，还有配送、冷藏、陈列等环节。

鲜花冷链物流的流程如图 2-5 所示。

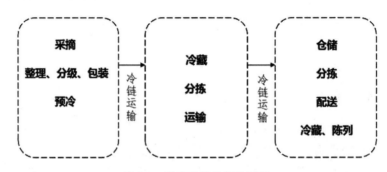

图 2-5　鲜花冷链物流的流程

（一）种植地的冷链物流

1. 采摘

采摘时需要注意鲜花的成熟度、采摘时间和采摘方式，以减少对鲜花的损伤。采摘时应避免在高温时段进行，通常选择在清晨或傍晚，这两个时段的气温相对较低，有利于保持花朵的品质，减少花朵的生理代谢和水分蒸发。鲜花采摘后，需要立即进行预冷处理，降低其温度，抑制其呼吸作用，从而延长花朵的保鲜期。

2. 整理、分级、包装

（1）整理。

整理环节主要是对采摘后的鲜花进行初步的处理，包括去除多余的枝叶、花瓣等，以保持鲜花的整洁和美观。同时，还需要对鲜花进行筛选，剔除有病虫害、损伤或品质不佳的花朵，确保进入分级和包装环节的鲜花都是优质的。

（2）分级。

分级环节是根据鲜花的品质、大小、颜色等因素进行分类，以便为不同的消费者提供符合其需求的产品。分级标准通常包括花朵的完整性、颜色鲜艳度、花瓣的柔软度以及茎干的挺直度等。通过分级,可以将鲜花分为不同的等级,如特级、一级、二级等,以满足不同市场层次的需求。

(3) 包装。

鲜花的包装通常有如下要求。

① 符合运输要求。包装时,应尽量避免花朵之间的碰撞和挤压,可以采用分格包装或单独包装的方式,确保每朵花都能得到充分的保护。选择合适的包装材料,如泡沫箱、纸箱、花盒、花束纸或气泡袋等。常见的包装材料内部还需要加入防震材料,以保护花朵不受挤压或损坏。同时,包装材料还应具备透气性,避免花朵因缺氧而腐烂。

② 控制温度和湿度。在鲜花的包装过程中,需要控制温度和湿度,避免花朵受潮、变形或腐烂。通常,鲜花冷链物流的温度应控制在 0~5℃,湿度也需要保持在适宜的范围内。使用透明的塑料薄膜包裹花束,可以防止水分流失和花瓣脱落。

③ 标识清晰。包装上应清晰地标注鲜花的品种、等级、产地以及运输注意事项等信息,方便在运输和仓储过程中进行管理和追踪。

④ 可在包装中添加湿润的花材保鲜剂,从而延长鲜花的保鲜时间。

3. 预冷

运输鲜花前的预冷十分重要,能快速去除田间热,将鲜花的温度快速降至适宜的保鲜温度,抑制其呼吸作用,减少生理代谢,从而延长鲜花的保鲜期。鲜花的预冷方法主要有以下几种。

(1) 保鲜柜预冷。

保鲜柜预冷是将鲜花直接放入具有制冷功能的保鲜柜中进行预冷。这种方法操作简单,降温效果较好,但需要保证保鲜柜有足够的制冷量,即冷空气以适当的流速循环。同时,预冷后需要在阴凉的包装间内尽快进行包装,避免鲜花温度回升。保鲜柜预冷的时间因花材而异,但一般都为数小时。

(2) 强制通风预冷。

强制通风预冷是通过风机将接近 0℃ 的冷空气吹入装有鲜花的包装箱内,使冷空气直接与产品接触,从而达到快速降温的目的。这种方法降温速度快且节省空间,但需要确保鲜花在箱内的排列以及包装箱的摆放与冷空气流动的方向一致。同时,风力不能过大,且不要对着花头吹风,以免对花朵造成损伤。

(3) 真空预冷。

真空预冷是将采收后的鲜花放入盛有保鲜液的容器中,然后将容器放入真空预冷机中进行处理。这种方法降温速度极快且预冷效果好,但设备成本较高,操作相对复杂。真空预冷后,需要将花材放入冰柜中保持低温。

(4) 水预冷。

水预冷是让冰水流过包装箱或直接接触鲜花,通过吸收热量来达到降温的目的。这种方法降温速度较快,但须注意要在水中加入杀菌剂,防止细菌滋生,同时避免对花朵造成冻害。水预冷的时间一般为 2~4 小时,预冷后应将鲜花表面擦干,防止水分残留导致花朵腐烂。

(二)流通领域的冷链物流

关于流通领域的冷链物流各环节中,冷藏和运输环节是其中较为重要的两个环节。

1. 冷藏

(1)湿藏和干藏。

鲜花的冷藏可分为湿藏和干藏。湿藏是将鲜花放在有水的容器中贮藏,通常适于短期、少量保存,适合这种方式的有香石竹、百合、非洲菊等。干藏的方法适用于鲜花的长期贮藏,用薄膜包装鲜花,可减少其水分蒸发,抑制其呼吸作用,有利延长花朵寿命。

对于大量或需要长时间保存的鲜花,可以使用专业冷库进行冷藏。冷藏前应对鲜花进行必要的修剪和整理,去除多余的叶片和枝条,以减少水分散失和营养消耗。冷库的温度和湿度应根据鲜花的品种和需要进行调整,通常保持在 0~5℃的温度范围和 85%~95%的相对湿度范围内。在冷库内,鲜花应放置在通风良好的货架上,避免堆积和受压。

(2)气调冷藏。

鲜花的气调冷藏是通过调节冷藏环境中的气体成分(如氧气、二氧化碳、氮气等),来抑制鲜花的呼吸作用和延缓衰败。这种方法需要专业的气调设备和较高的技术水平,但可以有效延长鲜花的保鲜期。比如气调集装箱可以通过改变集装箱内的空气成分比例,抑制花卉呼吸作用,延长花朵寿命。按照降氧方法的不同,气调集装箱可分成充气法气调集装箱和依靠制氮机降氧的气调集装箱。当前,国外开始研究膜分离技术在气调集装箱领域的应用,其工作原理为用半透膜作为选择障碍层,允许氧气、二氧化碳等气体透过而保留混合气体中的氮气,从而达到分离气体的目的。

2. 运输

(1)运输前的处理。

在运输前,鲜切花需要进行化学处理,以防止在运输过程中发生灰霉病。首先,需要用杀菌剂喷洒鲜花表面,然后用含有糖、硫代硫酸银(STS)、8-HQ、细胞分裂素的溶液进行处理,延缓鲜花的衰败。有时为防止某些鲜花产生向地性弯曲,可施用某些生长抑制剂。对于在花蕾阶段采切的鲜切花,在到达目的地之后应用花蕾开放液来促使其开放。

(2)运输中的温度和湿度控制。

将包装好的花朵放入冷藏车中,保持恒温恒湿,避免温度和湿度的变化对鲜花的影响。鲜花保鲜运输需要用到冷链运输技术,利用冷藏车、温控设施、冷藏箱或保温箱等设备,实现运输过程中的冷藏恒温和保持适当的湿度。

①温度控制。高温是鲜花保鲜的"头号敌人",可能会导致花朵垂头、失水,严重影响鲜花的品质,因此,温度控制成为鲜花保鲜的重中之重。鲜花保鲜的适宜温度为 0~5℃,过低或过高的温度都会影响花朵的新鲜度和品质。各类花卉对于冷藏保鲜的温度都有所不同,通常来说,生长于温带的花卉适宜的贮藏温度为 0~1℃,而

热带和亚热带的花卉适宜的贮藏温度分别为 7～15℃ 和 4～7℃，适宜的湿度为 90%～95%。

② 湿度控制。鲜花对湿度也有较高的要求，保持适宜的湿度可以避免花朵脱水和凋谢。

③ 通风换气。冷藏车内应保持良好的通风换气，避免二氧化碳和乙烯积聚，影响花朵的品质。

④ 运输安全。鲜花属于易损易腐的商品，运输时应避免碰撞、挤压和长时间等待，以保证花朵的完整性和新鲜度。

(3) 不同运输条件下的鲜花保鲜方式。

短途鲜花运输一般采用保水运输方式，将被运输的鲜花一束束包装好，竖立在一个梯形的塑料方桶（业内俗称"方屉"）中，桶中蓄有特制的保鲜液，然后分层装满大型冷藏车，并保持适宜的温度和湿度。

长途鲜花运输通常选用冷藏车、中型货车等。如果运输时间不超过 20 小时，鲜花预冷之后可用无冷藏设备、隔热的货车运输。如果运输时间超过 20 小时乃至长达数天的，就要用有冷藏设备的货车运输。在选择运输方式时，要综合考虑到货物的体积、重量、数量等因素，确保货物能够安全、完整地送达目的地。

（三）销售末端的冷链物流

在销售末端的冷藏和陈列环节中，主要分为花店的冷藏和陈列及消费者家中的冷藏和摆放。

1. 花店的冷藏和陈列

(1) 冷库贮藏。

花店可配备冷库、鲜花保鲜柜等，用于贮藏鲜花、调节温度至适宜鲜花保鲜的环境，以延缓鲜花衰败时间。冷库内应保持适宜的湿度，尽可能维持鲜花的水分平衡。

(2) 放置容器。

建议使用容量较大的、干净的、透明的花瓶或容器，既保证容纳足够的水，又方便观察容器内的水质和花的状态。避免容器中的花茎过于拥挤，会对花茎造成压力或损伤花蕾。使用清洁的凉水，避免使用含氯的自来水，因为氯气会损伤鲜花。

(3) 茎的修剪。

将鲜花的花茎剪掉 2～3 厘米，使其更易吸水。修剪时要确保工具干净，使用锋利的花刀或修剪刀时，尽量以斜向 45°剪切，这样可以增加花茎的吸水面积。

(4) 放置环境。

在陈列鲜花时，应将鲜花放置在光线适中、避免阳光直射的位置，或者使用遮阳网等工具来过滤光线，避免阳光直射。将鲜花放在通风良好的位置，避免将鲜花放在靠近成熟果实的地方，因为成熟的果实会释放乙烯气体，从而加速花朵的衰败。

(5) 定期更换水。

每隔一两天就应将容器中的水倒掉，更换清洁的水。在更换水的同时检查花的状态，剪掉已经枯萎或变色的花朵或叶子。确保容器内的水始终保持清澈，没有浑浊物质和积累的细菌。

（6）注意防止细菌滋生。

细菌是导致鲜花腐烂和变质的主要因素之一。为了防止细菌滋生，可以在水中加入少量的抗菌剂或一些家庭常见的防菌物质，如白醋、阿司匹林或细菌抑制剂等，抑制细菌的繁殖，延长花束的保鲜时间。

2. 消费者家中的冷藏和摆放

（1）冷藏保鲜。

对于需要冷藏的鲜花，消费者可以将其放入冰箱冷藏区进行保鲜，但应注意冷藏温度不宜过低，通常为0～5℃，避免鲜花受冻。冷藏时应保持鲜花的包装完整，避免水分蒸发和细菌侵入。

（2）摆放位置。

在家中摆放鲜花时，应选择阴凉通风的位置，避免阳光直射和高温环境。同时，应避免将鲜花放在通风口或暖气旁，防止水分过快蒸发。

（3）定期换水与修剪。

瓶插鲜花时应定期换水，保持水质的清洁和新鲜。同时，应定期将花枝底部进行斜口修剪，露出新茬，促进鲜花的吸水能力。

（4）保持湿度与远离乙烯。

在摆放鲜花时，应保持适宜的湿度，可以使用喷雾器定期向花朵和叶片喷水。同时，应避免将鲜花放在释放乙烯的水果或蔬菜旁边，防止鲜花加速衰败。

云南顺丰昆明斗南鲜花冷链集散中心在万纬昆明园区开业

鲜花速冻保鲜

模块二　任务七　习题

背景资料

无水保鲜 28 天　荷兰郁金香何以行销全球？

荷兰作为全球经济型花卉销量最多的国家和最大的花卉出口国，每天有数万束鲜花从这里运往世界各地。据统计，2021 年，荷兰观赏性植物出口额达到了 73 亿欧元，其中鲜切花出口增长了 25%，达到 44 亿欧元。从"田间"到"客厅"，鲜花在复杂而漫长的"跨国"旅程中容不得任何损失。坐拥"出口国"称号的荷兰，磨炼出一套保持花卉"娇容"的技术解决方案。

1. 真空预冷保鲜，解决运花难的"最先一公里"

由于呼吸作用加快，花卉在采收之后，会产生大量热量。温度越高，花卉衰败发生越迅速。对于花卉来说，在运输和贮藏以前，尽可能早地进行预冷是必要的。

采收后的花卉若不经过预冷就直接进入贮藏库或运输车，会面临两重问题，其一，贮藏库或运输车的制冷量和空气流速均不足以在短时间内降低花卉的温度。消耗大量制冷的同时，花卉仍较长时间处于一个相对高温环境中。其二，由于花卉温度与冷库或冷藏车温度相差较大，发生冷凝现象，因此产生的大量水滴会造成花卉腐烂。所以，预冷需要专业的装备来独立地进行操作，并且花卉在采收后越快进行预冷，对于延长花期和保持花卉品质就越有益。

作为冷链物流的首个环节，预冷的突出特点是快速冷却。在各种花卉预冷方案中，最有效的当属真空预冷保鲜。荷兰针对鲜花的采后预冷，有各种适用于不同场景和不同规格大小的真空预冷设备可选择。与其他的预冷机制对比，真空预冷能快速地降温（制冷效率是其他预冷方式的 5～20 倍），降低氧气浓度，抑制乙烯释放，从而更有效地保持花的新鲜度。同时，真空预冷能去除花卉包装内部及花卉表面的水分，减少花卉感染灰霉病的风险。该方法不挑包材和场地，还能有效节省能耗，这些优势让它从一众常规保鲜方式中脱颖而出。

2. 智能化自动化，让花产业物流灵活准确安全

根据荷兰 Rabobank 2022 年公布的数据，在过去 5 年，全球观赏类植物出口稳步增长，复合年增长率（CAGR）为 3.9%。全球鲜切花产业报告预计，2027 年全球鲜切花产业规模将达到 427 亿美元。

不断增长的花卉市场，加上全球电商业务的发展，给全球的花卉产业链带来了新的挑战，花卉采购越发呈现出订单数量多但单量小且杂的趋势。试想一下，你在荷兰一家花卉贸易公司上班，早上 9 点打开电脑的时候，后台已经累积了几千个订单需求，如何处理订单的优先次序是你面临的首要问

题。由于订单量出奇多，订单拣选和包装区人手也同样紧缺。雪上加霜的是，由于大家赶时间，降低了安全防范意识，拣选车发生了碰撞，同事不幸受伤的同时也造成了货品损失。如何解决并防止这一系列问题的发生，荷兰花卉产业把目光投向了冷链物流的智能化和自动化升级上。

荷兰花卉冷链物流的智能化和自动化升级是一个系统性的工程，包括大数据智能算法计划订单的花卉企业资源计划系统（ERP）、对物流过程及其他集成设备进行整体实时控制的仓储管理系统/仓储控制系统（WMS/WCS）、分拣高吞吐量货品的物料搬运系统（MHS）以及为货品提供自动化运输的轨道导引车（RGV）等。这些集成系统的统一协调让整体效益得以发挥，荷兰 Hoek 花卉集团利用 Actemium 公司提供的综合物流智能解决方案，节省了更多的人力成本，原本在高峰时期需要 100 人进行的订单拣选工作，现只需 30 人就可完成。

3. 动态气调包材，鲜花"漂洋过海"的秘密

荷兰 Rabobank 在最新的全球花卉贸易图鉴中提到，随着空运成本的上涨等，过去 5 年中，集装箱海运鲜切花总体增长了 40%。如何让各类鲜切花在长时间无水运输状态下保持高品质，成为越来越多采用海运集装箱运输鲜切花的企业需要思考的问题。

无论是花卉还是果蔬，动态气调保鲜包装都可以通过控制对象呼吸速率达到保鲜的目的。例如 Perfo Tec 公司所研发的花卉气调包装袋，让郁金香在低温（2℃）无水存放了 28 天之后，品质仍达交付标准，且保证 7 天以上的瓶插期。

2017 年，荷兰花卉公司 Royal FloraHolland、Flora Life、Chrysal、FlowerWatch 与瓦赫宁根大学及研究中心，就肯尼亚到荷兰的花卉无缝衔接物流制定了一系列的行业操作标准及指导意见。荷兰花卉产业这种商业机构和研究中心之间的合作关系使制定出的标准不仅具备科学内涵，还得到了整个产业的认可。

除此之外，荷兰花卉产业也有针对不同供应链主体的质量标准，如 FlowerWatch 是针对花卉供应链的质量标准体系，其对花卉种植户、采买贸易商以及第三方物流公司在花卉供应链的每一个环节都制定了详细的标准。这些标准确保了供应链每个参与者都在统一的标准下进行操作，从而系统性提升冷链的表现和效率。

FlowerWatch 质量标准的核心概念是"500 度小时规范"，其描述的是花卉自采收后，其所处环境的平均温度和放置时间的乘积（1 度小时＝1 小时×1℃）。从种植户到收货人，每经历 500 度小时，鲜花的瓶插期就将减少一天。荷兰 Holex 公司将这个质量标准实施到了公司运营中，周三早上在荷兰采收的鲜花，在周天就可以送达美国迈阿密的各个鲜花店，整个冷链过程共计 340 度小时，鲜花的瓶插期只减少了不到一天。

（资料来源：《南方农村报》。有删改。）

训练任务	无水保鲜 28 天　荷兰郁金香何以行销全球？
训练目的	1. 能描述鲜花的冷链物流操作步骤与要求； 2. 能结合实际制定一份鲜花冷链物流方案
训练要求	1. 每组认真研读《无水保鲜 28 天　荷兰郁金香何以行销全球？》案例； 2. 每组讨论该案例中郁金香的冷链物流作业流程； 3. 每组选取一名学生代表，负责记录、总结小组发言
我的做法	
我的结论	
我的思考	

模块三 **[管理不同业态的冷链物流]**

Project
Three

任务一　管理预制菜冷链物流

任务二　管理生鲜电商冷链物流

任务三　管理农产品批发市场冷链物流

项目导航

冷链物流业态的创新和升级

随着现代餐饮行业的发展，中央厨房以其集约化、标准化、高效化的特点成为行业的重要发展方向。冷链餐配作为保障食品安全和品质的重要环节，对于中央厨房来说尤为重要。

某大型连锁餐饮企业为了保证各门店菜品的一致性和品质，建立了中央厨房，并构建了与之配套的冷链物流网络。中央厨房内严格按照标准进行烹饪和加工，完成后通过专业的冷链配送车将成品或半成品配送到各个门店。这些配送车不仅具备良好的制冷效果，还安装了智能调度系统，根据各门店的需求和位置进行优化配送，提高效率的同时确保菜品的新鲜度和口感。通过这套优质的冷链物流方案，该连锁餐饮企业实现了标准化生产和高效配送，为其快速扩张和稳定发展提供了有力支持。

除了中央厨房，近些年来还先后出现了冷链快递、冷链共同配送、"生鲜电商＋冷链宅配"等新业态和新模式。

在冷链快递领域，企业利用先进的冷链物流技术和设备，实现了对各类生鲜食品、医药产品等高价值商品的快速、安全配送。冷链共同配送则通过整合多家企业的冷链物流需求，实现资源的共享和优化，降低了物流成本，提高了配送效率。而"生鲜电商＋冷链宅配"模式则将线上购物与线下冷链物流紧密结合，为消费者提供了更加便捷、高效的生鲜购物体验。

这些不同业态下的冷链物流，不仅满足了市场对高品质、高效率冷链物流服务的需求，而且推动了冷链物流行业的不断创新和升级。

不同业态的冷链物流是如何运作的呢？它们的运作管理又有哪些要求呢？

模块导学

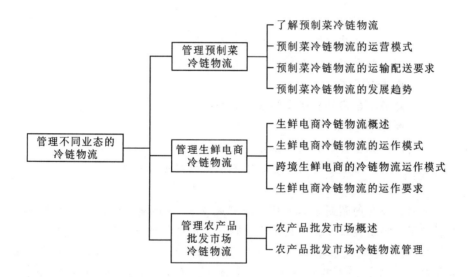

任务一　管理预制菜冷链物流

任务目标

◆ 知识目标
（1）了解预制菜冷链物流的内涵、特点；
（2）熟悉预制菜冷链物流的运作管理要求。

◆ 技能目标
能够结合实际合理安排预制菜冷链物流。

◆ 素养目标
（1）具备良好的团队协作和沟通能力；
（2）严格遵守食品安全和质量控制的相关法规和标准；

高度工业化的预制菜如今已成为"风口"，并迅速渗透到人们的日常三餐。眼下，预制菜市场竞争已趋于白热化，预制菜企业如何脱颖而出？

"品控"无疑是重要课题。而让预制菜产品更好保鲜、更快配送、更安全到达百姓家，离不开冷链物流的加持。据统计，截至2023年12月，全国拥有预制菜相关企业6.4万余家，全国冷链运输车辆保有量已突破34万辆。

伴随着预制菜市场的爆发，对冷库以及冷链物流的需求将急剧增加。预制菜的安全性风险主要存在于原料端、运输端和仓储端。原料端的质量可以通过人为、机制把控，但运输端、仓储端一定需要冷链技术的加持。如果在运输端、仓储端，预制菜冻品不慎化冻了，会对产品的安全带来较大的影响。预制菜企业与冷链物流企业必须更紧密地"牵手"，让预制菜产业"长鲜"。

任务思考
制约预制菜行业高质量发展的关键因素是什么？如何破局？

"热辣滚烫"的预制菜行业

慢品人间烟火色，静享吾家好时光。河北承德钟女士大年夜轻松愉悦，因单位发了预制菜大礼包，她做年夜饭的时间从以往四五个小时缩至1个多小时，而且菜品的口感很不错。预制菜凭方便、品类多等特点逐步"抢占"了年夜饭餐桌。

艾媒咨询数据显示，2023年中国年菜行业市场规模为1291亿元，同比增长81.0%；预计2026年市场有望达到2600亿元。近年来，预制菜已成为发展迅速、潜力巨大的产业。

2023年中央一号文件提出，要培育乡村产业新业态，提升净菜、中央厨房等产业标准化和规范化水平，培育发展预制菜产业。预制菜市场如此"热辣滚烫"，除了政策的给力之外，预制菜发展标准也在不断健全。虽然行业顶层文件与国家标准尚在研制和审批中，但据不完全统计，全国已有20多个省份出台了各自的预制菜高质量发展相关文件和地方标准。重庆、河南、甘肃、广西等多个省份更是将"支持预制菜产业规范有序发展"写入了2024年地方政府工作报告。不难预测，未来随着预制菜"国标"的出台，不仅能极大程度化解公众目前对预制菜的不信任和恐慌心理，也将真正激发这个"潜在万亿市场"的消费活力。

冷链物流建设的逐步成熟将助力预制菜行业的发展。瞄准风口，顺丰、京东、中通等快递企业开始入局，在发力冷链业务的同时，纷纷推出预制菜全链路解决方案，力求在预制菜市场"分一杯羹"。目前京东冷链运营超过100个针对生鲜食品的温控冷链仓库，覆盖范围超过330个城市，依赖这些冷链的布局，才能让客户、消费者更快拿到采购的预制菜，同时也保障了商品的保鲜度。

（资料来源：物流时代周刊公众号。有删改。）

 一、了解预制菜冷链物流

（一）预制菜的概念

预制菜是运用现代标准化流水作业，对菜品原料进行前期准备工作，简化制作步骤，经过卫生、科学包装，再通过加热或蒸炒等方式，就能直接食用的便捷菜品。预制菜通常以农、畜、禽、水产品为原料，配以各种辅料，经多道预加工程序（筛选、洗切、腌制、搅拌、滚揉、调味、成形）而成，并通过急速冷冻技术的保存和冷链运输方式，以最大限度地保证产品的新鲜度，其加工工艺及分类如图3-1所示。

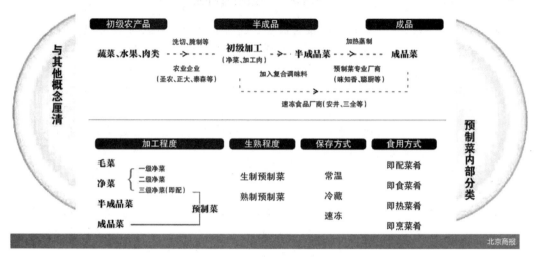

图 3-1　预制菜加工工艺及分类

（数据来源：华创证券）

1. 预制菜的分类

目前，市场上的预制菜根据加工程度可分为三类。

（1）净菜（即配食品）：以生鲜材料为主，只经过简单的清洗、分切等初步加工，需要烹饪者采用一定的烹调方式加工至熟。

（2）半成品菜：包括即烹食品与即热食品。即烹食品是指原料经过初步热处理，但仍须通过炒制等传统烹调方式再次进行烹饪及调味，如腐皮包黄鱼、干炸响铃等。即热食品则只需要采用蒸、微波等方式简单加热就可以食用。

（3）成品菜（即食食品）：打开包装后即可食用，如八宝粥、泡凤爪等。

2. 预制菜行业发展

预制菜行业发展至今大致经历了三个阶段。

（1）萌芽阶段（20世纪90年代）。

随着麦当劳、肯德基等快餐店进入中国，国内开始出现净菜配送加工厂，并以北上广深等城市为代表开始发展净菜加工配送产业。净菜最初主要供应餐饮行业，以降低人工、水电成本，减少厨房面积和设备采购。之后部分净菜企业也面向家庭个人零售供应。

（2）发展阶段（2000年前后）。

这一阶段，好得睐（2002年）、绿进食品（2004年）等深加工半成品菜企业相继成立，但受限于早期冷冻技术和冷链运输的高成本，半成品菜行业在发展初期存在销售区域小、企业数量多、集中度低的特点。后来迫于成本压力，餐饮业为推进连锁化开始投入建设中央厨房，但面临产能过剩、运营成本过高等问题。2010年前后，随着餐饮连锁化以及外卖行业逐渐兴起，国内预制菜B端进入放量期。

(3) 加速发展阶段（2020年至今）。

2020年前后，预制菜C端需求高增，推动了我国预制菜行业加速发展，各家企业开始在春节期间推出预制菜年夜饭套餐礼盒。预制菜相关企业掀起融资潮，2021年，珍味小梅园、三餐有料等预制菜上、下游企业前后获得融资；"预制菜第一股"味知香和"餐饮供应链第一股"千味央厨先后在A股上市。

作为市场的热点，越来越多的企业将投资的目光放到预制菜行业，不仅有盒马鲜生、肯德基、海底捞等知名品牌，还涌现出一批专注于预制菜研发、生产、销售供应的新兴企业。市场上销售的预制菜来源除了食品加工厂直接配送外，一些企业也会采用中央厨房对全部直营店实行统一配送以保证预制菜产品的质优价廉。

（二）预制菜冷链物流概述

1. 预制菜冷链物流的概念

预制菜冷链物流是针对预制菜产品，从生产加工、包装、存储、运输直至销售终端，全程采用专业化、标准化的低温控制措施，确保菜品在规定温度范围内，维持其品质、安全性和营养价值不变的一种物流服务系统。

预制菜冷链物流环节涵盖了预冷处理、冷藏存储、冷藏运输、温度监控、信息追溯等多个环节，依托先进的制冷设备、保温材料、智能监控技术和严格的操作规程，确保预制菜在供应链各阶段处于稳定的低温环境中，有效抑制微生物生长、延缓化学反应和保持菜品新鲜度，为消费者提供安全、便捷、高品质的预制食品。预制菜的产业链构成如图3-2所示。

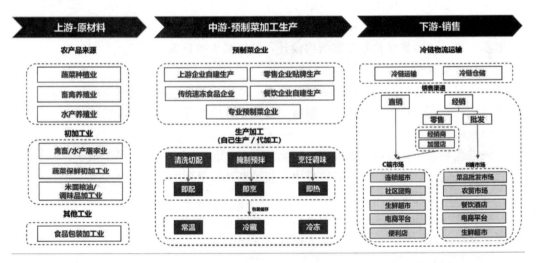

图3-2 预制菜产业链结构

（资料来源：艾媒咨询、行行查研究中心、中航证券研究所整理）

2. 预制菜冷链物流的特点

（1）温度控制严格。预制菜需要在恒定的低温环境下保存，以保持其口感和营养价值。

（2）时效性要求高。由于预制菜通常是即食或稍做加热即可食用的产品，因此对物流配送的时效性有很高的要求。

（3）高附加值服务。冷链物流为预制菜提供了更高的附加值，确保了食品的安全性和品质。

根据相关数据，预制菜市场规模在不断扩大，预计到2026年将超过10720亿元。与此同时，冷链物流行业也随着预制菜的兴起而快速发展，2023年市场规模已经超过6000亿元，并且呈现出稳步增长的趋势。

3. 预制菜中冷链物流的温度控制体系

预制菜具有即买即食、方便快捷等特点。从预制菜的生产制作到上架销售，或配送至消费者的整个过程通常涉及生产加工、包装、仓储、运输、配送等多个环节。发展预制菜的核心是重视食物的营养，这离不开冷链物流技术的支撑。一般而言，0～15℃为保鲜温度范围，细菌繁殖较慢，可以达到延长贮藏期的目的；0℃左右为冷鲜，－18～－12℃属于冷冻，－48～－36℃为急冻，－196～－80℃为超低温。

（1）制冷设备。

制冷设备包括车载冷藏机组、移动式制冷机、冷藏集装箱内置冷机等，其通过压缩、蒸发、冷凝等过程产生冷量，维持车厢或集装箱内恒定低温。

（2）蓄冷技术。

蓄冷技术包括相变材料、干冰、冰板等技术应用，这些材料能够在一定时间内持续释放冷量，尤其适用于短途配送、断电应急或无源冷藏箱等情况。

（3）保温材料与结构。

运用聚氨酯泡沫、真空绝热板（VIP）、气凝胶等高效保温材料，以及双层或三层隔热车厢、冷藏集装箱等保温结构设计，可以减少冷量流失。

（4）智能温控系统。

智能温控系统包括集成传感器、控制器、通信模块等，该系统可以实时监测并自动调节温度，同时具备远程监控、报警、数据记录等功能，确保温度精准控制。

（5）隔热包装。

隔热包装包括保温箱、保温袋、隔热毯、真空包装等，能够为单个或小批量预制菜提供额外的温度保护，防止运输途中短暂"断链"导致的温度上升。

（6）温度监控设备。

温度监控设备包括电子温度记录仪、无线温度传感器、RFID温度标签等，实时记录并传输温度数据，实现全程温度可视化与追溯。

（7）预冷技术。

预冷技术包括强制风冷、水预冷、真空预冷、冷媒预冷等，通过预冷可以快速降低预制菜的初始温度，从而减少后续冷链环节的能耗，延长保质期。

以上技术相互配合，共同构成了预制菜冷链物流中的温度控制体系，确保预制菜在复杂的供应链环境中始终保持在适宜的低温状态，保障食品质量和食品安全。

二、预制菜冷链物流的运营模式

预制菜企业的供应链建立与运营，绝对离不开冷链物流的支撑。预制菜所需的畜牧、水产等原材料或半成品多需要冷冻、冷藏存储；预制菜的生产需要急速冷冻，以及冷冻、冷藏存储；预制菜进入销售渠道，在流通环节更需要冷链运输和冷藏技术的保存，才能最大限度地保证产品新鲜度，减少营养成分流失，保证产品口感。

从目前市场调查情况来看，预制菜的运营模式主要有"电商平台＋自营冷链或第三方物流"模式和"产业园＋企业"模式两种。

（一）"电商平台＋自营冷链或第三方物流"模式

"电商平台＋自营冷链或第三方物流"模式以线上经营为主。这类模式主要以美团优选、京东买菜、多多买菜、每日优鲜、盒马鲜生、大润发优鲜等生鲜电商平台为销售渠道，通过自营冷链或者寻求第三方物流合作完成预制菜冷链配送环节。

（二）"产业园＋企业"模式

"产业园＋企业"模式以线下经营为主。这类模式是通过高标准建设集水产禽畜养殖、生产加工、冷链配送、中试研发、检验检测等肉类和水产深加工全产业链功能于一体的示范园区，以产业园积聚效应推动成立预制菜产业联盟、预制菜原材料供应商联盟。

课堂案例

冷链物流帮助预制小龙虾成为餐桌新宠

近两年，预制菜越来越火，拆袋加热即食的属性，让市民在家中就能享受到下馆子的味道。当下正值小龙虾季，记者发现，除了夜宵大排档的经典食用场景，如今预制小龙虾也逐渐走上餐桌，成为新宠。

2022 年 5 月 23 日上午，现代快报记者走访了南京部分商超，发现预制小龙虾已经被摆放在冷冻区，占据了多排冷柜走上"C 位"，有商场还为它们挂上了广告牌，做起促销。

"有没有冷冻的预制小龙虾？""有的，你跟我来！"在秦淮区一家大型综合超市，工作人员把记者带到了冷柜区，有三个冷柜里摆满了不同品牌的预制小龙虾。这些小龙虾的口味比较丰富，除了十三香、蒜香、麻辣这些常见口味，还有藤椒等新口味。拿其中一款预制蒜蓉小龙虾举例，净含量 1.5 千克,一只龙虾6~8钱(1钱为5克),售价129元,该品牌同规格的麻辣口味小龙虾售价相同,算下来500克43元。另一品牌的十三香小龙虾价格相对便宜些,净含量750克,售价39.8元。最近,关于小龙虾降价的消息登上热搜,日前记者在南京也进行了探访,现在盱眙龙虾上市了,100元在两个月前能吃1千克,现在能吃到2千克了。

记者在产品信息表中看到,这些预制小龙虾的保质期为18个月,要放在-18 ℃及以下的环境中保存,有产自山东的,也有产自湖北的。工作人员表示,虾冻得结结实实的,想吃了从冰箱里拿出来热一下就好,年轻人买的多些。记者看到,在冰柜旁,超市还放上了小龙虾调料,方便有需要的市民选购。

除了线下平台,网购平台上的预制小龙虾卖得也很红火。记者输入关键词搜索,网购平台显示,月销量过万的店家有不少,有的品牌月销超过10万单。

线上也有售卖预制整虾产品,由于是速冻产品,需要通过冷链物流寄到消费者手中,商家表示,速冻工艺可以让小龙虾急速锁鲜,保证口味,买回家倒入锅中,大火翻炒3~5分钟即可享受美味,也可以选择用微波炉加热食用。

有消费者评论说,预制小龙虾的口味和外面饭店里的差不多,是不会做饭人士的"福音"。还有人表示,由于保质期比较长,就算在不是小龙虾季的冬天,也能吃上。

近年来,预制菜概念越来越火,为何小龙虾也能被包装成预制菜?《现代快报》记者联系了淮安一家主营预制食品多年的公司负责人韩女士。就她观察来看,预制菜符合90后、00后的消费需求,放在小龙虾身上尤为明显。

"小龙虾作为夏季'顶流',全国人民对它的接受度都很高。但是小龙虾处理起来比较麻烦,如果不是很专业的话,一般市民很难在家烹饪出专业十三香、蒜香等经典口味。"韩女士表示,大部分消费者对于小龙虾的口味要求是比较高的,速冻后的预制小龙虾,解冻后回锅加热,口感影响也不大,对于喜欢宅在家的人来说,想吃了就拿出来热一下,这是很好的替代方式。"所以从各个角度来说,小龙虾都比较适合做成预制菜。"

(资料来源:现代快报网。有删改。)

三、预制菜冷链物流的运输配送要求

从事预制菜冷链运输配送服务的企业应具备合法的营业执照、食品经营许可证及相关资质,并符合《餐饮服务食品安全操作规范》等相关标准的要求。预制菜冷链物流的运输配送流程如图3-3所示,所采用的冷链运输配送设备应配置具有异常警报功能的温湿度自动记录仪,全程监测预制菜温度和湿度,并将记录自动保存并上传至信息管理系统。运输配送过程中,厢体内温度和湿度的记录时间间隔应不大于5分钟,超出允许波动的范围应报警。温湿度自动记录仪应定期进行校准。

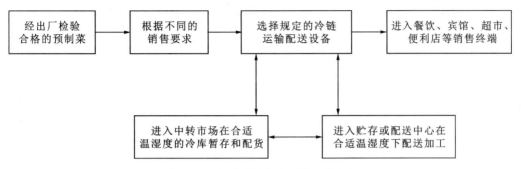

图3-3 预制菜冷链物流运输配送流程

(一)包装要求

进入市场销售的预包装预制菜的标签应符合相关标准的要求。包装应采用利于保鲜的食品级环保材料,宜采用内、外包装,其中内包装应采用质料紧密、能隔绝水汽与油浸、耐冻的材料,且不应重复使用。包装材料及包装方式应确保预制菜在正常储存、运输、销售过程中不产生变质或遭受外界污染。

(二)分拣要求

分拣前应对接收的订单信息进行确认及回复,并制订运输配送计划及路线规划,安排合适的运输配送车辆和人员。分拣时应按照订单的安排,生成拣货单,再按照拣货单对在库预制菜进行分拣,分拣后应对预制菜库存进行核对。

分拣操作应在符合预制菜要求温度的冷库分拣区内进行,按照订单要求进行分堆、并堆作业,再次对预制菜的编码名称及数量等信息进行核对,发现问题应及时纠正。分拣好的待运输配送预制菜应存放在冷库发货区或指定区域,保持规定的温度,波动幅度不应超过其规定温度的±2℃。对预制菜温度不达标、品质不达标或不符合运输配送要求的订单,应停止运输配送并及时上报处理。

(三)出库要求

出库前应检查运输配送设备的安全及卫生状况、保温性及密闭性、制冷效果及温控系统等,确认厢外侧无结霜。相关设备应在每次运输配送前进行清洗、消毒,使用的洗涤剂、消毒剂不能对人体、预制菜和环境造成污染,且应专车专送,不能与有毒、有害等易污染的物品共用冷链运输配送设备。

装载前应对冷链运输配送设备进行预冷处理,使温度达到预制菜所要求的运输配送温度。冷冻预制菜温度应不高于-18℃,冷藏预制菜应依据预制菜品类将温度控制在0~8℃。装载作业区的作业时间、冷能消耗、温度均应有适当控制措施。装载时应遵循先卸后装、轻搬轻放、大不压小、重不压轻、木不压纸等原则，并严格按照冷链预制菜外包装上的储运标志进行操作。装载码放应整齐、平稳、安全，严禁倒置和倾斜摆放。

预制菜与厢门及厢壁的间距应不小于 10 厘米，与后板、侧板、底板的间距应不小于 5 厘米，与厢顶的间距应不小于 20 厘米，码放高度不能超过制冷机组出风口的下沿，并应使用支架、栅栏或其他装置来防止货物移动，确保气流正常循环和温度均匀分布，并应严格执行冷链运输配送设备规定的装载重量。装载时，应查验冷库温度记录，当温度或预制菜状态异常时，不予装载。

装载过程中应随时监控和记录厢体内的温度，确保装载完毕后厢内温度符合预制菜的温控要求。装载完毕应确认订单批次、数量，清点库存余量，并查验检验合格证明。装载作业因故中断时，厢门应及时关闭，并确保制冷系统运转正常。

（四）运输配送要求

运输配送前应检查冷链运输配送设备状况是否符合运输配送要求、制冷装置是否运行正常、厢内温度是否达到预制菜温度要求、厢体是否整洁无异味无污染等。应严格在规定时间内发车，按照规划路线运输配送，并对车辆行驶轨迹进行实时监测。运输配送途中应按规定确保冷链运输配送设备内部温度符合要求，并实时监控记录温度，记录时间间隔不宜超过 5 分钟，超出允许的波动范围（±2℃）时应报警，并按应急预案及时处理。

运输配送途中应保证行驶的安全性，减少起伏和震动，并有效控制在途行驶时间。运输配送途中应保证冷链预制菜的安全，做好防火、防盗、防潮、防变质、防事故、防污染等安全工作。运输配送过程不应打开预制菜内、外包装，确保其完整性。

运输配送期间，冷链运输配送设备开关频率应降至最低，不应进行不必要的停顿或其他无关的运输配送作业。运输配送途中出现有货物散落、装备损坏等情况时，应及时采取相应的保温措施予以处理，必要时调换车辆，同时登记备案。当遇到因路况等原因无法准时送达时，应及时向有关部门汇报情况，并与客户进行有效的沟通，必要时应采取有效的应急措施，保证服务质量。长途运输期间应对预制菜中心温度进行抽检，检测过程应在低温的环境中进行，宜安排备用值班司机、分拣员，以随时应对突发情况。

（五）销售终端要求

预制菜冷链销售终端配送服务应符合相关标准的要求。预制菜上架时应按照"先进先出"的原则合理安排展售货位，且不能超过规定的装载限量。应按照预制菜的温度要求不同而分区展售，冷冻展示柜上货后温度应不高于−18℃，冷藏展示柜上货后温度应不高于4℃。在顾客或售货员拿取和放置预制菜时展示柜内温度允许短暂升温，但冷冻展示柜温度不得高于−15℃，冷藏展示柜温度不得高于10℃。质量不符合要求或逾期的预制菜应立即下架并及时处理。

四、预制菜冷链物流的发展趋势

随着预制菜行业的快速发展,冷链物流作为支撑其发展的关键环节,其市场规模也在持续扩大。随着消费者对预制菜的需求不断增长,冷链物流应满足更大的运输和储存需求。艾媒咨询数据显示,未来中国预制菜市场规模有望以20%左右的高增长率逐年上升,预计在2026年达到10720亿元。预制菜冷链物流不仅在规模上不断扩大,而且将呈现以下几个特点。

(一)大型预制菜工厂广泛布局

随着预制菜行业的快速增长,大型预制菜工厂将在原材料基地广泛布局,这将推动自动化生产设备和冷链物流设备的生产与研发需求增加。规模化生产的形成将有助于提高预制菜的生产效率和质量,同时对冷链物流系统提出了更高的要求。

(二)预制菜产业园区得到发展

预制菜产业园区的建设将需要配套的冷链物流体系,这意味着在园区内部,从生产加工到储存运输,每一个环节都将需要高效的冷链物流支持,以保证产品的质量和安全。

(三)消费者需求上升

消费者对健康、便捷的饮食需求不断上升,这将促使预制菜行业和冷链物流行业更加注重产品的品质和服务的快速响应,以满足市场需求。从预制菜的购买目的来看,消费者购买预制菜,能减少菜品加工程序,更快捷地享用美食。从预制菜的消费市场来看,目前消费市场主要集中于一、二线城市。调查数据显示,45.7%的预制菜消费者分布于一线城市,19.8%的消费者分布于二线城市,16.4%的消费者分布于三线城市。由此可见,一、二线城市的预制菜消费者居多,主要原因是一、二线城市的消费者忙于工作,无暇做饭,同时又相对注重饮食健康,外卖和外出就餐已不能满足他们的就餐需求。

(四)定制化服务得到加强

针对不同类型的预制菜、不同客户的特定需求,个性化、定制化的冷链物流解决方案需求不断增加,如多温区配送、特定包装要求、紧急配送等,以此提升客户满意度。

（五）政策支持力度加强

2023 年，《中共中央国务院关于做好 2023 年全面推进乡村振兴重点工作的意见》出台，其中明确提到"培育发展预制菜产业"，这也标志着预制菜成为乡村振兴的战略举措，预制菜赛道将迎来全新发展机遇。近年来，国家出台了一系列相关政策，旨在推动冷链物流产业的发展，包括制定冷链物流运输行业标准等。这些政策的实施将为预制菜冷链物流的发展提供良好的外部环境和支持。

总的来说，未来预制菜冷链物流的发展将是多方面的，不仅包括技术进步和规模化生产，还涉及整个产业链的优化升级和对环保可持续性的追求。随着行业的发展和消费者需求的不断变化，预制菜冷链物流将迎来更多的发展机遇，以满足市场对高品质、高效率、高透明度冷链物流服务的需求。

强大的冷链物流如何帮助预制菜保鲜

广东制定预制菜标准

模块三　任务一　习题

训练任务	管理预制菜冷链物流
训练目的	1. 熟悉预制菜冷链物流的特点、运作模式和作业流程； 2. 能够设计预制菜冷链物流运作管理方案
训练要求	1. 分组与选题：将学生分成若干小组，每组到超市或者餐馆进行调研，并阅读相关文献资料，选择一种预制菜产品进行案例分析，深入研究其配送过程中对冷链技术的需求； 2. 物流环节要求分析：小组讨论，分析运输配送过程中各环节的要求，包括包装、运输配送、销售等环节； 3. 方案设计与展示：在讨论的基础之上，各小组进行方案设计，并在班级范围内进行展示与点评
我的做法	
我的结论	
我的思考	

任务二　管理生鲜电商冷链物流

任务目标

◆ 知识目标

（1）了解生鲜电商冷链物流的内涵、特点；

（2）熟悉生鲜电商冷链物流的运作管理要求。

◆ 技能目标

能够根据实际制定生鲜电商冷链物流管理方案。

◆ **素养目标**

（1）具备良好的团队协作和沟通能力；

（2）严格遵守食品安全和质量控制的相关法规和标准。

近些年随着互联网的普及和物流技术的发展，生鲜电商逐渐崭露头角。与传统农贸市场相比，生鲜电商具有更加便捷、高效的购物体验。通过线上平台购买生鲜产品，已经成为更多消费者的选择。生鲜电商的细分领域逐渐丰富，涵盖了蔬菜、水果、禽蛋、水产、加工肉类等多个品类。这些细分领域在满足消费者多样化需求的同时，也推动了生鲜电商行业的精细化发展。各细分领域的企业通过专业化运营和差异化竞争，不断抢占市场份额和提升品牌影响力。据中研普华研究院的数据显示，2023年中国生鲜电商交易规模达到约6427.6亿元，同比增长14.74%。随着生鲜电商行业不断发展，市场竞争也日益激烈，2023年生鲜电商企业规模为26316家，主要生鲜电商平台企业有115家，其中，上海地区生鲜电商企业数量最多，有35家。随着消费者需求的升级和政策支持，生鲜电商行业将迎来更广阔的发展空间。

任务思考

冷链物流对生鲜电商的发展起到了什么作用？

身边的冷链物流

盒马鲜生的生鲜产品冷链物流运作模式

盒马鲜生是阿里巴巴旗下主营水产类、肉类、蔬果类的实体超市，它突破传统超市的局限，高度融合"线上＋线下"模式，从而打出"传统商超＋餐饮＋外卖配送"的组合牌。消费者既可以选择到店内消费，又可以选择在互联网下单购买。

盒马鲜生的特点之一是其门店面积一般在4000～6000平方米，相当于一个仓库，区别于传统超市，盒马鲜生实现了"储藏＋分拣＋配送＋售卖"功能的一体化，并且借助计算机技术的驱动，打造快速配送特色：门店附近3000米范围内，30分钟送货上门，其运作模式如图3-4所示。

从2016年上海金桥成立第一家盒马鲜生起，截至2024年6月，盒马鲜生已在全国30余个城市开了400家门店（包括盒马鲜生、盒马mini），其发展不可谓不快。

盒马鲜生的冷链物流主要分为两大模块：一个是供应端到门店；另一个是门店到消费者手上。一方面，盒马鲜生的冷链物流是生产加工型企业为主导的自营冷链物流模式，产供销一体化，但它又不仅仅如此，仅有部分产品

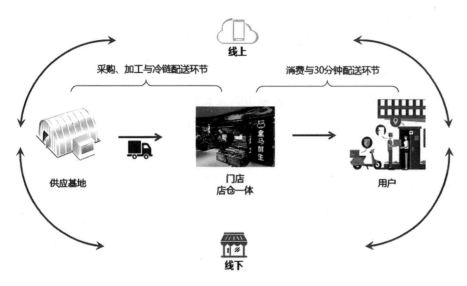

图 3-4 盒马鲜生的运作模式

由基地产出并加工，其余部分都是通过原产地批量购买并加工。另一方面，它又是大型连锁企业为主导的自营冷链物流模式，大批量产品被运输到门店，门店充当仓库，同时兼顾外卖功能。

基地到门店的物流都是采用托盘集约式运输，用冷藏车直接配送到店，有别于传统超市的小批量、大批次的运输，盒马鲜生是一次性多个包裹一起操作，直接以门店为仓库，陈列商品，灵活方便，从而降低仓储成本。

（资料来源：根据《生鲜电商各前置仓模式存在问题及对策——以盒马鲜生为例》等资料整理而成。）

 一、生鲜电商冷链物流概述

（一）生鲜电商的含义和特点

1. 生鲜电商的含义

随着互联网技术的飞速发展，电子商务已经渗透到人们生活的各个角落，其中，生鲜电商作为电子商务的一个重要分支，以其独特的市场定位和服务模式，迅速崛起并吸引了广泛关注。

生鲜电商是指通过互联网平台销售生鲜产品的电子商务模式。这里的生鲜产品主要包括蔬菜、水果、肉类、海鲜等日常消费中常见的食品。

2. 生鲜电商的特点

与传统的线下生鲜市场相比，生鲜电商具有以下几个显著特点。

一是便捷性。消费者可以通过手机或电脑随时随地进行购买，无须前往实体市场。

二是多样性。生鲜电商平台通常汇聚了来自各地的优质产品，消费者可以足不出户地享受到更多样化的选择。

三是透明性。电商平台提供了详细的产品信息和用户评价，有助于消费者做出更明智的购买决策。

四是快速性。借助先进的物流系统，生鲜电商能够确保产品在最短时间内送达消费者手中，更好地保持产品的新鲜度。

随着技术的不断进步和消费者需求的不断变化，生鲜电商正迈向新的发展阶段。技术革新推动智能供应链、冷链物流的升级，确保食材新鲜、快速地送达。同时，消费者需求日趋个性化、多样化，促使电商平台提供定制化、健康化的生鲜产品。此外，线上、线下融合成为新趋势，为消费者提供沉浸式购物体验。未来，生鲜电商将借助大数据、AI 等先进技术，实现精准营销和智能化运营，满足消费者日益增长的品质生活需求。

（二）生鲜电商冷链物流的含义与特点

1. 生鲜电商冷链物流的含义

随着电子商务的蓬勃发展，生鲜电商逐渐崭露头角，成为电商领域的新热点。生鲜电商的兴起，不仅为消费者提供了更加便捷、多样化的购物选择，也对物流行业提出了更高的挑战。其中，冷链物流作为生鲜电商的核心环节，对于保障生鲜产品的新鲜度、安全性和品质具有至关重要的作用。

生鲜电商冷链物流是在生鲜电商交易中，为了保证生鲜产品在整个流通过程中保持其新鲜度、安全性和品质，采用一系列低温技术手段对生鲜产品进行储存、运输、配送等物流环节的管理。这种物流模式能够有效减少生鲜产品在流通过程中的损耗，满足消费者对高品质生鲜产品的需求。

2. 生鲜电商冷链物流的特点

生鲜电商冷链物流的特点主要包含以下五个方面。

(1) 低温控制。生鲜电商冷链物流的核心是低温控制。通过采用先进的制冷技术和设备，确保生鲜产品在储存、运输、配送等环节中始终处于低温状态，从而保持其新鲜度和品质。

(2) 快速响应。生鲜电商对物流的时效性要求极高。冷链物流需要具备快速响应的能力，确保生鲜产品在最短时间内送达消费者手中，满足消费者的即时需求。

（3）全程可追溯。为了保障生鲜产品的安全性和品质，生鲜电商冷链物流需要具备全程可追溯的特点。通过物联网、大数据等技术手段，对生鲜产品的来源、加工、储存、运输、配送等环节进行实时监控和记录，确保产品质量可追溯。

（4）定制化服务。生鲜电商冷链物流需要根据不同产品的特点和需求，提供定制化的服务。例如：对于易腐产品，需要采用更加严格的温度控制和更快的配送速度；对于高端产品，需要提供更加精细化的包装和配送服务。

（5）绿色环保。随着人们环保意识的提高，生鲜电商冷链物流也需要注重绿色环保。通过采用节能、减排的技术和设备，减少物流过程中的能源消耗和环境污染。

（三）生鲜电商冷链物流的技术支持

1. 条码技术

现代物流对于条码技术的使用已经非常普遍了，条码技术的应用已经从物流供应链中的零售末端，延伸至配送、仓库存储、运输等物流运输的各个环节当中。在我国，条码技术的实际应用已经为各个企业带来诸多好处，并且也获得了良好的成绩，在使用条码系统之后，货物的分拣、库房位置的自动分配、库房位置查询、运输标签内容的自动打印，以及出入库信息数据的采集等工作变得更加便利，管理者能够实时掌握货物的进、出、存等相关信息，切实转变了传统仓储工作效率低下、易于出现错误的状况。

2. RFID 技术

RFID 技术一般应用在食品冷链物流的生产、管理、仓储、物流配送等相关的管理工作和温度监管工作上。当前我国已经开始应用 RFID 技术形式的电子标识、一维条码标签以及 EAN·UCC 的成品编码相关技术，构建起更为可靠的猪肉深加工链相关的信息可追溯系统，这样能够对生猪屠宰加工之前现场环节的数据信息资源进行采集，确保了加工链相关信息数据的连贯性。

3. GPS 定位技术

GPS 定位技术一般应用在导航服务上，该技术可以为冷链物流监管中心提供实时的位置信息，并且能够对物流运输车辆的整个行驶轨迹进行记录。将 GPS 定位技术与云计算和大数据技术结合，可以实现对位置信息的深度挖掘和分析，基于此构建更为完善的物流配送系统，这将是未来物流配送工作发展的主流趋势。

4. 包装技术

生鲜电商冷链物流的包装技术已经取得了很大的进步。在包装材料方面，透明的抗击破材料、高渗透性的包装材料、抗菌包装材料等得到了广泛应用，有效保障了生鲜食品的新鲜度和安全性。在包装设计方面，针对不同种类的生鲜食品，设计出各类专门的包装结构和包装方式，以此提高对生鲜食品的保护性能。在保温和冷却技术方面，合适的包装材料可以帮助食品在整个运输过程中保持适宜的温度，最大限度地延长食品的保质期。

5. 运输技术

在生鲜电商运输过程中，常用到的有智能配货技术、智能装卸技术等。

智能配货技术是指通过信息技术手段，实现对商品的智能分拣、分类和捆绑，从而提高配货效率和减少人力成本的技术。在生鲜电商运输中，智能配货技术能够根据订单信息和商品特性，将不同种类的商品进行自动分拣和分类，从而大大提高配货的速度和准确性。

同时，智能配货技术可以根据货物的尺寸、重量和其他特征，选择合适的包装材料和方式，从而减少包装材料的浪费以及降低运输过程中的商品损坏风险。智能配货技术还能够根据订单的配送地址和运输方式，合理规划货物的打包和装载顺序，以最小化运输时间和成本。

智能装卸技术可以与智能配货技术相结合，实现供应链的无人化管理。通过无人仓库和无人车辆的运用，实现从商品进货到订单配送的全程自动化。智能装卸技术可以将货物在无人仓库中快速装载到无人车辆上，无人车辆再按照订单信息进行自动配送，最大限度地减少外界干预和运输成本。同时，智能装卸技术能够结合人工智能和大数据分析，实现运输路径的优化和货物运输的智能调度，以此提高运输效率和降低能源消耗。

二、生鲜电商冷链物流的运作模式

（一）生鲜电商的运作模式

生鲜电商的运作模式主要有 B2C 互联网平台销售模式、前置仓模式、"到店＋到家"模式（仓店一体模式）、社区团购模式等。

1. B2C 互联网平台销售模式

这是较为传统的电商销售模式，通过电商仓库进行配送，将生鲜货物集中到城市中心仓库，根据订单需求将货物从城市中心仓库配送到消费者手中。这种模式的代表企业有京东商城、天猫超市等。

2. 前置仓模式

生鲜电商平台通过在城市各个社区周边（一般为 3000 米内）设置商铺或小型仓库（100～300 平方米），将商品就近储存，并配备冷链设备来保持产品的新鲜度。当消费者在线上完成下单后，商品会在离消费者最近的前置仓完成拣货、打包，并由骑手负责"最后一公里"配送到消费者手中，整个过程通常在 30 分钟至 1 小时之内完成。这种模式的代表企业有小象超市、叮咚买菜等。

3. "到店+到家"模式(仓店一体模式)

"到店+到家"模式是一种将线上购物和线下体验相结合的模式。消费者可以在线上平台选购商品后选择到实体店自提或者配送到家。同时,在实体店购买的用户也可以通过扫描二维码或登录 App 完成线上购物。实体店既是零售店面,又担负了线上平台的仓储和配送职能。这种模式的代表企业有盒马鲜生、7FRESH 七鲜等。

4. 社区团购模式

社区团购模式可以集中采购需求,降低采购成本,提高配送效率。同时,社区团购还能够增强社区内的社交互动和信任感,提升用户黏性和复购率。电商平台招募团长,再由团长在社区内组织团购活动。消费者可以在小程序或者微信群里下单,享受比实体店更加优惠的价格和方便的配送服务。平台提供产品供应链物流及售后服务,次日一次性将货品配送至团长处,再由消费者在社区自提点自提。这种模式的代表企业有美团优选、多多买菜、橙心优选等。

(二)生鲜电商冷链物流的运作模式

生鲜电商冷链物流的运作模式需要与生鲜电商的运作模式相匹配。针对上述几种生鲜电商的运作模式,其对应的冷链物流模式如下。

1. B2C 互联网平台销售模式下的冷链物流模式

B2C 互联网平台可以自建冷链宅配或适用第三方冷链干线运输与落地配。

(1) 自建冷链宅配。如京东商城模式,即采用一段式全程冷链并自建冷链宅配,实现从产地、干线、仓储到配送的全程冷链无缝连接。这种方式有利于全程把控产品品质,但投入成本较高。

(2) 第三方冷链干线运输与落地配。生鲜电商将冷链运输任务外包给专业的第三方冷链物流公司,这些公司具备完善的冷链物流网络和专业的温控技术,能够确保产品在运输过程中的品质。

传统的 B2C 模式,物流链路一般是从生鲜基地到城市中心仓库,再到前置仓,最后配送到用户手中,传统的 B2C 模式下的冷链物流流程如图 3-5 所示。

传统的 B2C 模式下的冷链物流中的商品周转次数通常比较多,从而导致物流成本居高不下,这也是许多垂直类生鲜电商平台的商品价格虚高的原因。

此外,由于配送耗时长,传统的 B2C 模式做的多是常温长保的商品,冻品也多是 -18℃ 贮藏的商品,一些要求恒温在 0~4℃ 的冰鲜品、短保商品则很难覆盖。

2. 前置仓模式下的冷链物流模式

前置仓冷链配送模式下,生鲜电商平台会在城市各个社区周边设置多个商铺或小型仓库,将生鲜产品存储在离消费者较近的地方,并配备冷链设备来保持产品的新鲜度。前置仓模式下的冷链物流模式如图 3-6 所示。

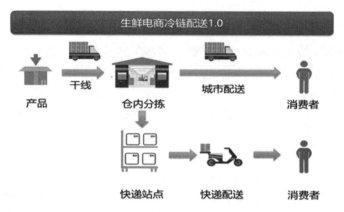

图 3-5　传统的 B2C 模式下的冷链物流流程

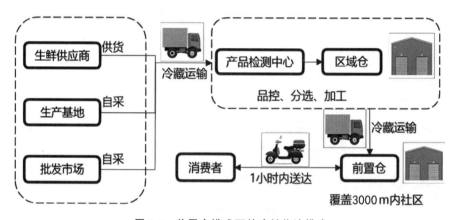

图 3-6　前置仓模式下的冷链物流模式

前置仓模式下的冷链物流模式优化了物流体系，提高了配送效率，降低了物流成本。同时，短距离冷链运输保证了货品的新鲜度，大大降低了腐损率。

3. "到店＋到家"模式（仓店一体模式）下的冷链物流模式

"到店＋到家"模式下的冷链物流，门店既是零售店面又承担线上平台的仓储和配送职能。消费者可以选择到实体店购物或在线上下单后由门店提供快速配送服务（一般服务门店周边 1000～3000 米的用户）。冷链物流系统需要确保产品从门店到消费者手中的全程冷链，包括门店内的冷藏设备和配送过程中的冷链车辆。

盒马鲜生"仓店一体"的物流模式

盒马鲜生是阿里巴巴集团对线下超市完全重构的新零售业态。盒马鲜生不仅是超市、餐饮店，而且还是菜市场。消费者可以到店线下购买，也可以使用盒马 App 线上下单。值得一提的是，盒马鲜生极具竞争力的一点就是快速配送：只要消费者身处门店附近 3000 米范围内，30 分钟就能送货上门。

盒马鲜生的物流架构大致可以分为四个部分：采购端（供应链）、DC（加工检测中心）、店仓（FDC＋门店）以及消费者。

采购端分为海外直采和国内直采，货品主要以这两种模式进行采购。采购回来的产品将被运送至温控式加工质检中心进行食品质量安全检测并包装。包装完成的食品将由货车运送至后仓进行存储以及各地门店进行对客销售。

整个物流环节的后一端就是消费者，消费者可到门店线下购买，也可通过盒马 App 线上购买，线上购买后将由配送员进行城市配送。

盒马鲜生的物流架构图如图 3-7 所示。

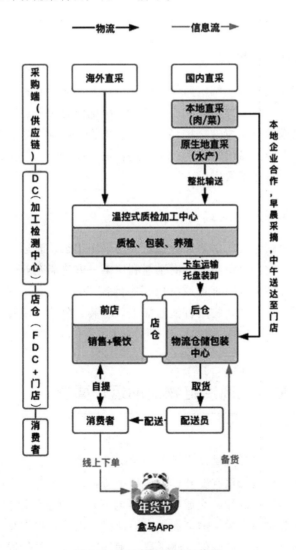

图 3-7 盒马鲜生物流架构图

（资料来源：《中智洞见》专栏。有删改。）

4. 社区团购模式下的冷链物流模式

社区团购模式下的冷链物流应构建分布式仓储网络，通过预判销售数据，提前将商品分布至各社区附近的前置仓，实现货物的近距离存储和快速配送。这种模式对冷链配送的灵活性和精准度要求较高，需要采用先进的冷链物流技术和管理手段，如物联网技术实时监控温湿度、大数据分析预测库存量等，以确保生鲜商品在储存和运输过程中的品质安全。

三、跨境生鲜电商的冷链物流运作模式

（一）自建海外仓模式

自建海外仓模式是跨境生鲜电商将货物集中运至采购中心仓或集货中转仓，做好仓储保鲜工作并等待出口。集货完成后，跨境生鲜电商通过海运、空运、陆运或铁路运输的方式将货物送达自建海外仓。买家通过订单管理系统发送需求信息至跨境生鲜电商企业后，海外仓快速做出反应，对货物进行加工、包装、分拣、装卸、配送等一系列工作，最终及时运送至买家手中。

（二）第三方海外仓模式

第三方海外仓模式是货物由第三方物流公司采用空运、海运、陆运或铁路运输等方式运至第三方海外仓。跨境生鲜电商企业利用第三方物流企业的物流信息系统对货物进行实时监控，并根据订单管理系统内买家的需求，对第三方物流企业发出指令。第三方物流企业依照指令对货物进行流通加工、包装、分拣、装卸和配送，最终送达买家手中。

四、生鲜电商冷链物流的运作要求

生鲜电商冷链物流服务提供商应遵循相关标准要求合法、合规经营，应制定相应的生鲜电商冷链物流配送管理制度和作业指导手册，以及生鲜电商冷链物流配送作业过程中突发情况（如设备故障、交通事故、停电等）的应急处理预案；应遵循安全、准确、及时、方便的原则，为生鲜电商平台、商家、消费者提供高效满意的服务；应遵循信息安全原则，采用先进的信息化手段，确保信息系统与数据安全；保证货物始终处于所要求的温度、湿度环境下。

（一）人员要求

从事生鲜电商冷链物流配送服务的人员主要包括配送站管理员和配送员。配送站管理员应严格按照管理手册的内容对站内人员进行监督、管理，并对物料、设施设备开展日常检查，确保人员、设备等各类资源满足当日预期的最大数量，若所需资源不足或未正确发挥作用，应及时采取补救措施。

配送员应着装规范并具备良好的服务意识，上岗前应经过专业培训，达到相应的岗位技能要求后方可上岗。从事接触无商品包装冷链货物的作业人员应持有有效健康证明。

（二）包装及温控材料

冷链物流的包装，应根据冷链货物的类型、形状、特性及周边环境的影响合理选择包装方案，确保在冷链物流配送服务过程中冷链货物及其周围环境的安全卫生；包装材料应符合相关标准的规定；包装上应标明的信息包括但不限于冷链货物的名称、净重、数量、保存条件和有效期等；包装应对冷链货物具有保护性，在确保冷链货物温度要求的同时避免其在装卸、贮藏和配送过程中受到损伤；宜选用可循环利用的包装箱，温控材料应无毒、无害、无污染，符合货物安全规定且具有良好的温度稳定性；货物包装单元的大小和形状应符合高效存储、高效作业和高效运输的需求。

（三）配送要求

1. 配送站暂存作业要求

（1）收货。

运输设备到达配送站后，应检查封签完好情况，按照不同温区顺序迅速卸货，并核查货物是否有受挤压损伤和污染串味等情况。配送站管理员在与司机完成交接货后，应及时将相关记录上传至信息系统。使用数据采集器等相关设备对货物进行扫描清点，在信息系统中进行订单核对，并及时反馈缺货、多货情况。

（2）垛码。

垛码时应按照冷链货物的种类码放整齐，大不压小、重不压轻、货不沾地、高度适宜、温区分隔，并及时将冷藏、冷冻以及需要恒温储存的货物放置在配送站的制冷设备中，以维持其所需的温度。待发货区和发货区应保持环境清洁、通风良好。

2. 配送员递送作业要求

（1）配送前。

配送前配送员应按照订单属性、客户地址等要素进行拣选、装车，并选择合理的配送路线。冰鲜、肉蛋、活鲜易腐及热带水果等特殊订单应优先配送。配送员宜提前联系客户，确认收货人、收货地址及收货时间，避免空驶。配送员在联系客户时，应使用礼貌用语。

(2)交付。

① 本人签收应按照下列流程进行：

a. 配送员根据与客户约定好的时间，送货上门；

b. 配送员礼貌提醒客户开箱验货，并和客户逐一核对冷链货物的种类、规格及数量，告知客户货物的温度暂存要求及产品周期等；

c. 双方核实无误后即完成货物、货款交接，配送员与客户礼貌告别，如使用可循环包装，一并带回；

d. 配送员完成订单配送操作，并报备异常配送情况。

② 委托代收应按照下列流程进行：

a. 配送员根据与客户约定好的时间，送货上门；

b. 配送员核实代收人信息与客户提供的是否一致，确认无误后，将冷链货物交与代收人，并告知货物的温度暂存要求及产品周期等；

c. 如客户允许，代收人可开箱验货，逐一核对货物的种类、规格及数量；

d. 配送员与代收人完成货物、货款交接后，与代收人礼貌告别，如使用可循环包装，一并带回；

e. 配送员用致电或短信形式告知客户代收情况，提醒客户货物的温度暂存要求及产品周期等；

f. 配送员完成订单配送操作，并报备异常配送情况。

③ 自提柜代存应按照下列流程进行：

a. 配送员事先征求客户意见同意后，根据与客户约定好的时间，将冷链货物放于客户指定的自提柜，自提柜应具备温度控制功能，满足商品暂存需求；

b. 存放完成后，配送员应采用致电、短信、平台 App 客户端、微信客户端等方式告知客户代存情况，并提醒其及时取货；

c. 客户验货无误并结清货款后，配送员完成订单配送操作，同时报备异常配送情况。

(3)交接。

订单配送完成后，配送员应及时将票证和货款与配送站管理员进行交接。对于未配送成功的冷链货物，应根据货物的温度暂存要求及时采取相应措施。

(4)返件处理。

若客户当场拒收，配送员应立即联系商家，按照商家的要求妥善处理。若客户更改派送时间，配送员也应立即联系商家，经商家同意后，配送员可在冷链货物有效保温期内进行第二次配送；如果预计第二次配送时间将超过有效保温期，应及时带回配送站暂存于冷链货物要求的温度环境下。

若客户要求退货，配送员应按照客户的退货订单，上门取货，现场核对货物的种类、规格、数量及质量等内容，同时联系商家，按照商家的要求妥善处理。若退回的货物不存在质量问题，配送员应将其放置在配送站的退货区，并暂存于其要求的温度环境下，最终通过逆向冷链物流返回给商家；若退回的冷链货物存在质量问题，配送员应及时联系商家，按照商家的要求妥善处理。对通过自提柜投递的商品需要退货的，可通过联系电商平台客服询问相应的开柜码，客户将所退商品放入指定自提柜内实现退货。退货商品由后续配送员取回。

（5）商品撤回作业要求。

应建立并实施产品撤回处理方案，确保存在或可能存在质量安全问题的冷链货物能够被相关方及时获知和恰当处理，控制危害扩散，并协助相关方对存在或可能存在质量安全问题的货物实施召回。

拓展知识

盒马"鲜"人一步——盒马的冷链物流体系

视频案例

盒马鲜生的冷链物流体系

习题

模块三　任务二　习题

能力提升

<u>背景资料</u>

在现代快节奏的都市生活中，人们对于生鲜商品有即时性和便利性的需求，以前人们只有对于"急需求"的商品才会使用即时配送到家服务，但随着时间的推移，现在"1小时达"乃至"半小时达"被市场视为一个新的消费增长点，代表了一种新的生活方式。

生鲜电商企业的前置仓模式就能提供这种快速、便捷的购物体验。前置仓模式将商品的仓库设置在靠近社区的位置,以便能够快速响应消费者的订单需求,实现"最后一公里"的高效配送。采取这一模式的典型企业有朴朴超市、叮咚买菜、京东买菜和美团旗下的小象超市等。

根据上述生鲜电商的运作模式、产品特点、作业要求等,制定与之匹配的冷链物流运作模式。

训练任务	生鲜电商冷链物流管理
训练目的	1. 熟悉不同类型生鲜电商冷链物流的运作模式、产品特点和作业流程; 2. 能够开展不同类型生鲜电商的冷链物流运作管理
训练要求	1. 根据上述生鲜电商的运作模式、产品特点、冷链需求等,制定合理的冷链物流运作方案; 2. 每组选取一名学生代表,展示方案并做交流小组发言,小组之间进行运作方案比较
我的做法	
我的结论	
我的思考	

任务三　管理农产品批发市场冷链物流

◆ 知识目标

(1) 了解农产品批发市场的内涵、特点、分类和功能分区;

(2) 熟悉农产品批发市场冷链物流的特点、运作模式和作业流程。

◆ 技能目标

能够开展农产品批发市场冷链物流运作管理。

◆ 素养目标

严格遵守农产品冷链物流的相关法规和标准。

2021年11月，国务院办公厅印发了《"十四五"冷链物流发展规划》，为贯彻落实该规划，应着力增强：抓跨区域农产品批发市场和干线冷链物流建设，增强流通主渠道冷链服务能力。发挥国家物流枢纽、农产品跨区域集散地等组织核心功能，推动大型农产品物流园区、批发市场等加快完善具备物流集散、低温配送等功能的冷链设施，对接主要产销地，创新物流干支线衔接模式，畅通农产品冷链物流"大动脉"。农产品批发市场冷链物流运作管理正在发挥越来越重要的作用。

任务思考

传统的农产品批发市场应当如何转型升级？

身边的冷链物流

罗平小黄姜直达三亚批发市场——冷链物流体系开辟"绿色通道"

2021年4月22日，罗平板桥镇小黄姜产业园冷链物流中心10吨优质罗平小黄姜搭载运输车直达三亚批发市场，走向千家万户，原汁原味"端上"三亚餐桌。

"为保证小黄姜的品质和口感，往年存姜要运往外地冷库，来回的运输费就是很大一笔开支，板桥冷链设施建成后，就地存姜，每吨姜大概能节省两至三百元的运输费，同时也有效保证了小黄姜的品质和货源稳定，这次运到三亚的小黄姜以每斤9元的价格成交，收入也有了保障。"小黄姜商户张文品说。冷链物流体系的建成及使用，有效缓解了小黄姜市场供应的后顾之忧，成功搭建了从原产地到销售地的"绿色通道"，减少了流通环节，一头连着小黄姜种植户的"钱袋子"，一头连着消费者的"菜篮子"，实现了商户（合作社）、姜农、消费者的三赢。

走进小黄姜产业园冷链物流中心冷库，10多名工人正围着小黄姜进行挑拣、脱土、打包、装箱、称重。据合作社负责此批小黄姜的张文启介绍，进入批发市场的小黄姜为了方便消费者计量和购买，在打包的时候都是26公斤一箱。为确保质量上乘，必须要求工人把劣质的黄姜和泥土都剔除干净，装车完毕后直接发往三亚批发市场，最迟后天便可抵达。此批小黄姜负责人表示，与其他地方黄姜比较起来小黄姜比较辣、口感好，三亚人做海鲜时更偏好罗平小黄姜，现已经和三亚批发市场建立长期合作关系，除此之外与广东、四川、重庆等地都有合作。

"只要有鲜姜出库，我们就能到这做临时工，每天有80多块钱，每次一有小黄姜出库我们就非常高兴，说明我们罗平的小黄姜名气出去了，我们的收入也会不断增加。"捡姜工人高兴地说道。鲜姜采收、挑拣、包装等环节都会吸引周围大量的群众就地务工，成为群众增收致富新渠道。

近年来，罗平小黄姜需求量日益增长，板桥镇为有效提高小黄姜的市场占有率，在党委政府的主导下，12家合作社投资建设小黄姜产业园冷链物流中心，项目计划投资1.76亿元，占地62亩，目前包含鲜姜保鲜冷库8个，可贮藏鲜姜5万吨，完全建成后鲜姜贮藏可达10万吨。利用这些冷库，12家合作社不仅提供鲜姜代存业务，自己也收购冷藏销售，从库存鲜姜销售清零到下一轮鲜姜上市能有效衔接，有效保证小黄姜的市场供应，降低风险率，逐步实现"产业强镇"的目标。

（资料来源：罗平县人民政府官网。）

知识研修

一、农产品批发市场概述

农产品批发市场是农产品流通的关键环节，其一端连接着农村居民的生产，另一端连接着城市居民的消费。目前，约七成农产品经由批发市场分销，是现代农产品物流体系的重要组成部分。2022年，全国亿元以上农产品批发市场超过1300家，农贸市场、菜市场4万多家，经由批发市场流通的农产品近10亿吨。如果没有农产品批发市场这个交易平台，农产品生产者与城市的消费者交易频次将大大增加，从而提高交易成本。

（一）农产品批发市场的含义

农产品批发市场是以粮油、肉、蛋、蔬菜、水果、茶叶等农产品及其加工品为交易对象，为买卖双方提供长期、固定、公开的批发交易设施，并具有商品集散、交易、价格形成等服务功能的交易场所。

（二）农产品批发市场的经营特点

1. 批零兼营，营业时间较长

农产品批发市场的客户不仅有需求量大的市区蔬菜零售商等，还会专门给学校、机关、酒店等场所配送货物，居住在批发市场附近的城市居民也会来此买卖所需的农产品。批发市场的蔬菜销售一般从凌晨4点开始，购买蔬菜的客户一般要赶在早上7点以前把新鲜的蔬菜运进市内的零售摊位或者送进酒店、机关等场所的后厨中。剩下的菜则由批发市场附近的零散居民购买，一般售卖到下午4点以后，然后批发市场的商贩会打扫摊位，整理货架等设备，等待傍晚或者凌晨的送货车运送第二天的蔬菜。

2. 收取摊位费，谁投资谁受益

许多农产品批发市场是由个体或者集体投资建设而成，批发市场的收益来自市场内的摊位出租费。批发市场会依据摊位的面积、摊位在市场内的不同布局，收取不同的费用。尽管 2023 年 9 月，财政部和税务总局发文暂免征收农产品批发市场、农贸市场等直接为农产品交易提供服务的房产、土地的房产税和城镇土地使用税，但是减免的税收不足以抵消批发市场的建设费用。

3. 多数从业人员受教育水平低

从业人员普遍学历不高，多数是初中毕业，从业年限一般为 3 年以上。许多从业人员互相之间为亲戚关系或者老乡关系，因此常常相互帮助或者协作。从事蔬菜销售的摊位平时凌晨 4 点就要开工，从事水果销售的摊位一般凌晨 5 点开工，晚上 7—8 点才会关门休息。许多摊主常常工作 10 个小时以上，冬季天气寒冷时穿着厚大衣，很少开空调取暖，有的摊位甚至没有安装空调。

4. 从业人员具有比较稳定的客户

每个摊位基本都有稳定的大型客户，这些大型客户每天在固定时间购买数量稳定的蔬菜水果，与摊主之间形成了稳定的契约关系。每个摊位基本能够正确估计每日的消费需求量。

5. 卫生状况和硬件设施有较大改善

近些年，许多农产品批发市场的地面整改为水泥地面或塑胶地面，便于洒水清扫和使用吸尘器。许多商户对疫情防控和流行性感冒等疾病预防有了新的认识。在批发市场的入口有车辆入场电子自动记录仪、自动测温设备、消毒池等设施，对车辆、蔬菜和人员的可追溯性增强。目前许多蔬菜水果交易大棚的侧面和顶部采取了开窗通风措施，部分农产品批发市场还设置了冷链储藏设施、停车位、水冲式卫生厕所、垃圾处理区等。

6. 从业人员对所经营的蔬菜水果保管具有一定经验

从业人员比较关注天气预报，天气热时会购买冰块、冰袋、冷风机等简易制冷设备；天气寒冷时会购买棉被、泡沫塑料箱等御寒材料，把蔬菜装进泡沫箱中，并盖上棉被保温。在寒冷天气的情况下，蔬菜销售多以泡沫箱的数量计件，能有效避免蔬菜再次装卸造成浪费。

（三）农产品批发市场的分类

1. 按交易商品的种类范围分类

按照交易商品的种类范围分类，农产品批发市场分为综合型批发市场和专业型批发市场两种。综合型批发市场，日常交易的农产品在三大类以上，如北京新发地农产品批发市场日常交易的品种有蔬菜、水果、肉类、水产品、调味品等。专业型批发市场日常交易的农产品在两类及以下，如粮油批发市场、果蔬批发市场、副食品批发市场等。还有只交易一个品类的批发市场，如蔬菜批发市场、水产批发市场、水果批发市场、花卉批发市场、调味品批发市场、食用菌批发市场、山草药材批发市场、活禽批发市场、活畜批发市场、观赏鱼批发市场、禽蛋批发市场、种子批发市场等。

2. 按城乡区位分布分类

按农产品市场的城乡区位分布，农产品批发市场可分为产地型农产品批发市场、销地型农产品批发市场和集散地型农产品批发市场三种类型。产地型农产品批发市场是建在靠近农产品产地的、以一种或多种农产品为交易对象的批发市场。销地型农产品批发市场是建在城市近郊甚至市区、以多种农产品为交易对象的批发市场。此种批发市场产生的前提是该地区对某类商品有大量需求，可视为城市居民的生活配套设施之一。集散地型农产品批发市场是建在农产品产地和销地之间的便于农产品集散的地方、以一种或多种农产品为交易对象的批发市场。

以上三种批发市场之间往往随着功能的延伸相互转化，如山东寿光蔬菜批发市场，本来属于产地型农产品批发市场，但随着市场辐射范围的不断扩大，现已成为全国蔬菜交易中心，外地产品所占比例已经超过60%，因此，其集散地型性质更为明显。再如，北京新发地农产品批发市场本来属于销地型农产品批发市场，但是随着市场辐射范围的扩大，目前已成为我国北方地区重要的农产品集散地。

3. 按批发环节分类

按农产品批发环节分类，农产品批发市场分为一级批发市场、二级批发市场和三级批发市场。一级批发市场，是直接从产地收购农产品、向中间批发商或代理商销售的批发市场。二级批发市场，其批发商从一级批发市场采购农产品，再销给中间商或零售商。三级批发市场，其批发商从二级批发市场采购农产品，再销给零售商，这类批发市场多从事进口农产品批发。

（四）农产品批发市场的功能分区

农产品批发市场的功能分区主要包括水果区、蔬菜区、粮油区、干货区等主要交易区域以及信息中心、物流场、配套酒店、管理办公区等辅助业态。其中物流场又称冷链仓储中心，是集综合冷库、冷链交易中心、分拣中心、仓储区、物流配送区、冷藏车停车区等多功能为一体的综合功能区。

武汉白沙洲农产品大市场

武汉白沙洲农产品大市场是农业农村部和国家商务部重点支持的产品大市场。

大市场拥有公路、铁路、水运、航空绝佳的交通优势，承东启西、接南转北，是华中地区农产品现代化物流的重要组成部分，不仅发挥了武汉九省通衢的优势，也为培植国家、省、市级龙头企业提供了良好的发展机遇。

大市场占地1109亩，经过分期不断的开发、投入、建设，现已形成蔬菜、水产、海鲜、粮油、果品、干调等品类的交易区域。早在2009年，大市场的年交易农副产品总量已达到40亿千克，销售总额已超过125亿元。武汉及周边地区近70%的蔬菜等农产品的供给都依托于大市场，市场的影响力覆盖全国各地。大市场被农业农村部授予"定点市场"、农业产业化国家重点龙头企业称号，被商务部授予"双百市场工程"承办企业称号。

大市场总体规划为经营和服务两大区域，设置有冷藏加工、物流配送、电子结算、信息收集与处理、残留农药检测等系统。现在白沙洲大市场已初具规模，蔬菜、水产、海鲜、粮油、果品、干调副食品市场交易繁忙、一片欣欣向荣的景象，已成为华中地区名副其实的物流中心、信息中心、价格中心、检测中心和集散中心。大市场提倡诚信经营，采用电子秤公平交易，实行电子结算交易系统，力图创建全国一流现代化的农产品电子交易市场。大市场的建设规模、交易量和辐射范围，在全国同类市场中位居前列，是一个布局合理、设施先进、功能齐全、效益明显、完全实现"买全国、卖全国"的一流农产品大市场。

（资料来源：网络。有删改。）

二、农产品批发市场冷链物流管理

农产品批发市场的冷链物流，由冷链物流企业与农产品大市场联成一体，整合农产品的生产、收购、加工、储运、配送等环节，并提供市场信息化服务等功能，形成一个综合的冷链物流运营模式。

（一）冷链物流企业运作模式

冷链物流企业常见的运作模式有第三方冷链物流企业模式、以加工企业为主导的自营冷链物流模式、以大型连锁经营企业为主导的自营冷链物流模式、依托批发市场的冷链物流模式等，其代表企业如图3-8所示。

冷链物流企业的运作模式及其运营机制和优势如表3-1所示。

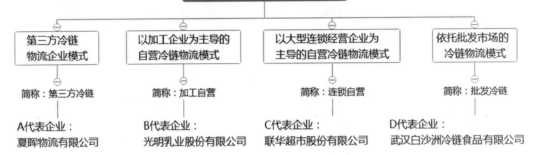

图 3-8 冷链物流企业运作模式分类及代表企业

表 3-1 冷链物流企业的运作模式、运营机制和优势比较

运作模式	运营机制	优势
第三方冷链物流企业模式	物流企业通过全程监控冷链物流、整合冷链产品供应链的方式，为冷链物流需求方提供高效完善的冷链方案	规模大、专业化程度高、信息化程度高
以加工企业为主导的自营冷链物流模式	物流公司整合自有物流资源，建立多家便利店以控制销售终端，进而建设物流配送中心，实现冷链物流向原料供应商的延伸，形成"产销供一体化"的自营冷链物流模式	效率高、环节少、市场灵敏度高、信息反馈及时；有利于对冷链物流的全程控制，实现对质量安全的全程跟踪
以大型连锁经营企业为主导的自营冷链物流模式	物流企业通过小批量、多批次、多品种配送，确保生鲜食品的质量安全，形成了大型零售商独自兼营、以配送环节为主的冷链物流模式	产品质量、加工和管理标准化；提高生鲜食品物流效率，确保生鲜食品在整个供应链上始终处于低温状态
依托批发市场的冷链物流模式	冷链食品有限公司通过与农产品大市场联成一体，形成产品生产、收购、加工、储运、配送和提供市场信息化服务等一体化的冷链物流运作模式	毗邻批发市场而建，有区位优势

(二)农产品批发市场冷链物流运作模式

目前,在我国农产品的贸易、流通中,批发市场仍占据主导地位。农产品批发市场冷链物流运作模式(见图3-9)是由产地或销地的农产品批发市场主导,把农产品的各个环节(包括农产品生产者、大型农产品批发市场、零售商和最终消费者等)紧密联系在一起,将现代化的物流设施和先进的物流技术运用到冷链物流的各个环节,集中分配资源,最终实现资源的合理化配置。该模式减少了农产品的流通环节和损耗,降低了物流成本。

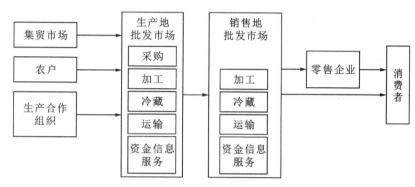

图3-9 农产品批发市场冷链物流运作模式

(三)农产品批发市场冷链物流运作模式的特点

农产品批发市场冷链物流运作模式拥有规模和资金优势、多元交通优势以及先进的冷冻冷藏设施,能更好地满足市场需求,提高运输效率,确保产品的新鲜度和品质,同时利用规模优势控制销售终端。

1. 农产品批发市场冷链物流运作模式的优势

(1)拥有规模、资金优势,毗邻批发市场而建,有区位优势。

(2)拥有公路、铁路、水运、航空等绝佳的交通优势,能够有效整合农产品资源和生鲜农产品物流功能,显著提高运输效率。

(3)拥有先进的冷冻冷藏设施及运输工具,对生鲜农产品的储存保鲜专业化程度高,利用规模优势可有效控制销售终端,为消费者提供新鲜、安全的农产品。

2. 农产品批发市场冷链物流运作模式的劣势

此物流运作模式服务的目标客户群数量多、需求各异,业务规模参差不齐,上游采购及下游销售线路分散,物流业务处于零散、不稳定的状态,难以与市场多方客户达成"合约式仓储、一体化运输"的合作业态,不利于整体效能的发挥和潜能的发掘。

3. 农产品批发市场冷链物流的发展策略

对于重点经营冷库和批发市场租赁业务的冷链物流企业来说,很难像专业物流机构一样，通过大规模投入建设全国货站网络，为此，冷链物流企业可以考虑建立物流产业园，集中资源和设施，以更好地支持农产品批发市场冷链物流的发展，还可以与第三方物流企业合作，扩展网络和服务范围，以此提高企业的竞争力，并发掘潜在的市场潜力。

武汉白沙洲农副产品大市场的冷链物流

武汉白沙洲农副产品大市场有限公司于2008年6月成立武汉白沙洲冷链物流有限公司，并在武汉白沙洲农副产品大市场西南侧筹建了武汉白沙洲冷链市场。白沙洲冷链市场总用地461亩，规划建筑面积30万平方米，总投资9.5亿元，分三期投入开发建设20万吨冷库及包括冷冻食品、海鲜、板栗、干调等在内的配套市场群，并集合现代化农产品精、深加工，以及物流配送、电子结算等配套信息服务为一体，与白沙洲农副产品大市场构成了华中区域最大的农产品交易中心，成为华中乃至全国"一站式"采购平台。

白沙洲冷库背靠白沙洲农副产品大市场这个大平台，经营优势主要集中在对一级渠道批发商的引入以及两者之间资源的整合。首先，白沙洲农副产品大市场的人流、车流以及成熟的往来客户资源，为白沙洲冷库在商铺冷库招商以及品牌推广上提供了强大的助力；其次，除冷库外，白沙洲冷库的冷冻食品、海鲜、板栗、干调等配套市场群兼顾了部分批发市场功能，与白沙洲农副产品大市场的经营品类形成互补、双赢格局，为客户多元化发展提供空间，还可以打造两大市场的"一站式购物"，为买方客户减少往来奔波，降低成本。

从收益和效益来看，依托批发市场型冷库的收益模式最主要的是商铺和冷库对外租赁、库内有偿装卸服务和交易计提，在冷链物流的其他增值服务上可发挥空间不大，主要在于以批发商为主体的目标客户对精细化、全程化、管控自动化的冷链配送体系要求较低，但同时软硬件的"低门槛"要求，也一定程度上加大了该模式的市场竞争压力。另外，批发市场素来有"搞活一个市场可以带热一圈经济"的项目连带效益，尤其是农批市场在我国农产品流通中的地位逐年攀升，未来收益扩大化的乐观预期让这类投资经营模式逐年升温。再者，从城市角度来看，依托批发市场建设冷链物流园，能够有效赋能城市农批市场发展，减少产品损耗，延长农产品供应时间，降低成本，起到稳定市场物价，帮助农批市场更好实现"菜篮子"功能，于城市农产品流通有益。

（资料来源：前瞻经济学人百家号，有删改。）

冷冻肉类批发市场的冷库建设案例

全国冷冻食品批发市场介绍

模块三　任务三　习题

能力提升

背景资料

某大型农产品批发市场位于我国东部沿海城市，其产品类型丰富多样，海鲜类产品极为丰富，包括但不限于鱼类（如带鱼、鲅鱼、鲳鱼、鲈鱼等）、虾类（如大对虾、明虾、基围虾等）、蟹类（如梭子蟹、青蟹、大闸蟹等）、贝类（如蛤蜊、扇贝、牡蛎等）以及各种海鱼制品（如鱼干、鱼片等）等。这些海鲜产品新鲜度高，品质优良，深受消费者喜爱。

除了新鲜的海鲜外，还包括一些经过初步加工的水产品，如冷冻海鲜、即食海鲜、海鲜罐头等，以及各类蔬菜、水果、肉类、禽类和蛋类产品。

该批发市场是连接产地与消费终端的重要枢纽。随着居民生活水平的提高和对生鲜农产品需求的增加，该市场决定加强冷链物流体系建设，以提高农产品的保鲜效果和市场竞争力。

训练任务	农产品批发市场冷链物流管理
训练目的	1. 熟悉农产品批发市场冷链物流的特点、运作模式和作业流程； 2. 能够开展农产品批发市场冷链物流运作管理
训练要求	1. 根据上述农产品批发市场的产品类型、产品特点、冷链需求，制定合理的冷链物流运作方案； 2. 每组选取一名学生代表，展示方案并做交流小组发言，小组之间进行冷链物流运作方案比较
我的做法	
我的结论	
我的思考	

模块四 [管理冷链物流系统]

Project Four

任务一 了解冷链物流系统

任务二 了解冷链物流标准化体系

任务三 冷链物流的"数智化"管理

任务四 冷链物流的成本管理

项目导航

夏晖集团：为麦当劳打造高效冷链物流体系

一、案例背景

麦当劳作为全球快餐巨头，对食材的新鲜度要求非常高。在物流管理上，麦当劳实行全程冷链物流保障，确保食材在运输过程中的新鲜度和品质。麦当劳对冷链物流的要求体现在以下几个方面。

（1）温度控制。麦当劳对运输过程中的温度有着严格的要求，例如运输鸡块的冷冻车内温度需要达到－22℃，以确保食品在运输和储存过程中的品质和安全性。

（2）物流标准化。麦当劳对餐厅施行统一标准化管理，对食物的制作和运送都有统一标准，包括温度的控制、产品运送、产品检验等都有严格的标准。

夏晖集团（HAVI Group），1974年成立于美国芝加哥，作为全球领先的冷链物流解决方案提供商，与麦当劳这一全球最成功的快餐连锁品牌紧密合作，为其在全球接近4万家餐厅提供高效的冷链物流服务。

二、夏晖集团的冷链物流体系构建

夏晖集团为麦当劳提供了一站式的综合冷链物流服务，其中包括运输、仓储、信息处理、存货控制、产品质量安全控制等环节。夏晖公司在与麦当劳的合作中主要做到了以下几点。

（1）定制化的物流运作方案。夏晖集团根据麦当劳的业务需求，为其量身定制了一套冷链物流运作方案。该方案包括从食品生产、储存、运输到餐厅配送的每一个环节，确保食品在全程冷链环境下保持最佳品质。

麦当劳各餐厅根据销售情况向各个供应商下单，并同时将信息共享给夏晖集团；供应商按照夏晖集团制订的物流计划，将货品运送至夏晖集团各个区域的物流中心或分发中心；夏晖集团在物流中心完成对各类食材的存储、生产加工、分拨等物流作业，并以MILK-RUN形式将食材配送到麦当劳各个餐厅；到货后，麦当劳的员工与相关部门一同开箱验货。

在整个冷链物流运作过程中，夏晖集团拥有一套完整的物流运作与商品检测系统，其中包括订货系统、温度记录跟踪系统、温度设备控制系统、湿度设备控制系统、智能货架管理系统、商品验收系统、仓储管理系统、库存控制系统以及智能运输和配送系统等，可从食品下单环节到收货环节进行质量把关。

（2）先进的仓储系统。夏晖集团为麦当劳建立了现代化的多温度食品分发冷链物流中心，分为干库、冷链库和冷冻库，以适应不同温度需求的食品存储和分发，还配备了先进的冷冻冷藏储存设备、温控设备等。这些设备能够确保食品在储存过程中保持恒定的温度和湿度。

（3）严格控温的运输系统。在运输过程中，夏晖集团采用专业的冷藏和冷冻车辆，配备了先进的温度监控和报警系统，通过实时监控和记录车辆内部的温度数据，确保食品在运输过程中始终处于恒定的低温环境中。一旦温度超出设定范围，系统会自动报警并通知相关人员进行处理。夏晖集团还在运输车辆上配备了信息追踪系统，用于实时跟踪货物的位置和运输状态，确保货物的安全和及时送达。

（4）智能配送系统。夏晖集团根据麦当劳的店面网络建立了分发中心和配送中心，并根据麦当劳各餐厅的订单需求，利用先进的智能配送系统，实时调度运输车辆和配送人员，通过优化配送路线和配送时间，减少运输过程中的时间浪费和成本支出，确保食品在最短时间内送达餐厅。

夏晖集团的冷链物流体系，通过实施标准化、智能化的管理，为麦当劳全球的餐厅提供了高质量、高效率的冷链物流服务。

冷链物流是一个非常复杂的系统，冷链物流系统的全面管理，对于确保商品的质量和安全尤为重要。那么该从哪些方面对冷链物流系统实施科学的管理呢？

模块导学

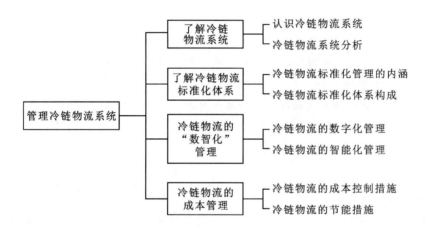

任务一　了解冷链物流系统

任务目标

◆ 知识目标
（1）了解冷链物流系统的特点、组成部分、面临的挑战与问题；
（2）熟悉冷链物流系统的构成要素、结构和基本功能。

◆ 技能目标
能够分析冷链物流系统的构成要素、结构和功能。

◆ 素养目标
具有冷链物流系统的管理思维。

冷链物流的作业对象一般是需要保持一定温度的食品、药品、化工等产品，要实现全程冷链管理，是一个非常复杂的过程。这一过程通常会涉及冷链生产、冷链加工、冷藏储存、冷藏运输、冷藏配送等多个环节，使用到冷藏车、冷库、温湿度检测设备、温湿度监控等多种设备，还需要对货物的温度、湿度、储存期限等方面进行严格的控制，这就需要一个强大的冷链物流系统作为支撑。

任务思考

由于冷链物流的作业对象和作业要求比较特殊，因此冷链物流系统比常温物流系统的要求更高、更复杂。那么冷链物流系统具有怎样的特性呢？冷链物流系统的构成要素和结构又是怎样的呢？

光明乳业的冷链物流系统

一、案例背景

作为国内乳制品行业的领军企业,光明乳业一直致力于为消费者提供新鲜、安全、高品质的乳制品。为了确保牛奶的新鲜度和口感,光明乳业采用先进的冷链物流系统,将新鲜牛奶从牧场到餐桌的每一个环节都严格控制在最佳的温度范围内。光明乳业冷链物流通路如图4-1所示。

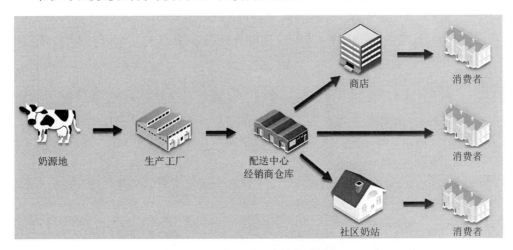

图 4-1 光明乳业冷链物流通路

二、冷链物流系统构建

光明乳业采用全程冷链物流模式,其冷链物流系统主要包括以下几个部分。

1. 牧场与加工厂间的冷链运输

光明乳业的牧场和加工厂之间建立了完善的冷链运输网络。为了维持牛奶新鲜的口味和丰富的营养,从奶牛到奶站到奶罐车到加工厂的工序中明确规定:从挤奶到进厂贮藏的牛奶,其全程低温封闭式的运输须在6个小时内完成。

光明乳业采用专用冷藏车辆,配备先进的温度监控和报警系统,确保牛奶在运输过程中始终处于恒定的低温环境中。同时,优化运输路线和配送时间,缩短牛奶在途中的时间,以保持其新鲜度。

2. 加工厂内的冷链处理

在加工厂内,光明乳业采用先进的生产线和冷链设备,对牛奶进行严格的品质控制和加工处理。从原奶的接收、储存到加工、包装,每一个环节都严格按照冷链标准进行,以确保牛奶的品质和口感。

3. 运输系统

从加工厂到城市配送中心，光明乳业采用专业冷藏车进行全程冷链运输。光明乳业在冷链物流系统中引入了先进的温度监控与追溯系统。通过安装在运输车辆和冷库内的温度传感器，实时监测温度数据，并通过云端平台进行数据分析和处理。一旦温度超出设定范围，系统会自动报警并通知相关人员进行处理。同时，该系统还可以实现牛奶从牧场到餐桌的全程追溯，以确保产品的品质和安全。

光明乳业还采用了智能调度与路径优化系统。该系统可以根据订单信息、车辆位置、交通状况等实时数据，自动规划最优的配送路线和调度方案。

4. 城市配送系统

为了缩短牛奶从加工厂到终端门店或消费者手中的时间，光明乳业在全国各大城市建立了多个配送中心，这些配送中心配备了先进的冷库和冷藏车，提供从城市配送中心到终端门店的冷链仓储和运输服务。

5. "最后一公里"配送

为了将新鲜牛奶配送至消费者手中，光明乳业与多家快递公司合作，开展了"最后一公里"配送服务。通过智能调度系统，实时掌握订单信息和配送进度，对配送过程进行实时监控和调度调整，确保牛奶在最短时间内送达消费者手中。

通过构建先进的冷链物流系统，光明乳业成功实现了新鲜牛奶从牧场到餐桌的全程冷链配送，不仅确保了牛奶的品质和口感，还提高了消费者的满意度和忠诚度。

（资料来源：长风网。有删改。）

一、认识冷链物流系统

冷链物流系统是指冷藏冷冻类产品在生产、贮藏、运输、销售以及到最终消费前的各个环节中始终处于规定的低温环境下，以保证产品质量、减少损耗的一项系统工程。它是随着科学技术的进步、制冷技术的发展而建立起来的，是以冷冻工艺学为基础、以制冷技术为手段的低温物流过程。对比常温物流，冷链物流各环节的要求比较高，相应的管理和资金方面的投入也比常温物流要多。

（一）冷链物流系统的特点

与常温物流系统相比，冷链物流系统的特性主要包括安全首要性、高效性、高成本性、信息多样性和技术复杂性等。

1. 安全首要性

一般物流系统在提供服务时的首要目标通常是经济效益，即尽量提高物流效率、降低物流成本。通常的物流作业活动是在物流服务水平和物流成本之间寻找平衡点，但由于冷链物流的作业对象具有鲜活性、易腐性、保质性等特点，其质量和安全直接关系到消费者的健康，若冷链物流系统出现问题，可能导致产品变质、失效，甚至引发食品安全事故，造成严重的经济损失和社会影响。因此，冷链物流系统的首要目标就是应采取一系列措施来确保产品的质量安全。

2. 高效性

冷链物流系统必须具备高效率的配送能力和快速响应能力，以满足易腐食品、药品等特殊物品对时效性的要求。

高效的冷链物流系统能够减少产品在途中的时间，降低产品的损耗率，提高供应链的可靠性，这就要求相关企业应具备较强的资金和技术实力，能够建立覆盖广泛、布局合理的配送网络和配送体系。

3. 高成本性

冷链物流系统的成本投入通常比常温物流系统更高，这主要体现在设备成本、运营成本和管理成本等方面，例如：需要投入大量资金用于建设和购买冷库、冷藏车等设施设备；冷库和冷藏车需要不间断地运行以保持温度恒定，从而增加了电力和油耗成本；冷链物流还需要更高的管理水平来确保各个环节的紧密配合和高效运作。

4. 信息多样性

冷链物流系统涉及大量的信息数据，包括产品温度、湿度、位置、数量等实时信息，以及订单、库存、配送等管理信息，而且很多冷链产品要求可溯源。产品信息的可溯源需要涉及多个环节和参与者，记录从生产到消费全过程的各种信息，还需要对这些信息进行采集、存储、传输和处理。

信息多样性的特点要求冷链物流系统具备强大的数据处理能力和信息管理能力，以支持决策制定和运营优化。

5. 技术复杂性

冷链物流系统涉及制冷技术、保温技术、温湿度检测技术、信息系统和产品变化机理研究等多种技术。这些技术需要综合运用，以确保产品在低温环境下的质量安全。随着物联网、大数据、人工智能等技术的发展，冷链物流系统也需要不断创新和优化技术手段，提高系统的智能化和自动化水平。

此外冷链物流还具有空间分散性、环境严格性、快速响应、高组织协调性等多种特征。

（二）冷链物流系统的组成部分

冷链物流系统主要由冷链物流设施设备、冷链物流信息系统、冷链系统工作人员等部分组成。

1. 冷链物流设施设备

冷链物流设施设备涵盖了从储存、制冷、运输到销售的各环节，它们为产品提供恒温的储存和运输环境。冷链物流设施设备的主要类型如表 4-1 所示。

表 4-1　冷链物流设施设备的类型

设施设备类型	具体设施设备举例
冷链仓储设施设备	冷库、制冷机组、货架、自动化立体仓库系统、托盘、周转箱、分拣与拣选设备、温湿度监控设备、手持终端等
搬运及输送设施设备	叉车、输送系统等
冷链运输设施设备	冷藏车、冷藏船、冷藏集装箱等
冷链配送设施设备	冷藏车、蓄冷箱、蓄冷板、普通冰袋、干冰冰袋等
冷链零售设施设备	冷冻柜、冷藏柜等

2. 冷链物流信息系统

冷链物流信息系统包括温度监控系统、物流追踪系统、冷链物流管理系统等。

（1）温度监控系统。实时监控货物的温度状态，确保货物在储存和运输过程中保持在适宜的温度范围内。

（2）物流追踪系统。通过全球定位系统（GPS）等定位技术，实时追踪货物的位置和状态，确保货物的安全和及时送达。

（3）冷链物流管理系统。对冷链物流从生产加工、仓储、运输、配送等环节的运作进行管理的系统，以及质量追溯系统等。

3. 冷链系统工作人员

冷链系统工作人员包括产品加工、口岸检疫、国际航空空勤、货物运输、冷链装卸、搬运、运输，以及大型农贸市场、市场监管等相关职责岗位的人员。他们共同确保了冷链物流系统的正常运行和产品的质量安全。

以上这些组成部分共同构成了冷链物流系统，确保了产品在储存、运输、配送等环节的温度控制和保鲜要求，从而保证了产品的质量安全。

(三)冷链物流系统面临的挑战与问题

冷链物流系统面临着多种挑战和问题,包括"断链"问题、成本控制与效率提升、监管与法规遵守、信息化和智能化水平不足等。

首先,"断链"问题是冷链物流中的常见问题。"断链"是指在冷链物流过程中,由于各种原因,产品未能持续保持在规定的低温或恒温状态。通常会因为冷链物流基础设施设备资源不足,或企业的成本压力、管理漏洞、信息不对称等问题导致产品"断链","断链"对产品质量影响非常大,是应该极力避免的。

其次,成本控制和效率提升也是冷链物流系统面临的挑战之一。如何在保证产品质量的前提下,降低成本并提高效率是每个冷链物流企业需要思考的问题。

再次,监管与法规遵守也是冷链物流系统中的重要问题。企业需要遵守相关的法律法规和标准,以确保产品的质量安全。

最后,信息化和智能化水平不足也是制约冷链物流系统发展的重要因素之一。企业需要加强信息化和智能化建设,提高冷链物流系统的整体效能和竞争力。

二、冷链物流系统分析

(一)冷链物流系统的构成要素分析

根据生产力三要素理论,冷链物流系统的构成要素主要包括主体要素、客体要素、设施设备要素三大类。

1. 主体要素

主体要素一般包括原材料供应商、加工制造商、批发商及零售商、冷链物流企业、消费者以及冷链物流系统的监管部门等。

(1)原材料供应商。

原材料供应商是冷链物流系统的源头,其主要的作用是提供产品的原材料。原材料供应商数量众多,差异化程度大。冷链物流原材料供应商都应该具备相应的冷冻冷藏设施设备,对产品进行相应的冷冻冷藏处理。

(2)加工制造商。

冷链产品的加工制造是非常重要的一个环节。加工制造商需要确保产品是在相应的温度和湿度环境中进行加工制造,并按照相关规范要求和标准进行加工制作,并加强质量管理,以确保产品的品质。

(3)批发商与零售商。

冷链批发商和零售商是冷链物流过程中的重要一环,是联结加工制造商和消费者的桥梁和纽带。批发商的物流特点是少品种、大批量，物流相对简单，零售商的物流特点是多品种、小批量，物流复杂。

（4）冷链物流企业。

冷链物流企业应该通过运用先进的低温冷藏技术和提供专业的冷链物流服务，保证在原材料供应商、加工制造商、批发商和零售商一直到最终消费者的整个物流流程中，冷链产品始终处于适宜的温度和湿度环境，从而保证冷链产品的品质。

由于不同的冷链产品对温度、湿度和储存期都有严格且不同的要求，因此，这就给冷链物流企业带来更多、更严格的要求，例如，要在经营过程中投入更多的资金，要承担更大的经营风险和经营成本，对服务质量要求更严格，等等。

（5）消费者。

消费者处于冷链物流系统的末端，是冷链产品最终的接受者。消费者的结构、个性偏好的变化，会对冷链物流系统的运作产生决定性的影响。冷链物流系统上的其他主体，要时刻关注消费者的消费倾向，了解消费者的消费习惯，随时根据消费者需求的变化调整自己的营运策略。

（6）冷链物流系统的监管部门。

现在，冷链物流已经不仅仅是一种企业和市场行为，而是关系到人民身体健康和安全的大事，加强对冷链物流系统的质量监管是全社会共同的责任，需要冷链企业、政府相关职能部门的共同努力。政府相关职能部门要强化对冷链物流的全程质量管理，不能只对物流过程中某个节点的温度、卫生等方面进行监控，应建立对整个冷链物流系统的跟踪监控体系，促进冷链物流作业水平的提高。另外，还需要加大对冷链物流在安全、运输、储存、卫生检疫等方面的执法力度，坚决查处违规企业，杜绝安全隐患。

2. 客体要素

客体要素即冷链物流系统的服务对象。按照温度需求的不同，冷链产品可以分为恒温保存产品、冷却产品、冻结产品、冰鲜产品以及超低温产品等。这些产品在冷链物流过程中需要保持特定的温度环境，以确保其质量和安全。

3. 设施设备要素

设施设备要素为各类冷链物流设施设备，是冷链物流系统的核心设备，负责提供和维持产品所需的低温环境。信息化系统则负责对冷链物流的各个环节进行监控和管理，以提高冷链物流的效率和准确性。

这些要素在冷链物流系统中相互关联、相互作用，共同构成了一个完整的冷链物流系统。同时，这些要素的选择和配置也会直接影响到冷链物流系统的运行效率和食品质量安全，因此，在进行食品冷链物流系统的设计和优化时，需要充分考虑这些要素的影响和作用。

（二）冷链物流系统的结构分析

冷链物流系统的结构是指构成冷链物流系统的各个组成部分及其相互之间的关系和布局。冷链物流系统是一个复杂而精细的系统，从主体构成、主体数量与规模以及物流企业的作用等不同的角度，该系统的结构可分为以下不同的类型。

1. 主体构成不同的结构

冷链物流系统根据其主体构成的不同，可以分为生产商自营型、第三方物流型和合作型等。

（1）生产商自营型。在这种模式下，生产商拥有完整的冷链物流系统，从产品的生产、储存、运输到销售都由自己负责。这种模式适用于规模较大、对冷链物流要求较高的生产商。

（2）第三方物流型。第三方物流企业负责冷链物流的运输、储存和配送等环节，而生产商则专注于产品的生产和研发。这种模式可以降低生产商的物流成本，提高物流效率。

（3）合作型。生产商、供应商、分销商等冷链物流系统的多个主体进行合作，共同构建冷链物流网络。这种模式可以充分发挥各主体的优势，提高冷链物流系统的整体性能。

2. 主体数量与规模不同的结构

根据冷链物流系统中主体数量和规模的不同，可以将其分为以下几种类型。

（1）对称型结构。在这种结构中，上游供应商和下游客户的数量与规模基本呈现对等的状态。例如，在乳制品冷链物流中，上游的奶牛养殖场和下游的鲜奶销售商数量呈相对均衡，规模也相近。

（2）统一集中型结构。在这种结构中，冷链物流系统的生产和销售两端都由少数几个大型企业构成，这些大型企业拥有完善的冷链物流系统，能够实现规模化的生产和运输。

（3）收敛型结构。在这种结构中，上游供应商数量众多但规模较小，而下游客户数量较少但规模较大。例如，在果蔬冷链物流中，众多的小农户将产品供应给少数几个大型的果蔬批发商或零售商。

（4）发散型结构。与收敛型结构相反，发散型结构中的上游供应商数量较少但规模较大，而下游客户数量众多但规模较小。这种模式通常出现在一些大型生产商向多个小型零售商供货的情境中。

3. 物流企业作用不同的结构

根据冷链物流企业发挥的作用不同，可以分为以下几种类型。

（1）仓储型物流企业。这类企业主要负责冷链物流中的仓储环节，通过建设和管理冷库等设施设备，确保产品在储存过程中保持恒定的低温或冷冻状态。

(2)运输型物流企业。这类企业主要负责冷链物流中的运输环节,通过采用专业的冷藏车和制冷设备,确保产品在运输过程中保持恒定的低温或冷冻状态。

(3)综合型物流企业。这类企业不仅提供仓储和运输服务,还涵盖了冷链物流中的其他环节,如配送、加工等。它们能够为客户提供全方位的冷链物流解决方案。

(4)平台型物流企业。这类企业利用互联网和大数据技术,构建了一个连接生产商、供应商、分销商和消费者的冷链物流平台。通过平台,各方可以实时共享信息、协同工作,从而提高冷链物流系统的整体性能。

总之,冷链物流系统的结构是复杂多样的,其主体构成、主体数量与规模以及物流企业作用的不同都会影响到系统的整体性能,因此,在构建冷链物流系统时,需要充分考虑各种因素,选择适合自身需求的结构模式。

(三)冷链物流系统的功能分析

冷链物流系统的功能分析可以分为基本功能和辅助功能,基本功能包括冷链运输、冷链仓储、冷链配送、冷链物流信息处理等,辅助功能包括冷链包装、冷链装卸搬运、冷链流通加工等。

1. 冷链物流系统的基本功能

(1)冷链运输。

冷链运输是冷链物流系统中成本较高的环节,因此也是控制物流成本较为关键的环节之一。在整个运输环节,无论是对于温度的控制还是对于路线的选择,都会使物流成本发生很大的变化。与普通运输相比还有一个影响冷链运输效果的特殊因素,即对诸如车辆损坏、温控仪器故障等突发事件的应对能力。冷链运输途中,如运输冷冻食品时,运输设备厢体内部温度应保持在-18℃及以下,装卸时短期升温温度不应高于-15℃,并在装卸后尽快降低至-18℃以下。在运输全过程中,应按规定控制和记录运输设备厢体的内部温度。

(2)冷链仓储。

冷链仓储承担着冷链的储存和保管职能。冷链中的仓储包括冷却储藏和冻结储藏,以及果蔬等食品的气调贮藏等,此环节主要涉及各类冷库、加工间、冷藏柜、冻结柜及冰箱等。仓储过程中要注意产品之间的相互作用和影响,要注意不同产品之间是否会发生化学反应,不能将产品随意混装。对于有特殊气味的冷链产品,如水产品、生物活体等,如果混装就会造成串味,损失产品原有的价值。

(3)冷链配送。

冷链配送主要依托冷链配送中心,着重解决冷链物流中"最后一公里"的问题。冷链配送相对于普通物流配送来说比较特殊,它的整个过程对时间控制、温度保持等条件的要求都非常严格。

冷链配送具有配送成本较高、时效性较强、配送设备有特殊要求等特点。冷链配送中心作为连接供应商和客户的纽带,在整个冷链配送系统中占有战略性地位。合理的冷链配送中心选址,不仅能降低物流成本,加快货物流通速度,保证生鲜食品的质量,还能在很大程度上增加物流企业的收益。

(4) 冷链物流信息处理。

冷链物流系统中的主要信息包括原材料产地、食品的在途状态、质量检测信息、需求信息、温度监控信息、保质期、包装要求、订单信息等。其中，产品储存环境的实时温度是冷链物流活动中最为重要的信息，是保证商品质量的关键指标。在冷链物流活动的各个环节中，都需要对产品所在环境的温度变化情况进行实时监测，利用信息管理系统对异常的温度变化及时做出调整，减少产品温度的波动。

对原材料生产到最终消费者购买的全程信息的全面收集，是实现产品安全信息可追溯和冷链物流活动透明化的前提。一旦发现产品质量问题，就能够对问题产品实现准确定位，查找问题源头，及时召回问题产品，降低由此造成的负面影响。这也是未来冷链物流发展的一个主要趋势。

2. 冷链物流系统的辅助功能

（1）冷链包装。

冷链产品的包装对于保护产品的品质、延长产品的保质期非常重要，此外包装还能方便消费者，方便物流操作，防止产品的污染，促进物流的合理性和计划性等。

对于冷链产品，其安全性永远是最重要的，因此，产品包装材料的选择首先要考虑的因素就是卫生安全。应根据冷链产品的类型、形状及特性等合理地选择包装材料和包装技术，以确保冷链产品在物流过程中的品质和卫生安全。运输包装材料或容器应完整、清洁、无污染、无异味、无有毒有害物质，不与冷链产品发生化学反应，达到相关卫生法规和标准要求，并且还应具有一定的保护性、阻隔性、封闭性和遮光性等，防止有害微生物和外界条件对产品品质的影响。

（2）冷链装卸搬运。

装卸搬运合理化也是冷链物流过程合理化的一个重要内容。提高装卸搬运效率，减少装卸搬运次数，对于减少外界条件对冷链产品质量的影响，以及提高整个冷链物流的总效益，具有重要作用。

冷链物流的装卸搬运工作，一般都是在冷藏环境中完成的。装载前，应按不同目的地对冷链产品加以筛选和分组，根据"后卸产品先装载，先卸产品后装载"的顺序进行装载；产品堆积要紧密，应与厢壁周围留有缝隙，货物与后门之间宜保留至少 10 厘米的距离，顶棚和货物之间宜留出至少 25 厘米的距离，用支架、栅栏或其他装置来防止产品移动，并保持冷气循环。

产品装卸或出入冷库要迅速，在装卸产品的过程中应严格控制作业环境温度和时间，保证产品温度不高于规定温度。如果没有密闭装卸口，应保持运输车门随开随关。完成运输作业后，应立即对运输工具进行严格的清洗、消毒和晾干，如此才可进行新的运输作业。

（3）冷链流通加工。

我国每年由于食品的初加工、预冷等保鲜措施不足，造成食品在物流过程中的损耗非常严重，因此为了减少损耗、延长食品保质期、提高物流效率，实现物流过程的增值、增效，流通加工在食品物流过程中是必不可少的。

如生鲜食品的流通加工形式，主要包括以下几种：第一，冷冻加工，如冷冻的肉类、鱼类等，通常在低温冻结的状态下对其实施切割、包装等流通加工；第二，分选加工，如果蔬、水产品等农副产品，其在获取时规格、质量差别较大，通常会采取人工或机械的方式来分拣成具有一定标准的产品；第三，分装加工，许多生鲜食品出厂规模较大，而零售数量规模较小，也有一些产品采用集装方式运达销售地区后，需要改小包装进行销售，所以在销售之前通常需要分装加工。

拓展知识

顺丰牛羊肉寄递冷链物流系统

视频案例

格力冷链系统，助力乡村振兴

习题

模块四　任务一　习题

能力提升

训练任务	冷链物流系统的结构和功能分析
训练目的	1. 掌握冷链物流系统常见的结构和功能； 2. 能够根据具体的冷链物流系统，分析其构成要素和结构功能

续表

训练任务	冷链物流系统的结构和功能分析
训练要求	1. 全班同学每 3~4 人组成一个小组，每组选取一种具体产品品类（如肉类、水产品、果蔬类、乳制品、速冻食品、药品等），对其冷链物流系统进行调研； 2. 小组之间比较冷链物流系统构成的不同，并说明原因
我的做法	
我的结论	
我的思考	

任务二　了解冷链物流标准化体系

任务目标

◆ 知识目标

（1）理解冷链物流标准化的重要意义；

（2）了解冷链物流标准化体系的构成部分。

◆ 技能目标

能够查找相应的冷链物流标准，并利用冷链物流标准指导实际作业。

◆ 素养目标

具有标准化意识。

生鲜农产品本身具有易腐性、过程时效性和不可逆转性，其物流设施设备有一定的特殊性，消费群体存在多元性、多变性和分散性，冷链物流运作复杂。此外，与之相关的冷链物流企业存在着冷链技术水平、管理水平参差不齐等问题，使得生鲜农产品的质量安全得不到有效保障。因此，制定冷链物流技术规范标准，对于促进冷链物流行业健康发展具有重要的意义和作用。

任务思考
(1) 冷链物流标准化管理包括哪些方面呢?
(2) 冷链物流标准化体系由哪些部分构成呢?

麦当劳冷链物流的标准化

麦当劳作为全球成功快餐连锁品牌,其背后离不开高效、标准化的冷链物流支持。麦当劳除了对下属的餐厅施行统一的标准化管理,对冷链物流也有严格的标准。

据了解,麦当劳的冷链物流标准,涵盖了温度记录与跟踪、温度设备控制、商品验收、温度监控点设定、运作系统 SOP(标准作业程序)的建立等领域。即便是在手工劳动的微小环节,也有标准把关。麦当劳还考虑到应用一些专门的物流业服务标准和技术标准,以便把工作细化到 MRP(物资需求计划)或者 VMI(供应商管理的库存)系统的各个节点,进而对整个流程实施控制和跟踪。

除此之外,麦当劳对其所有的餐厅实行统一的标准化管理,从对员工的要求到对经理的要求,从对食品制作的要求到对食品运输的要求来讲,麦当劳在全球范围内自始至终执行着一整套的标准化管理。

麦当劳通过对夏晖集团冷链物流的过程管理,从而实现对自己餐厅销售的食品质量的控制。

麦当劳公司一般通过订单管理、库存与配送管理进行餐厅质量管理。麦当劳餐厅的经理需要预先估计安全库存,一旦库存量低于安全库存,便进入订货程序。麦当劳采取在网上下订单,将订单发往配销中心。夏晖集团在接到订单之后,便能够在最短的时间内完成装货、送货等一系列过程。只有这种网上订货的方式还不够。每天,餐厅经理都要把订货量与进货周期进行对照,一旦发现问题,就会立刻进入紧急订货程序。虽然紧急订货这种行为不被鼓励,但一经确认,两小时后货品就会被送到餐厅门口。麦当劳通过对其订单的有效管理,实现了仓库储备的货物总能保证在安全库存之上,保证随时能够满足消费者对食品的任何要求。

麦当劳对夏晖集团的库存与配送有很高的要求,提出了"保证准时送达率、保证麦当劳的任何一个餐厅不断货、保证每一件货物的质量处在最佳状态"三点基本要求。

为了满足麦当劳冷链物流的要求,夏晖集团在北京地区投资建立了一个占地面积达 12000 平方米、拥有世界领先技术的多温度食品分拨物流中心,中心内设有冷藏库、冷冻库及干货库,各个库区都有极其严格的温度、湿度的要求,从而保证食品的品质。在出库装货的过程中,冷冻、冷藏运输车辆停靠在装货的车道内,能与冷库实现完全的密封性对接。为了保证营业期间食品的新鲜,冷库坚持"先进先出"的出入库方式,并对物品入库和出库环节也制定了严格的标准。

麦当劳对食物的运送有严厉的标准。为了保证按时送货到店,保证每个餐厅不断货,夏晖集团研制了一套很有用的送货道路,以保证运送效率。在接到订单后,夏晖集团会检查货品的质量是否处于最佳的状态,冷冻品在冷藏车内的摆放都有严格的要求,而且每次进货,麦当劳餐厅的负责人员都会亲自查看食物的温度和质量、记载接货时刻和地址、检查食物安全证明等,最终再签字,严厉把好质量关,假如发现商品不合格,会直接退回夏晖集团。

麦当劳对冷藏车的要求也非常高,标准的 2 吨重的冷藏车,要在作业 500 小时就进行一次安全查看,查看冷藏车的冷藏效果是否达到标准等,发现问题及时处理。

麦当劳不仅对于货物的运输、储存有着严格的标准,对于货物的装卸过程也有着严格的标准。在搬运货物的时候,搬运人员不能直接与货物接触,而是将货物放在托盘上,进行整体性的搬运。这样做,不仅能避免人员接触对货物的污染,而且能快速搬运大量货物,从而保证在规定时间内完成装卸货的任务。

统一的物流标准不仅确保了食品从生产、存储、运输到销售的每一个环节都符合严格的质量和安全要求,还提高了冷链物流系统的运作效率。通过标准化管理,麦当劳可以更有效地利用资源,减少浪费,降低成本,并提高服务质量。同时,统一的物流标准还有助于麦当劳在全球范围内推广其品牌和产品,增强品牌影响力和市场竞争力。

(案例来源:《制冷日报》。有删改。)

一、冷链物流标准化管理的内涵

冷链物流标准化管理就是要对冷链物流过程所涉及的不同环境、环节及阶段,建立全面的管理体系,设置专门的管理流程,制定统一的标准和规范,以确保冷链物流的高效、安全和稳定。

冷链物流标准化管理体系须贯穿于整个冷链物流活动的全过程。按照冷链物流运作流程，标准化管理体系应对采购、生产、加工、包装、运输、储存、分拣与配送、销售等各个环节，均制定规范的操作和管理要求，例如：包装环节有对包装材料、包装尺寸、包装标识等的要求；运输环节有对运输设备、运输温度等的要求；储存环节有对冷库、储存温度、验收卸货、堆码等的要求；分拣与配送环节有对配送场地、配送车辆、分拣场地等的要求；销售环节有对陈列设备、温度等的要求。

总之，冷链物流标准化管理是对冷链物流活动全过程的规范与标准进行组织、协调、实施及控制的过程，并不断制定、修订及完善冷链物流管理制度的管理行为。

具体来说，冷链物流标准化管理的作用主要体现在以下几个方面。

（1）提高冷链物流效率。通过标准化管理，可以规范冷链物流各个环节的操作，优化流程，减少不必要的环节和浪费，提高整体物流效率。

（2）保障产品质量与安全。冷链物流的核心是确保产品在低温环境下的质量安全。通过制定和执行严格的温度控制、包装、储存和运输标准，可以最大限度地减少产品在物流过程中的损耗和变质，保障产品的质量安全。

（3）促进产业协同发展。冷链物流标准化管理有助于加强产业间的协同和合作，实现资源共享、优势互补，推动整个冷链物流产业的协同发展。

（4）提升行业竞争力。通过制定和执行统一的标准，可以提高冷链物流行业的整体效率和质量，降低行业成本，提升整个行业的竞争力。

（5）鼓励技术创新。冷链物流标准化管理可以推动冷链物流企业在技术方面的创新，如采用先进的温度控制技术、包装技术、运输技术等，提升冷链物流的智能化、自动化水平。

为了实现冷链物流标准化管理，需要制定和执行一系列的标准和规范，包括温度控制标准、包装标准、储存标准、运输标准等。同时，还需要加强对冷链物流企业的管理和监管，确保企业按照标准和规范进行操作，保障冷链物流的高效、安全和稳定。

二、冷链物流标准化体系构成

冷链物流标准化体系是政府部门、相关行业协会及企业组织为促进冷链产业健康发展，借助于标准化手段规范冷链物流行业运作的政策性文件。

我国已经建立了一套在国家标准化委员会领导下的标准化研究管理机构体系，全国物流标准化技术委员会是专门负责物流领域标准化工作的机构，下设专业委员会，其中，全国物流标准化技术委员会冷链物流分技术委员会是冷链物流标准化领域的管理协调机构。截至2023年底，我国现有的冷链物流国家标准、行业标准已近400项，涵盖了冷链物流基础标准、冷链物流作业技术与管理规范、冷链物流服务质量管理标准、冷链物流设备设施标准、冷链物流技术方法规范、冷链物流服务信息标准、冷链物流安全环保卫生规范、冷链物流相关检验与实验标准等。

中国物流与采购联合会冷链物流专业委员会、全国物流标准化技术委员会冷链物流分技术委员会 2023 年发布的《中国冷链物流标准目录手册》中，收录了 2023 年 12 月 31 日以前发布的农副产品、食品冷链物流国家标准、行业标准共计 385 项。另外，根据中国物流与采购联合会、全国物流标准化技术委员会 2023 年发布的《物流标准目录手册》，与冷链物流相关的标准还有医药冷链物流相关标准、冷链快速服务、冷藏集装箱堆场技术管理要求等。

按照不同的分类标准，我国冷链物流标准化体系的构成可以分为以下不同类型。

（一）按照标准制定和发布的主体分类

按照标准制定和发布的主体分，我国目前的标准化体系由国家标准、行业标准、地方标准、企业标准这四层级标准组成。

1. 国家标准

这是由国家级标准化组织制定并发布的标准，具有强制性和权威性，如《冷链物流分类与基本要求》（GB/T 28577—2021）、《食品安全国家标准 食品冷链物流卫生规范》（GB 31605—2020）等，适用于全国范围内的冷链物流行业。

2. 行业标准

这是由行业组织或协会制定并发布的标准，主要适用于该行业内的冷链物流企业和相关机构。行业标准通常根据行业的特点和实际需求制定，具有较强的针对性和实用性，例如《冷链货物空陆联运通用要求》（JT/T 1348—2020）是 2021 年 4 月 1 日实施的一项中华人民共和国交通运输行业标准。

3. 地方标准

这是由地方政府或地方标准化组织制定并发布的标准，主要适用于该地区的冷链物流行业。地方标准通常结合当地的气候、地理、经济等实际情况制定，具有地域性和灵活性，例如《跨境电商冷链物流管理要求》（DB44/T 2188—2019）是 2019 年 12 月 1 日实施的一项广东省地方标准。

4. 企业标准

这是由企业自行制定并发布的标准，主要适用于该企业的冷链物流业务。企业标准通常根据企业的实际情况和需求制定，具有针对性和灵活性。企业标准是企业提高冷链物流效率、降低成本、提升服务质量的重要手段。

（二）按照标准性质分类

按照标准性质分，我国冷链物流标准化体系可以分成强制性标准和推荐性标准。

1. 强制性标准

这是具有法律属性，在一定范围内通过法律、行政法规等手段强制执行的标准。

在冷链物流中,强制性标准可能涉及食品安全、药品安全等关键领域,通过对冷链物流的各个环节提出明确要求,确保物品在运输、储存、配送等过程中的质量安全,例如《食品安全国家标准 食品冷链物流卫生规范》(GB 31605—2020)、《冷库设计标准》(GB 50072—2021)就是国家强制性标准。

2. 推荐性标准

这是不具有强制性,任何单位均有权决定是否采用的标准。在冷链物流中,推荐性标准可能涉及一些先进的物流技术、管理方法等,旨在为企业提供指导和参考,帮助企业提升冷链物流的效率和水平,例如《冷库管理规范》(GB/T 30134—2013)就是国家推荐性标准。

(三)按照标准体系框架过程控制要素分类

按照标准体系框架过程控制要素分类,我国冷链物流标准化体系包括冷链物流基础标准、冷链物流设施设备标准,以及冷链物流技术、作业与管理标准等。

1. 冷链物流基础标准

此部分标准主要对冷链的基本术语、定义、标准体系等加以规范,确保冷链物流行业的基础概念和标准一致,部分标准如表4-2所示。

表4-2 冷链物流基础标准

标准编号	标准名称	类别	发布日期	实施日期	规定范围
GB/T 28577—2021	冷链物流分类与基本要求	基础	2021-11-26	2022-06-01	本文件规定了冷链物流的分类,以及设施设备、信息系统、温度控制、物品保护、质量管理、人员要求、安全管理、环境保护等方面的基本要求。本文件适用于冷链物流及相关领域的管理与运作
GB 31605—2020	食品安全国家标准 食品冷链物流卫生规范	基础	2020-09-11	2021-03-11	本标准规定了在食品冷链物流过程中的基本要求、交接、运输配送、储存、人员和管理制度、追溯及召回、文件管理等方面的要求和管理准则。本标准适用于各类食品出厂后到销售前需要温度控制的物流过程

续表

标准编号	标准名称	类别	发布日期	实施日期	规定范围
GB/T 36080—2018	条码技术在农产品冷链物流过程中的应用规范	基础	2018-03-15	2018-10-01	本标准规定了条码技术在农产品冷链物流过程中的编码规则、符号表示、检测与质量评价。本标准适用于农产品获取、加工、冷冻贮藏、冷链运输及配送、冷藏销售等关键冷链物流环节条码技术的应用
GB/T 18517—2012	制冷术语	基础	2012-11-05	2013-03-01	本标准界定了制冷术语;适用于制冷专业的产品制造、工程设计、施工、维护管理以及科研、教育等领域

2. 冷链物流设施设备标准

此部分标准针对冷链中各环节的相关设施设备制定规范,分别对冷却加工、冷藏、运输、配送、销售等环节涉及的预冷设备、运输装备、冷库设施、陈列柜等的技术要求进行规范。部分标准见表 4-3。

表 4-3 冷链物流设施设备标准

类型	标准编号	标准名称	类别	发布日期	实施日期	规定范围
冷库	GB 50072—2021	冷库设计标准	技术	2021-06-28	2021-12-01	本标准适用于采用氨、卤代烃及其混合物、二氧化碳为制冷剂的亚临界蒸汽压缩直接式制冷系统和采用二氧化碳、盐水等为载冷剂的间接式制冷系统的新建、扩建和改建食品冷库

续表

类型	标准编号	标准名称	类别	发布日期	实施日期	规定范围
冷库	GB/T 30134—2013	冷库管理规范	管理	2013-12-17	2014-12-01	本标准规定了冷库制冷、电气、给排水系统、库房建筑及相应的设备设施运行管理、维护保养要求和食品储存管理要求。本标准适用于储存肉、禽、蛋、水产及果蔬类的食品冷库，储存其他货物的冷库可参照执行
冷库	GB/T 28009—2011	冷库安全规程	技术	2011-12-30	2012-12-01	本标准规定了冷库设计、施工、运行管理及制冷系统长时间停机时的安全要求；适用于以氨、卤代烃等为制冷剂的直接制冷系统及间接制冷系统的冷库，其他类型的冷库和制冷系统可参照执行，不适用于作为产品出售的室内装配式冷库
冷冻、冷藏设备	GB/T 40363—2021	冷藏集装箱和冷藏保温车用硬质聚氨酯泡沫塑料	技术	2021-08-20	2022-03-01	本标准规定了冷藏集装箱、冷藏车和保温车用硬质聚氨酯泡沫塑料的分类、要求、试验方法、检验规则、标志、包装、运输与储存。本标准适用于以多元醇和多异氰酸酯为主要原料发泡生产，用于冷藏集装箱（标箱）、冷藏车和保温车绝热用硬质聚氨酯泡沫塑料，其他冷藏箱、保温箱用聚氨酯泡沫塑料也可参考采用

续表

类型	标准编号	标准名称	类别	发布日期	实施日期	规定范围
冷冻、冷藏设备	GB/T 20154—2014	低温保存箱	技术	2014-12-05	2015-12-01	本标准规定了低温保存箱的术语与定义、分类与命名、要求、试验方法、检验规则、标志、包装、运输、储存。本标准适用于封闭式电动机驱动压缩式低温保存箱
	SN/T 1995—2007	进出口食品冷藏、冷冻集装箱卫生规范	管理	2007-12-24	2008-07-01	本标准规定了进出口食品冷藏、冷冻集装箱卫生规范。本标准适用于进出口食品冷藏、冷冻集装箱检验
包装	GB/T 31122—2014	液体食品包装用纸板	产品	2014-09-03	2015-02-01	本标准规定了液体食品包装用纸板的产品分类、技术要求、试验方法、检验规则及标志、包装、运输、储存。本标准适用于制作液体食品包装用纸板

3. 冷链物流技术、作业与管理标准

此部分包括冷链物流技术类标准、作业类标准和管理类标准。

技术类和作业类标准，是根据不同类型的产品，如速冻食品、乳制品、水产品、肉制品、果蔬、冷冻饮品、蛋制品等，对其冷链物流技术与操作加以规范，明确各种货物进出冷链的质量要求，以及在储存、运输、配送等各环节的操作要求和相应的技术条件。

管理类标准，是对冷链物流进行管理及质量控制，确保冷链产品的质量得到保障的相应要求。

部分冷链物流技术、作业与管理标准如表4-4所示。

表 4-4　冷链物流技术、作业与管理标准

标准编号	标准名称	类别	发布日期	实施日期	规定范围
GB/T 40956—2021	食品冷链物流交接规范	作业	2021-11-26	2022-06-01	本文件规定了食品冷链物流交接作业的总体要求和入库、出库、配送交接要求。本文件适用于食品冷链物流过程中的交接管理
GB/T 28842—2021	药品冷链物流运作规范	管理	2021-11-26	2022-06-01	本文件规定了药品冷链物流过程中的总体要求，人员与培训、设施设备与验证管理、温度监测与控制、物流作业、应急管理以及内审与改进等方面的要求。本标准适用于药品冷链物流服务与管理
GB/T 24616—2019	冷藏、冷冻食品物流包装、标志、运输和储存	作业	2019-08-30	2020-03-01	本标准规定了冷藏、冷冻食品在物流过程中的包装、标志、运输、储存和追溯要求。本标准适用于冷藏、冷冻食品的物流作业与管理
GB/T 38375—2019	食品低温配送中心规划设计指南	管理	2019-12-31	2020-07-01	本标准给出了食品低温配送中心规划设计的总体原则，并就规划设计、主体建筑、核心功能区、道路及动线、作业设备选用、信息化管理等提出了设计和规划参考的标准和方法。本标准适用于食品低温配送中心的新建、改建或扩建

续表

标准编号	标准名称	类别	发布日期	实施日期	规定范围
GB 20799—2016	食品安全国家标准 肉和肉制品经营卫生规范	管理	2016-12-23	2017-12-23	本标准规定了肉和肉制品采购、运输、验收、储存、销售等经营过程中的食品安全要求。本标准适用于肉和肉制品经营活动
GB/T 31086—2014	物流企业冷链服务要求与能力评估指标	管理	2014-12-22	2015-07-01	本标准规定了物流企业从事农产品、食品冷链服务所应满足的基本要求,以及物流企业冷链服务类型、能力级别划分及评估指标。本标准适用于物流企业的农产品、食品冷链服务及管理
GB/T 26544—2011	水产品航空运输包装通用要求	管理	2011-06-16	2012-01-01	本标准规定了航空运输水产品包装的基本要求、包装材料、包装容器和包装方法。本标准适用于水产品航空运输包装。本标准不适用于有特殊要求的水产品包装

  以上是我国冷链物流标准化体系的构成,而冷链物流标准化体系的建设,除了需要一套完善的冷链物流标准,为冷链产品的冷链流通提供规范化的标准,做到有标可循以外,还需要具备两个方面的条件:一是要有成熟的冷链物流标准实施条件,包括从业人员素质、冷链设施设备标准、冷链物流技术和管理水平等,这些是冷链物流标准化真正落地的基础;二是要有健全的冷链物流标准化实施的监管体系,促进冷链物流服务业规范化、标准化发展。

> **课堂案例**

百果园将产品标准化做到极致

水果作为人们日常生活中不可或缺的食物,不仅含有极为丰富的营养成分,还具备独特的口感,因此成为众多家庭的日常必需品。鉴于水果的品质对消费者而言至关重要,新鲜、好吃、安全、性价比等词汇已经成为定义好水果的主要标准。在这样的背景下,如何科学合理地维持水果品质,让消费者及时享受到新鲜高品质水果,水果连锁店要做的应是充分发挥连锁品牌的规模效应以达供应需求。水果连锁品牌百果园的做法如下。

1. 独创水果分级标准,满足顾客多样化需求

百果园在2007年就提出"好吃"是检验水果的首要标准。但好吃这个词既抽象又主观,要落实成可估评的标准,就得进一步细节评估维度。百果园提出"六大指标"——糖酸度、新鲜度、细嫩度、爽脆度、香味和安全。

按照这些指标,百果园建立了四级果品品质分级体系,分成招牌"非常好吃"、A级"很好吃"、B级"一般好吃"、C级"放心实惠"4个等级,这样的品质分级标准极大地满足了顾客对水果不同口味的需求,同时也为顾客在挑选水果时提供了清晰易懂的参考,使其更加方便地选择符合个人需求的水果。

2. 五大标准体系、四重食品安全检测为好吃水果保驾护航

一直以来,百果园坚持全程把控品质,坚守"新鲜度"和"安全"两条生命线,严格执行五大标准体系——产地采购标准、品控入库/验收标准、配送发货标准、门店收货标准以及销售标准,以及严格执行四重食品安全检测——采摘前食品安全检测、入仓前每批次口感外观检测、入仓前每批次食品安全检测以及库内食品安全抽检。从产地到门店,百果园全链路严管质量关,确保每一位顾客都能享受到安全、新鲜、优质的水果。

3. 建立了标准化的仓储、配送和运输体系

仓储方面,截至2023年6月30日,百果园在全国有29个仓配中心,将不同水果按不同温度需求进行恒温储存,实施成熟度和新鲜度把控。同时,在仓储环节升级能耗及温控管理,推进冷链规范化管理。在配送和运输方面,百果园计划将配送中心的节能设备进行升级,实现冷链运输标准化,有效减少设备能源消耗;同时,企业还制定了新能源车辆升级计划,目标是到2026年,新能源车辆占比达到30%。2023年,百果园已在全国上线智能运输管理系统(TMS),通过优化运输路线减少能源消耗,同比减碳500吨。

以草莓为例,草莓在采摘、储存、运输和保鲜等环节都非常娇嫩,损耗率极高。百果园的处理方案是在草莓采摘下来后,就地采用预冷处理,"让

温度降到能让草莓处于休眠期的温度",然后采用冷链发出;为避免车身颠簸,运输车辆的车身长度不能超过6.8米;严格控制冷链运输车辆的车速不得超过每小时70千米,但同时必须24小时到仓。通过这些品控细节,百果园将草莓损耗率由最开始的70%,成功降至10%~15%。

百果园的产品标准化体系的构建保障了果品的新鲜程度和口感,提高了门店的食品质量,确保果品在各个门店之间的一致性和可靠性。现如今,百果园布局的连锁零售门店在全国150余座城市落地开花,拥有超5900家实体社区门店和7900多万会员。

(资料来源:《第一财经杂志》。有删改。)

拓展知识

郑州冷链物流标准化新进展

视频案例

药剂2~8℃的试剂冷库建设标准

习题

模块四 任务二 习题

能力提升

背景资料

某生鲜电商平台以"新鲜到家"为服务理念,致力于为消费者提供高品质的生鲜食品。在业务快速发展的过程中,该电商平台却面临着冷链物流管理的诸多挑战。由于冷链物流涉及多个环节,包括采购、储存、运输、配送等,每个环节都需要严格把控,才能确保食品的新鲜度和安全性。然而,目前各环节之间缺乏统一的标准和规范,导致管理效率低下,食品损耗率较高,从而影响了该生鲜电商平台的服务质量和市场竞争力。

为了解决上述问题,该生鲜电商平台决定实施冷链物流标准化。具体做法如下。

(1)建立冷链物流体系。该生鲜电商平台投入大量资金,建设了先进的冷链物流体系。该体系包括冷链仓库、冷藏车辆、温度监控设备等硬件设施,以及冷链物流管理系统等软件设施。通过硬件设施和软件设施的有机结合,该生鲜电商平台实现了对冷链物流全过程的实时监控和管理。

(2)制定冷链物流标准。该生鲜电商平台组织专家团队,结合行业特点和自身实际情况,制定了一套完整的冷链物流标准。标准涵盖了采购、储存、运输、配送等各个环节,明确了各环节的操作流程、温度控制、时间要求等具体标准。

(3)培训员工。该生鲜电商平台组织员工参加冷链物流标准化培训,加深员工对冷链物流标准的认识和理解。同时,该生鲜电商平台还建立了严格的考核机制,确保员工能够熟练掌握并遵守冷链物流标准。

训练任务	冷链物流标准化流程设计
训练目的	1. 能够查找冷链物流相关标准并利用标准来指导实际作业; 2. 能够根据企业的实际需求,设计冷链物流标准化流程
训练要求	为了帮助上述生鲜电商平台提升冷链物流效率,降低食品损耗率,提升客户满意度,请分组为上述生鲜电商平台设计一套冷链物流标准化流程。要求: 1. 设计从采购、储存、运输到配送的冷链物流标准化流程; 2. 确定各环节的操作标准、温度控制、时间要求等具体标准; 3. 考虑不同食品的特性,设计差异化的冷链物流方案
我的做法	
我的结论	
我的思考	

任务三 冷链物流的"数智化"管理

◆ 知识目标

(1) 了解冷链物流数字化、智能化管理的基本概念原理并理解其重要性;

(2) 掌握冷链物流数字化、智能化管理方法。

◆ 技能目标

(1) 能够运用现代信息技术解决冷链物流实际问题;

(2) 能够结合实际情境,分析冷链物流"数智化"管理的成效和影响因素,并提出改进建议。

◆ 素养目标

(1) 提高信息化素养;

(2) 具有创新意识。

随着大数据、云计算、物联网等先进技术的不断融合与创新,冷链物流企业的"数智化"管理正逐渐成为行业转型升级的重要驱动力。通过构建智能化仓储系统、优化路径规划算法、实施全程温控监控与数据分析等,企业不仅能够大幅提升物流效率,减少损耗,还能实现资源的精准配置与风险的有效控制,因此,冷链物流企业的"数智化"管理策略与实践,对于推动行业高质量发展、保障冷链物流企业服务质量具有重要意义。

任务思考

(1) 冷链物流企业的"数智化"管理包括哪些内容?

(2) 冷链物流企业该如何进行"数智化"管理?

身边的冷链物流

光明乳业——大数据加持，领"鲜"抢先一步

一直以来，光明乳业在领"鲜"方面保持行业抢先一步的状态，主要得益于物流的优势——光明乳业旗下领鲜物流依托数字化技术，建立了精准的仓库控温系统和运输途中的数字监控系统。加上光明随心订平台的打造，依托大数据的加持，光明乳业在新鲜方面，已经领跑行业。

据悉，目前光明领鲜物流在全国拥有仓库65座，总面积达18.4万平方米。通过数字化管理体系的加持，光明领鲜物流可以借助温度监测和视频监控对仓库进行即时监测，保障储存环境稳定。

在冷链物流环节，凭借物联网技术和人工智能算法应用，光明领鲜物流全国2000余辆冷藏车都被纳入温度监控体系，全力保障全国范围内5万个网点的新鲜牛奶配送服务。在物流运输的途中，还可通过车载监控设备实时监控车辆位置和温度状态，实现冷藏车四温区管理，保障运输品质。且大数据还能计算出更快捷的交通运输方式，优化运输效率，降低运输成本。

作为全国最早开启送奶上门服务的光明乳业，从20世纪90年代开始，印着光明logo的奶箱便成了几代人的共同回忆。

2020年开始，随心订以新鲜为原点，立体延展出鲜食业务，将光明随心订定位由"送奶到家"升级为"鲜食宅配"平台。现今，通过云计算、大数据技术和中台架构数字赋能的光明随心订，不断打造完整的服务生态体系，引领鲜奶数字化消费新趋势，已成为中国最大的送奶上门平台，四随服务"随心订、随地付、随意选、随心换"为全国90余个城市350万个家庭提供了鲜食周期购服务。

（资料来源：搜狐网。有删改。）

知识研修

一、冷链物流的数字化管理

冷链物流的数字化管理是利用信息技术、数字化手段对冷链物流的各个环节进行

精细化管理。相对于传统的运营模式，数字化管理主要侧重于将冷链物流过程中的各种信息转化为数字数据，通过数字技术对这些数据进行收集、处理、存储和传输，以实现信息的快速流通和共享。

冷链物流的数字化管理不同于过去单纯的信息化管理，它能通过实时监控和采集数据，对产品的实时温度、湿度、破损部位、所处位置等信息进行统一管理，如果发生异常状况，企业能即刻得到信息反馈。

这种管理方式在提高冷链物流的效率、降低成本、确保产品质量和提升客户体验方面优势明显。

（一）冷链物流的数字化管理系统

信息系统建设是数字化管理的基础。通过建立冷链物流信息化管理平台，能够实现冷链物流不同环节间的数据共享、协同操作和信息沟通。同时信息化管理平台可以集成物联网、大数据、云计算等先进技术，为冷链物流提供全面的技术支持。

以下是冷链物流常用的信息系统。

1. 仓储管理系统（WMS）

仓储管理系统是冷链仓储数字化管理的核心系统。它负责管理仓库内的所有活动，包括入库、存储、拣选、出库等。仓储管理系统能够实时监控和记录货物的状态、位置和数量，还能够与企业资源计划系统、运输管理系统等集成，实现数据共享和业务协同。

2. 温度监控系统

冷链仓储的关键在于保持货物的温度恒定。温度监控系统通过安装在仓库内的温度传感器实时采集温度数据，并将数据传输到中央控制系统进行分析和处理。一旦仓库内温度超出设定范围，系统就会立即发出警报，通知管理人员采取相应措施。

3. 湿度监控系统

湿度是影响货物品质的重要因素之一。湿度监控系统通过湿度传感器实时监测仓库内的湿度水平，确保货物在适宜的湿度环境下储存。

4. 自动识别和数据采集系统

例如射频识别（RFID）系统可以实现货物的自动识别和批量数据的自动采集，在冷链仓储中，RFID系统用于货物的入库、出库、盘点等环节，能够提高物流作业的效率和准确性。同时，RFID系统还可以与仓储管理系统等信息系统集成，实现货物的实时追踪和定位。

5. 企业资源计划（ERP）系统

企业资源计划系统涵盖了企业的采购、生产、销售、财务等方面。在冷链仓储中，企业资源计划系统可以提供全面的货物信息管理，包括货物的来源、去向、库存情况等。通过与仓储管理系统等信息系统的集成，企业资源计划系统可以实现冷链仓储的数字化管理。

6. 运输管理系统（TMS）

运输管理系统是冷链物流运输数字化管理的基础，负责管理货物的运输过程。运输管理系统可以与仓储管理系统集成，实现货物的实时追踪和定位。同时，运输管理系统还可以通过优化运输路线和调度运输资源，提高运输效率和降低成本。

此外，还有一些信息系统也可以在冷链仓储的数字化管理中得到应用，如大数据分析平台等。这些信息系统可以相互集成和协同工作，共同提高冷链仓储的数字化管理水平。

冷链物流的数字化管理不仅需要系统的搭建，还需要依赖冷链基础设施设备建设，如智能仓储建设、冷库温湿度传感器安装、冷链运输设备、冷藏车定位及传感器安装、货物出入库识别系统建设等。搭建好数字化管理的基础，能将为企业带来更加明显的效益，可以使企业整体运营得到优化，运营效率也将得到质的提升。

（二）冷链仓储的数字化管理

冷链仓储的数字化管理可以实现以下功能。

1. 仓储出入库的高效化运营

数字化系统的应用，例如将装有射频技术的固定式设备的龙门架安置在冷库出入口，工作人员可以一次识别多个货物，从而使得日常仓储盘点、出入库效率得到大幅提升，且可以实现快速查货、找货。同时，货物出入库时即可自动感应，且基本无漏读，可以快速、准确地进行数据采集和处理，实现了冷库的标准化和高效化运营。

在复核与分拣环节的最后工序上，需要通过货物的重量和体积来进行最后的快递费用结算，因此，快速获得货物的条码、体积和重量信息就变得非常重要。我们利用智能硬件，在3秒内即可获得信息，效率较传统方式可提升200％。

2. 库位的数字化管理

数字化系统可以实现仓储库位的数字化管理。

通过数字化管理，可以清晰地掌握每个库位的使用情况，了解库位使用时间和占用情况，从而合理安排货主存货时间，方便货主预约入库时间，错峰使用仓位和板位，让冷库发挥最大的贮藏价值。

系统还可以根据货物的特性和仓库的实际情况，自动优化库内布局，提高冷库的存储密度和存取效率。

3. 货物库存信息数字化管理

冷链仓储管理系统通常具备智能化的库存管理功能，能够自动记录和更新货物信息，提供实时的库存情况。通过自动化的货物追踪和管理，系统可以优化货物的存放和拣选流程，减少错误和损耗，提高操作效率。

货物库存信息数字化管理还可以实现科学的库存决策。在数字冷链中，所有冷链中的数字都会被关联数据印证，同时它也能帮你预测，未来一段时间内什么产品会畅销，并按市场需求来进行仓储调度，从而减少损耗与货品积压。

（三）冷链物流运输的数字化管理

冷链物流运输的数字化管理是利用现代信息技术手段对冷链物流运输过程进行全面、高效、精准的管理。这种管理方式可以有效提升冷链物流的运输效率、降低运输成本，并保障产品的质量安全。

冷链物流运输的数字化管理，主要涉及以下几个方面。

1. 温度监控与预警

通过物联网技术，实现对冷链物流运输过程中的温度实时监控。当温度超出预设范围时，系统会立即发出预警，以便相关人员及时采取措施，确保产品始终处于规定的低温环境下。

2. 实时定位与追踪

利用 GPS 定位技术、北斗卫星导航系统（BDS）等，对冷链物流运输车辆进行实时定位与追踪，可以帮助企业准确掌握车辆的运输轨迹和位置，确保产品能够按时送达目的地。

3. 数据分析与优化

通过收集和分析冷链物流运输过程中的各种数据，如运输时间、运输距离、温度波动等，可以优化运输路线，提高运输效率，并降低运输成本。同时，数据分析还可以帮助企业发现潜在的问题和风险，以便及时采取措施进行改进。

4. 智能化调度与管理

利用人工智能技术，可以对冷链物流运输进行智能化调度与管理。智能化调度与管理可以根据市场需求和运输能力，自动调整运输计划和调度车辆，确保产品能够及时送达目的地，还可以提高运输过程中的安全性和可靠性。

冷链物流运输的数字化管理可以带来以下好处。

（1）节约资源。可以有效监测货车装载、运行状况等，通过数字化调配运营，提高冷藏车利用率，减少冷藏车空返率，实现企业冷链货运资源的利用最大化。通过及时获得货车信息并动态规划路线，减少油耗，节约资源。

（2）减少污染。可以根据货物类型和运输条件自动调节温度，实现能源的最优利用，还能及时处理异常情形，减少资源浪费和污染物排放。

（3）提升效率。可以通过智能设备收集数据、分析数据，实现快速响应市场需求，提升作业效率。

（4）数据追溯。可以对每一个节点的数据都进行记录并上传至云端进行存储，实现数据可追溯，遇到异常情形可即时处理，以保障产品质量安全。

（四）冷链物流园区的数字化管理

冷链物流园区的数字化管理是利用现代信息技术手段对冷链物流园区内的各个环节进行高效、精准的管理。这种管理方式可以显著提升冷链物流园区的运营效率，降低运营成本，提高产品的质量安全。冷链物流园区数字化管理的特点包括以下几个方面。

1. 物流信息系统高效化

通过建立高效的物流信息系统，实现商品的信息跟踪、下单、配货、配送等服务的数字化管理。物流信息系统包括订单管理、库存管理、运输管理、财务管理等模块，能够实现园区内物流信息的实时共享和协同作业。

2. 冷链设施完备与智能化

通过智能硬件、物联网等技术实现对园区内配备的先进冷链设施（如多功能冷库、运输工具、保鲜设备等）的智能化管理。设施的智能化管理包括实时监测设施的运行状态、温度、湿度等参数，确保设施的高效、安全运行。

3. 实时监控与预警

通过物联网技术，对园区内的温度、湿度、氧气、二氧化碳等参数进行实时监测和控制。当参数超出预设范围时，系统会立即发出预警，以便相关人员及时采取措施，确保产品始终处于适宜的环境下。

4. 数据分析与优化

通过收集和分析园区内的各种数据，如运输时间、运输距离、温度波动等，对物流运作流程进行优化。数据分析与优化可以帮助企业发现潜在的问题和风险，提高运输效率和准确性，降低运营成本。

5. 智能化调度与管理

利用人工智能技术，实现对园区内物流的智能化调度与管理。智能化调度可以根据市场需求和运输能力，自动调整运输计划和调度车辆，确保产品能够及时送达目的地。同时，智能化管理还可以提高运输过程中的安全性和可靠性。

冷链物流园区数字化管理的实施将极大提升园区的产业服务能力和品牌价值。通过建立全面的数字化管理体系，实现园区的智能化、网络化和自动化管理，可以提高物流设施的使用效率，优化物流流程，降低运营成本。此外，数字化管理还可以为园区管理者提供全面、准确的数据支撑，帮助他们发现企业的优势和不足，进一步提升园区的运营水平和市场竞争力。

科技赋能物流：万纬智慧冷链园区运营管理平台

万纬物流打造了以冷链服务为核心的智慧园区新体系，从安全、环境、设备、能耗、日常运营、全局管理6个维度出发，综合应用物联网、AI、运筹优化和云计算技术，为园区提供体系化、标准化的 SaaS 服务，实现安全质量、能耗节降、设备保障、降本增效等价值。

万纬冷链所有园区均搭建了完善的 QEHS（质量、环境和职业健康安全管理体系），并通过技术手段开发 QEHS 安全质量平台，实现了 QEHS 系统化管理。万纬冷链搭建的冷链 IoT（物联网）平台可实现设备远程监控，实时采集冷机等重要设备的运行状态参数实时告警推送、历史数据分析；可从机组、风机、压力等方面实时提示园区进行节能操作，并深度结合运营数据计算理论能耗，通过和实际能耗对比分析不当操作，实现良好的能耗管理。

此外，智慧园区运营管理平台还囊括了设施设备管理系统、智慧叉车系统、智慧月台系统等多项管理系统，为企业提供整体的物流技术解决方案。

通过全方位多维度的技术应用，在食品安全方面，可第一时间发现解决异常问题，系统化手段替代人工定时巡检操作，提高管理效率，提升园区的服务质量。在节能降耗方面，平台可实时提醒冷链工程人员能耗异常点和相应的节能操作，确保能耗节降措施能够切实可行，执行到位，通过建立理论能耗模型并和实际能耗进行对比，实现对园区能耗节降表现的数据化指标化管理，根据测算，万纬冷链园区能耗节降达到 5% 以上。设备保障方面，建立了统一的、高专业度的设备维保与点巡检的工单标准，从而建立起标准管理流程和体系；量化资产数据，提高设备设施管理效率。降本增效方面，冷链运营管理整体效率提升 15% 以上，人工成本、管理成本和异常处理成本节降 10% 以上。

万纬深圳盐田冷链园区几乎集齐了万纬所有智能科技，如智能温控、QEHS、IoT、人员考勤、人员通行、叉车管理、EAM、消控室智慧监控、智慧消防、巡查记录仪、OTWB 等。科技的加持让园区得以实现降本增效、实时可视化、可追溯性管理等。

不仅如此，园区通过万纬物流技术平台，搭载有信达智能关务平台，结合 AI 人工智能信息技术，实现物流园区智慧化管理。比如从车辆抵达到卸货离开，全程可实现自动识别、无纸化和线上化运营管理；比如库内配备有智能温控系统，可实现常温、恒温、冷藏、冷冻全温层覆盖，一旦温度失衡即可及时预警进行人工干预，让库内温度快速得到纠正。通过数字化解决方案，为企业降本增效，创造更多价值。

（资料来源：江西网络广播电视台。有删改。）

二、冷链物流的智能化管理

冷链物流的智能化管理，是指通过应用先进的技术手段和管理系统，实现对冷链物流过程的全面感知、自动化处理、智能化的业务决策和协同工作等。

冷链物流智能化管理常用的信息技术手段有物联网、RFID 技术、人工智能、机器学习、数据分析等，利用自动化和智能化的设备和系统，可以提高冷链物流系统的分析决策、学习和优化的能力以及智能执行的能力。

冷链物流的智能化管理涵盖了从货物的监控、追踪到管理系统的全方位智能化应用，例如智能化冷链仓储管理，就可以通过自动化设备、传感器和物联网技术等实现低温仓储冷库运营的智能化控制和管理。智能化管理可以优化仓储布局、实现货物存储和取出的自动化、实时监测温度和湿度等环境参数，进而提高仓库作业的效率和准确性。此外，智能化管理还可以实现远程监控和管理，降低人力成本，提高资源利用效率。

（一）冷链物流智能化管理的主要内容

冷链物流智能化管理主要包括以下几个关键方面。

1. 智能化监控与感知

（1）通过物联网技术，如传感器和追踪设备等，实时监控货物的温度、湿度等关键参数，确保货物在运输和存储过程中的环境稳定。

（2）利用 RFID 标签、二维码等技术对货物进行追踪和识别，实现物流信息的透明化和实时更新。

2. 自动化与智能化设备应用

（1）引入自动化仓储设备，如自动化拣选机器人和智能堆垛机等，提高仓储环节的自动化水平和物流效率。

（2）使用具有精确温度控制的冷藏车辆和制冷设备，确保冷链货物在运输过程中的品质安全，实现对货物的实时监测和追踪，提升物流的效率和安全性。

3. 大数据分析与预测

（1）收集并分析冷链物流过程中产生的数据，如温度记录、运输时间、货物状态等，为企业提供可靠的预测和决策支持。

(2) 通过大数据分析，发现冷链物流过程中存在的瓶颈和问题，优化运输路径和时间表，降低物流成本并提高客户满意度。

4. 智能追溯与预警系统

(1) 建立完善的智能追溯系统，确保产品质量安全，并能在出现问题时迅速定位和解决。

(2) 对冷链物流全过程进行质量控制，包括货源检验、运输过程中的环境监测以及货物到达后的质量检验等。

(3) 对冷链物流中的异常情况进行实时预警，例如通过传感器等设备实时监测货物温度，并在温度超出设定范围时立即发出预警，帮助企业快速应对突发事件，减少损失。

5. 管理系统集成与优化

(1) 集成各种智能化管理系统，如仓储管理系统、运输管理系统和供应链管理系统（SCM）等，实现信息的共享和协同工作。

(2) 通过优化管理流程和提高信息系统的互操作性，减少重复工作和人为错误，提高工作效率。

（二）物联网技术在冷链物流中的应用

物联网（Internet of things，简称 IoT）是指将各种信息传感设备，如射频识别装置、红外感应器、全球定位系统、激光扫描器等，按照约定的协议与互联网连接起来进行信息交换和通信，以实现智能化识别、定位、跟踪、监控和管理的网络。

物联网技术在冷链物流中的应用广泛且重要，主要体现在以下几个方面。

1. 温度监控与实时追踪

物联网技术通过温度传感器等设备实时监控冷链物流中的温度数据，确保产品在运输、存储等过程中始终保持在适宜的温度范围内。同时，通过实时数据追踪，可以掌握冷链物流的全流程，确保产品的新鲜度和安全性。

2. 湿度监控与调节

对于某些需要特定湿度环境的产品，物联网技术可以通过湿度传感器等设备监控环境湿度，并通过自动调节设备（如加湿器、除湿器等）来维持稳定的湿度环境，从而保障产品的品质。

3. 库存管理与预警

物联网技术可以实时更新库存信息，通过智能算法预测库存需求，帮助企业实现精准库存管理。当库存量低于安全库存时，系统会自动发出预警，提醒企业及时补货，避免缺货情况的发生。

4. 运输路径的优化与调度

物联网技术可以对冷链运输车辆进行自动识别和跟踪，收集和分析运输过程中的各种数据，如运输时间、距离、路况等，通过智能算法优化运输路径，提高运输效率。同时，物联网技术还可以实现运输车辆的智能调度，确保车辆按照最优路径行驶，减少空驶和等待时间。

5. 异常情况的预警与处理

物联网技术可以通过对大量数据的分析和挖掘，实现对异常情况的预警和预测。当冷链物流中出现异常情况（如温度异常、湿度异常等）时，系统会立即发出预警，并自动采取相应的处理措施（如调整温度、调节湿度等），确保产品的质量和安全。

6. 追溯与召回管理

物联网技术可以为每个产品分配唯一的电子标签（如 RFID 标签），实现产品的全程追溯。当产品出现质量问题时，企业可以通过追溯系统迅速定位问题产品，并启动召回程序，确保消费者的权益不受损害。

总之，物联网技术在冷链物流中的应用可以大大提高冷链物流的智能化、自动化和精准化水平，提升冷链物流的运输效率，降低运营成本，并保障产品的质量安全。

（三）射频识别技术在冷链物流中的应用

射频识别技术即 RFID 技术，是一种非接触式的自动识别技术，它是通过射频信号自动识别目标对象并获取相关数据。

RFID 技术的优点有：

① 识别工作无须人工干预，可实现一次性批量识别，效率高；

② 可工作于各种恶劣环境，如潮湿、污染、低温等环境；

③ 使用寿命长、读取数据可加密、贮存能量大和存储数据可以更换等。

在冷链物流系统中，可以把 RFID 温度传感标签放到需要监控温度的产品内部检测温度，比如可以通过系统读取装置实现每小时甚至每分钟检测货物温度一次，并记录到计算机管理系统中。

1. RFID 系统工作原理

RFID 系统由电子标签、读写器、天线和后台系统（控制模块）四部分组成。电子标签进入工作区后，接收读写器通过天线发出的射频信号并获得能量，进而发送存储在芯片中的有用信息，或主动发送某一频率的信号，读写器读取信息解码后，传至后端的信息系统进行数据处理。其工作原理如图 4-2 所示。

2. RFID 标签的分类

RFID 标签按可读性来分，可以分为可读写标签、一次写入多次读取标签和只读标签。

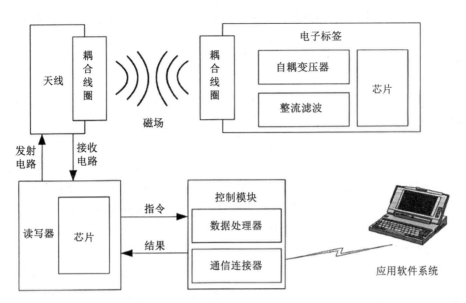

图 4-2 RFID 系统工作原理

RFID 标签按能量来分，可分为有源标签和无源标签。有源标签本身带有电池供电，读写距离远，体积较大，成本较高，也称为主动标签，其不足之处在于电池使用寿命有限，须更换电池。无源标签在收到读写器发出的微波信号后，将部分微波能量转换为直流电供自己工作，这种标签的优点是免维护、成本较低、使用寿命长、体积较小且轻、读写距离较近，也称为被动标签。

3. RFID 在冷链物流领域中的应用

在冷链物流的生产加工、储存、运输配送、销售和消费者查询反馈环节，应用 RFID 技术对货物进行管理和监控（主要是温度监控和位置监控），利用当前供应链中核心企业的 ERP 系统或云计算技术作为信息平台，构建起以 RFID 为基础的冷链物流信息系统平台，可以强化对产品在冷链物流各环节中温度变化的实时监控，从而有效降低因温度变化造成的产品腐损率，确保产品质量。

（1）生产加工环节。

在生产加工环节，通过 RFID 系统收集产品的基本信息，包括品名、规格、数量、产地等信息，在开始进行冷藏或冷冻作业之后，自动记录产品的温度信息，同时把信息通过互联网传递到供应链的 ERP 系统或云计算系统中，保存信息并监控数据，发现问题及时反馈。产品从生产线下线并进行预冷后不是进库冷藏就是进入冷藏车的运输配送环节，这时附在产品上的电子标签将会继续发挥作用。

（2）储存环节。

在储存环节，应用 RFID 技术和条形码技术实现对产品的入库、保管、出库的管理，同时继续读取货物的温度信息。

① 入库。安装在仓库门口的读写器会在产品进库时读取电子标签上的信息并录入信息系统，同时读写器将事先安排好的该产品的入库位置（包括货架号、货位号等）写入电子标签，此时电子标签的信息实现更新。

② 在库。电子标签上的温度传感器会定时将该产品的温度信息通过网络传输给信息系统，仓库保管员坐在计算机前就能准确了解仓库中各产品的温度情况，一旦发现异常就可及时排查隐患解决问题，最大限度地降低损失。

③ 出库。当产品进行出库作业时，电子标签上关于产品的在库信息又会再次发送至读写器并传输至信息系统，此时信息系统可以及时更新仓库的货位空出信息，电子标签同时记录下产品的出库和运输时间。

（3）运输配送环节。

电子标签在运输配送环节的主要功能是通过温度传感器对温度进行实时监测，在运输配送环节，车载 RFID 读取器按规定的时间间隔读取温度传感器标签的温度信息，联同 GPS 获得的车辆行驶信息，如车速、位置等，通过移动通信网络接入互联网，再保存到 ERP 系统或云计算系统。

（4）销售环节。

在销售环节依然要对产品的温度进行监控，结合 POS（point of sale，销售终端）系统，完成对产品流向的跟踪。产品销售后可以回收 RFID 标签，以再次使用。

产品到达卖场后，通过读取从生产到运达的所有与产品温度相关的信息，确认产品品质良好，然后进入卖场的销售冷柜，通过冷柜安装的读写装置，实时记录冷柜内产品的温度。消费者在购买冷链农产品的时候，只要通过一个阅读终端，就可以看到农产品从生产到销售全过程的温控记录，使消费者可以放心消费。

（5）消费者查询反馈。

消费者购买冷链产品后，可以通过互联网查到该产品的生产历史、物流过程，如果在消费者购买后产品出现了质量安全问题，也可以实现相关信息的追溯。如果最终消费者是企业的话，企业可以在接收货物前，通过该系统实时跟踪货物的去向和温度变化情况。

上述整个过程，经过了数次的信息录入和更新，产品的电子标签和信息系统数据库中存储了与该产品冷链物流过程相关的所有信息，能够彻底解决冷链物流中因物流信息更新慢、信息滞后而导致的产品质量问题，从而实现了从产品源头到销售末端的整体质量把控。

4. 追溯系统的植入

冷链物流信息系统还有一个重要的功能，就是信息的追溯功能。在该系统中，应针对产品温度信息追溯设置一个单独的模块，并且该模块应具有简单的判断功能。也就是说，当产品冷链出现断链时，后续运行的每一步都应发出预警，提示相关人员该产品曾经发生过温度失控的情况，而这样的产品是无法在商场或超市里正常销售的。在产品的整个生产加工过程中，如果没有发生过"断链"，那么理论上讲消费者买到的就是安全的产品。但是如果消费者食用后发生了问题，那么依然要向前追溯产品的温度控制过程，如果能够保证产品在生产和运输过程不出问题的话，那么产品本身就不是因温度的变化而导致的品质变化，可能是消费者在购买后没有及时食用、常温放置时间过长导致的。可见，追溯系统对于划分责任也有非常重要的作用。

将 RFID 技术应用到冷链物流系统中，不仅简化了产品出入库的人工操作过程，减少了产品在库的作业量,并对运输及配送过程的温度控制进行全程监测等,还对产品的流向、产品的防伪等方面有重大意义。同时,利用 RFID 技术实现的产品信息采集和传输加快了物流进程,对提高冷链物流的效率和质量起到了重要作用。

RFID 在冷链物流管理中的应用

以监管医院药品柜中需要温度管理的药品为例,可以将带温感器的 RFID 标签放置在药品柜之中,通过 RFID 读写装置实时掌控药品柜中的温度变化,并在温度超出设定温度时及时报警,形成早期预警功能。

又比如在点对点的冷链供应链中,收货方预先将带温度传感器的 RFID 标签交给发货方,在发货方发货时将标签放置在包装内,当货物到达时,收货方通过 RFID 读写装置读取 RFID 芯片内的温度数据,系统自动生成整个供应链中的温度变化静态图。

如果温度超出预设的规定温度时,温度静态图的温度超出部分的曲线将变成红色。温度静态图的横轴是时间,纵轴是温度,所以能准确地知道在什么时间温度发生了怎样的变化,责任容易界定,也方便信息追溯。而且预设的规定温度是在收货方系统内设定,所以很难被不法修改,收货方则可以根据货品的不同,简单方便地预设温度。

(资料来源:中国冷链物流网。有删改。)

(四)区块链技术在冷链物流中的应用

区块链技术能够实现复杂的冷链物流端到端可追溯,确保全员、全程、全生命周期数据隐私保护和防篡改,以区块链技术保障数据隐私和数据安全。区块链技术在冷链物流平台的应用,有助于完善平台信用体系、提高平台信用,并支持产品追溯、碳交易和碳金融等增值性服务。

区块链技术通过其独特的去中心化、信息透明、数据不可篡改、可追溯等特点,为冷链物流系统提供了去中心化的资源整合,以及消除信息不对称的解决方案。区块链在连通农产品与食品供应链、推动食品供应链优化、实现食品溯源、提高食品安全水平等方面发挥了不可替代的作用。

有学者将区块链作为分布式账本、数字签名、溯源存证等一系列核心技术的组合。基于区块链技术创建食品冷链质量安全信息平台,能够强化微生物污染监测、缩短食品冷链在途时间,并使质量安全问题得到有效追踪溯源,有助于重塑食品质量安全生态系统。

区块链技术在冷链物流中的应用主要体现在以下几个方面。

1. 溯源追踪

区块链技术可以实现对冷链物流全程的溯源追踪。通过将冷链物流每个环节的信息，如商品的生产加工、运输配送等过程，记录在区块链上，能够保证物流信息的透明度和可信度。

消费者可以通过扫描商品上的二维码，查看商品的来源、生产日期、物流轨迹等信息，从而确保商品的质量和安全。

2. 温度监控

区块链技术结合物联网技术，可以将温度传感器与区块链结合，实时监控冷链物流中商品的温度变化。

温度数据被记录在区块链上，以此确保数据的真实可信。当温度超过预设范围时，系统会自动触发报警，实时提醒物流管理者进行调整和处理，避免商品损坏。

3. 物流合规

区块链技术可以提高冷链物流的合规性。通过将法规标准和许可证等信息纳入区块链中，可以确保供应链中的各个环节都符合相关法律法规的规定。

物流方在物流关键节点上上传相关证照和文件，其他节点共享和验证这些信息，可以减少烦琐的文件审核流程，提高物流效率，降低运营成本。

4. 智能合约

智能合约是区块链技术的重要应用之一，在冷链物流中同样有着广阔的应用前景。智能合约可以用来管理物流过程中的各个环节，如自动触发付款、交付货物等操作，提高物流效率和减少人为错误。

5. 提升安全性与可追溯性

区块链技术通过其不可篡改性和透明性等特点，搭建了货物追溯与溯源功能，使得从原料采购到生产、运输、销售的整个供应链过程中的各环节，都可以被记录在区块链上，从而提高了商品的安全性和消费者的信任度。

6. 数据透明度和防篡改性

区块链技术用于记录冷链物流中的关键数据，如温度、湿度等，这些数据通过网络中的多个节点进行验证，以确保数据的真实性和准确性。

数据的不可篡改性保证了数据的长期有效，也为冷链物流的监控和管理提供了可靠的数据支持。

综上所述，区块链技术在冷链物流中的应用为物流行业带来了革命性的变化，提高了物流效率，降低了成本，确保了商品的安全性。随着技术的不断发展和应用场景的不断拓展，区块链技术在冷链物流中的应用前景将更加广阔。

（五）人工智能在冷链物流中的应用

人工智能（artificial intelligence，AI）是一门综合性的技术科学，其研究、开发和应用旨在模拟、延伸和扩展人的智能。人工智能的核心技术主要包括机器学习、自然语言处理、计算机视觉识别、语音识别、生物识别等。

1. 人工智能技术的优势

（1）提高自动化水平。人工智能技术的应用可以大幅提升冷链物流的自动化水平，减少人工干预，提高处理效率和准确性。

（2）提升智能化水平。通过人工智能技术，冷链物流可以实现智能化管理和决策，从而提高运营效率和准确性。

（3）降低成本。人工智能技术能够通过智能算法优化资源配置，降低生产、运营和物流成本。

2. 人工智能技术在冷链物流中的应用场景

（1）智能仓储和分拣。通过智能仓储系统，实现对货物的自动存储、检索和分拣，从而提高仓储效率。

（2）智能配送系统。利用人工智能算法对配送路线进行优化，减少配送时间，降低配送成本，提高客户满意度。

（3）智能客服。通过自然语言处理技术，实现智能客服系统，自动回答客户问题，提高服务质量。

（4）智能监控和预警。利用计算机视觉识别和物联网技术，实时监控冷链物流中的温度、湿度、气体含量等数据，一旦超出预设范围，立即触发预警，确保货物安全。

（5）数据分析和预测。通过大数据分析，对冷链物流的各个环节进行预测和优化，以此提高整个物流系统的效率和准确性。

人工智能技术在冷链物流中的应用具有广阔的前景和潜力，能确保货物的品质和安全，极大地提高冷链物流的效率和准确性，降低运营成本，提高客户满意度。

海洋爱通联合易流科技打造冷链食品全链路溯源平台

山东海洋爱通物流有限公司（以下简称"海洋爱通"）为山东海洋冷链发展有限公司与世界五百强企业伊藤忠商社旗下物流企业合资组建的控股子公司，成立于 2002 年 9 月，通过 ISO9001：2015 认证，拥有国家 3A 级物流企业和 3 星级冷链物流企业资质，是一家集仓储、物流于一身的专业性现代化物流企业，主要经营海鲜水产的加工、仓储、运输、配送工作。

1. 项目背景

海洋爱通为客户提供的是从原料、加工、仓储、运输的全链条服务，既体现了海洋爱通强大的资源整合能力，又展示出为客户提供优质服务的态度。那么在整个服务链条中，食品的质量安全就显得极其重要。

基于对易流科技冷链服务的认可，海洋爱通联合易流科技打造了冷链食品全链路溯源平台，在保障食品安全的同时帮助提高内部业务效率、建立行业标杆、提高品牌美誉度。

2. 客户洞察

食品安全不仅仅体现在仓储、运输、门店销售这3个环节，产品原料的材质、生长的环境、加工的流程都可能会对最终消费者手上的食品安全质量产生影响。例如：车辆是不是在合格的温度下运输和配送；食品运到仓库、门店、食品接收过程和存储是不是在合格的温度环节下完成的；等等。

但是在实际运营过程中，涉及人员角色多、流转环节多，为了满足商品的质量安全，消耗了大量人力和物力来进行全程的数据监控。

（1）数据收集问题。

传统方式下是依靠人工定期去库房抄表，保证温度不失温；车辆运输环节是当车辆到达后，通过随机打印抽查运输过程的在途温、湿度数据，来确认是否存在运输失温的情况，数据的实时性和准确性会存在一定偏差。

（2）资源协调。

因为涉及的场景和环节较多，所以在各个环节的信息收集以及资源协调方面需要投入大量的精力进行沟通，沟通效率低，成本高。

（3）信息孤岛。

为了给客户提供更好的服务以及更丰富的数据维度，需要收集统计很多不同系统的数据，但是这些系统彼此之间没有数据交互，形成了数据孤岛，导致数据收集难度大。

3. 解决方案

溯源平台实现了对食品生命全周期的溯源和管理（如图4-3所示），支持对接现有系统信息或录入信息，形成全链管理。避免一人管一段，实现齐抓共管，用合适的信息化手段实现食品的全链追溯。

同时为了能够给客户、消费者公众以及政府监管提供更加完善、完整的食品溯源体系，溯源平台实现了种植养殖—生产加工—仓库存储—运输配送—末端用户确认的冷链运输全流程监控，结合智能IoT硬件设备进行全场景环境监测，通过用追溯码技术将流程串联起来形成全链路扫码溯源管理。

（1）全场景链路，一码追溯。

平台从种植养殖—生产加工—仓储管理—在途运输—城市配送—门店销售—终端消费，串联了冷链食品流通的全链路场景，并且通过追溯码的方式实现各个环节的串联，最终可以通过扫描追溯码展现产品全生命周期。实现产品快速溯源，快速定位。

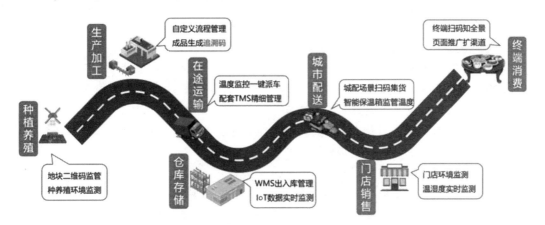

图 4-3　食品生命全周期的溯源和管理

（2）软硬一体结合。

不只是单纯的节点信息追溯，结合 IoT 智能硬件设备，实时采集、分析、展示每个节点的环境数据，让溯源不再只是冰冷的文字。采集的数据一键上链，保证各个节点数据采集的完整性和安全性，不用担心溯源数据被伪造、篡改。

（3）环节自定义。

考虑到种植养殖环节、生产加工环节各个品类的产品管理方式和颗粒度都不统一，所以系统支持企业根据不同的情况自定义执行环节内容，在保证了系统数据完整性的同时也可以实现较高的灵活度。

（4）首创产品红黄健康码。

系统支持从产品的产地、流转地、港口等维度设置风险区域，设置后将自动根据设置分析产品风险信息，生成红黄码，保证异常状态第一时间发现，防止异常产品进入流通环节。

（5）系统包容性。

系统提供了最简单流转流程的记录以保证无系统用户也可以追溯，同时也支持和各个系统进行数据对接，将各环节系统数据进行串联，最终形成统一显示和管理。同时也支持跟易流科技的政府管理平台进行数据对接，形成政企一整套完整的溯源监管系统。

4. 应用价值

使用冷链溯源系统解决了环节场景单独管理的模式，促成了高效的协同监管机制，从而形成更具效应的合力模式。环节之间关联更加紧密，资源利用率大大提升，给客户提供了更加全面的食品安全监控和保障。

（1）仓储、加工、运输各环节的人员统一在一个系统内进行操作，使得各个环节之间紧密关联，进而达成更加高效的合作，提高企业综合效率。

（2）系统通过追溯码将种植/养殖、仓储、加工、运输、签收全流程的场景串联起来，同时结合 IoT 设备采集数据。

（3）通过全链信息追溯，实现了与消费者共享商品流程信息，客户对企业的商品信任度提升，企业也获得了消费者的价格认同、支付意愿提升，进而变成企业新增利润。

（4）未来当企业做到比较深度的商品追溯时，对于订单管理、库存管理、物料管理，企业资产等方方面面的信息都能以节点的形式动态反映出来。这个精确度可以达到单个小包装的水平，也就是企业的生产经营活动，是以企业生产产品的最小包装为最小单位，把企业经营上升到了一个非常精确的尺度上，企业的效率得到质的提高。

5. 社会价值

冷链溯源平台的成功搭建从企业、监管方、消费者三方面都有不同程度的获益。对于企业而言，通过全链追溯管理，可以发现和定位企业日常经营的问题点，提升自己的效率，同时对外展示自己企业的产品流程也是企业自信的表现，通过产品扫码方式对外宣传企业和产品，扩大销售渠道。

从统一监管层面能够看到更全面更丰富的产品流转数据，对于突发异常情况能够快速精准追溯，也能够通过平台设置的产品健康码状态进行异常管控。终端消费者也能够通过扫码了解所购买食物的"前世今生"。

（资料来源：食易安科技官网。有删改。）

拓展知识

万纬物流用算法"解放"生产力 为供应链降本增效

视频案例

走进深蓝——高效便捷的智能化立体冷库

习题

模块四 任务三 习题

能力提升

训练任务	冷链物流全链路溯源信息技术应用
训练目的	1. 理解食品冷链物流全链路溯源的重要意义； 2. 掌握食品冷链物流全链路溯源中的关键技术应用
训练要求	1. 分组调研食品冷链物流全链路（包括生产、加工、储存、运输、销售等环节）溯源的主要做法、信息技术的应用情况，了解冷链物流企业的溯源管理现状和面临的挑战； 2. 小组讨论如何实现冷链食品的全链路溯源
我的做法	
我的结论	
我的思考	

任务四　冷链物流的成本管理

任务目标

◆ 知识目标

（1）了解冷链物流的成本构成；

(2) 熟悉冷链物流成本控制措施；

(3) 熟悉冷链物流节能的具体措施。

◆ **技能目标**

能够针对具体的冷链物流场景，提出切实可行的成本管理与节能方案。

◆ **素养目标**

具有成本意识和节约意识。

随着冷链物流需求的不断增长和要求的日益严格，冷链物流的成本问题也逐渐成为行业内外广泛关注的焦点。如何在保证食品品质的同时，有效控制并优化冷链物流的成本，不仅关乎冷链物流企业的盈利空间，更是推动整个供应链可持续发展的关键所在。

任务思考

(1) 冷链物流的成本包括哪些方面？

(2) 冷链物流企业该如何进行成本控制和节能管理呢？

身边的冷链物流

"高出来"的冷链物流成本

冷链物流因为有了保质、保鲜和温控的要求，其成本"天生"就比常温物流高。在冷链市场需求逐年保持快速增长中，冷链配送成本愈发受到关注。

1. 冷链配送的成本比常温配送高

通过长期的运营实践，河北冰小鲜供应链管理有限公司（以下简称"冰小鲜"）总经理认为，冷链配送比常温配送的成本高出约30%。他说："一辆4.2米的冷藏车，可装载3~5吨货物，核算到8~10立方米，在一个近千万人口规模的城市，配送3个点位，配送费用基本在350~450元。如果是常温物流，同样的装载吨位和配送范围，大概需要250~350元。"

朱鹏做鲜花冷链物流已有五六年。朱鹏介绍，冷藏车在路上跑，100千米大约油耗30~35升，另外，制冷机还有70千米每升油的油耗，综合算起来，冷藏运输成本要比常温运输高30%左右。冷藏车需要冷机制冷，其成本远高于普通货车。

2. 冷链配送成本高的原因

冰小鲜总经理认为，冷链配送成本高主要涉及三个方面：人工、控温打冷和专业司机。尤其是专业的冷链运输司机，对保证冷链配送至关重要。常温配送司机好找，冷链配送司机不好找。因为冷链配送需要司机打冷操作，除了相应的技术素养,还要进行岗前培训。除了运管证外,涉及食品的冷链配送司机还要有健康证。

冷藏车有对应的温控技术要求,需要司机熟悉冷冻温度、冷藏温度的温控,对常温、恒温的温度操作,以及熟练使用不同温区的隔温板、周转筐等。这些相对应的环节,最终都是以高出来的成本呈现的。

相对于常温配送,冷链的储存费用也比较高。除冷库储存环节,运输途中或中转中心,都需要制冷设施不停运行,这就涉及成本增加。

3. 如何降低成本

冷藏车及相关冷链物流设施、操作人员的专业技术素养,都会影响到冷链配送的品质和效率。为了尽可能降低成本,冰小鲜总经理通过"安排冷链司机岗前学习和技能培训,让他们熟悉制冷方法;保证运行证件齐全,搭配不同类型同温层货物运输;提升客户体量"等方式,实现降本增效。

(资料来源:《现代物流报》。有删减。)

 一、冷链物流的成本控制措施

(一)了解冷链物流的成本构成

冷链物流成本,按照其功能形式划分,主要包括仓储成本、运输配送成本、装卸搬运成本、流通加工成本、包装成本等。

1. 仓储成本

冷链对象的易腐性决定了其储存期短,对贮藏温度的要求也更严格,因此增加了仓储管理难度及仓储成本。仓储成本的分类和内容如表 4-5 所示。

表 4-5 仓储成本的分类和内容

仓储成本类别	具体内容
冷库建设或租赁	冷库的建筑或租赁成本、折旧、维修费用等
设备购置成本	货架、托盘、制冷设备、温控设备、保鲜设备,以及跟踪和监控设备等的购置、设备折旧、维修费用等

续表

仓储成本类别	具体内容
冷库的日常运营费用	电力、水费、维护保养费用、清洁费用等
人力成本	仓库工作人员的劳务费用
储存产品成本	储存产品占用资金成本,以及因产品腐烂变质造成的损失等

2. 运输配送成本

运输配送成本是指产品因运输配送作业而产生的费用。在冷链物流成本构成中,运输配送成本占有很大份额,其包括冷藏车、冷藏船和冷藏集装箱等冷冻冷藏设备的购置、折旧、维修保养等费用,还包括燃料费、过路过桥费、运输管理费,以及配送保温箱和保温袋的成本、干冰或冰袋等冷媒的成本、运输司机的劳务费等。

3. 装卸搬运成本

装卸搬运成本主要包括装卸搬运设备的购置、折旧、维修保养等费用,水电、燃油费用,因操作不当而造成的货损费用,以及工作人员的劳务费用等。

4. 流通加工成本

为了延长生鲜产品的保鲜期,方便产品进行长距离运输或分散销售,需要对产品进行一定的加工处理,如冷冻加工、分装加工等,因此而产生的费用称为流通加工成本。冷链物流的流通加工成本主要包括加工设备费用(设备的使用、折旧、维修保养等)、加工材料费用、加工人员的劳务费用及其他加工费用(水电费、燃料费、管理费用)等。

5. 包装成本

冷链物流通常需要对产品进行一次或二次包装,还需要使用特殊的冷藏包装材料。包装成本主要包括包装材料费、冷媒费用、包装使用的设备费用(折旧、维修保养、油耗等)、包装技术费(保温技术、防潮技术、缓冲技术等)及人工费用等。

冷链物流的成本构成除上述外,还包括信息系统的建设与维护费用、综合管理成本(如办公费用、商务差旅费等)以及一些其他费用(如税费、保险费)等。

中央厨房冷链物流的成本结构

中央厨房是连锁餐饮企业的食材加工中心,能集中完成食品的成品或半成品的加工制作,并将加工后的产品配送给餐饮服务单位。

中央厨房能实行集中采购，按照统一的标准和质量要求进行生产加工、统一包装和统一配送，通过集中化、标准化的生产模式，保证统一的产品质量和口味，保证食品的安全和卫生，减少各餐厅重复采购和加工的环节，从而节约了人力和物力，降低了生产成本。如今这种"中央厨房+食材冷链配送"的模式日益普及。

中央厨房的冷链物流主要包括以下几个环节。

（1）食材的冷链储藏。此环节包括食品原材料的储藏和生产加工完毕等待配送的成品或半成品的储藏。中央厨房通常会根据食材的种类和保鲜需求进行分类储存，如蔬菜、水果、肉类等通常存放在 $0 \sim 10 ℃$ 的冷藏库，海鲜、速冻食品等则储存在 $-18℃$ 及以下的冷冻库。

（2）加工制作。中央厨房会对食材进行初步处理加工，如清洗、切割、腌制等。这一环节需要在严格的卫生和温度控制下进行，通常需要低温的食品加工车间，以及具有冷却和冻结功能的设备。

（3）冷却冷藏。加工完成后的食材或烹饪完成的食品，需要迅速降温，中央厨房通常会使用真空预冷机等设备对食品进行预冷，需要冷冻储存的食品还需要用速冻机进行速冻，再放入冷藏柜或冷库。

（4）冷链配送。中央厨房会采用专门的冷藏车、冷藏箱等设备进行配送，以确保食材在运输过程中温度的稳定性和安全性。

中央厨房冷链物流的成本结构主要包括以下几个部分。

（1）初始投入成本。包括物流设施设备等硬件投入和物流管理信息系统等软件投入。硬件投入包括建设不同类型的冷库，如冷藏库、冷冻库、食品加工车间、预冷库、速冻库等，购置冷库所需要的制冷设备、存储设备和装卸搬运设备等，以及购置食品冷冻加工设备、配送的冷藏车辆等。软件投入包括购置或开发冷链物流管理系统、自动化的温度和湿度控制系统、冷链配送管理系统等。这些投入在冷链物流总成本中占有较高的比例。

（2）仓储成本。包括各类食材、成品储存所产生的成本，冷库、冷链机械设备的折旧、定期保养费用，以及各类冷库的日常运营支出、保管费用等。

（3）配送成本。包括食品从中央厨房配送到各需求点的过程中产生的费用，还包括车辆综合成本（车辆的综合损耗、监控系统、智能设备、维修和保养费用等）、油耗、过路费等。

（4）人力成本。包括食品加工人员、仓库管理员、冷链操作员、冷藏车司机等的工资和福利。

（5）管理成本和其他费用。包括中央厨房的日常运营和管理费用、系统维护费用、税费、保险费等。

（资料来源：网络。有删改。）

（二）掌握冷链物流成本控制措施

1. 降低冷链物流设施设备投入成本

食品冷链物流系统的设施设备包括冷库、冷藏运输车辆及冷藏周转箱等，其投入成本高于一般物流系统。对于食品冷链物流系统中的主体企业而言，在设施设备方面的投资、购置决策将对企业的生存和发展产生重要的影响，从而直接影响到食品冷链物流系统的发展。

降低冷链物流设施设备投入成本：需要根据货物的来源和目的地，合理规划冷链物流的设施布局、运输网络；在冷链物流设施设备的购买和升级中，应进行长期投资规划，综合考虑设施设备的耐用性、维修成本以及未来的扩展需求，选择具有高性价比和良好售后服务的设备供应商；通过优化运输和仓储流程，合理安排冷链物流设施设备的使用计划，提高设施设备的利用率和周转率，减少设施设备购置需求；可以与其他企业合作，共享设施设备和人力资源，降低运营成本，例如，可以与周边企业共建冷库，共享冷藏车等资源。

2. 降低冷链物流运作成本

（1）冷链物流运输成本控制。

① 有效控制运输量。随着近些年我国冷链物流的快速发展，以前最为薄弱的运输环节有了很大的改进，冷藏车的使用比例大大提高，但由于冷藏车的可装载容积比普通货车要小，在运输相同吨位的冻品时，用冷藏车运输的车次要比常温货车运输的车次多，增加的运输量在 15% 左右，所以，有效控制运输量成为降低运输成本的一个重要方面。

② 合理运用运输工具和选择路线，开展多式联运。在运输工具的配置上，应充分考虑区域内的业务总量、平均运距、批量数、批次数等因素，并做到"三低二高"（车辆油耗、车辆保管费用、运输成本低，运输效率及利润高），切实推行包装标准化、车辆规格标准化等，以实现最佳的经济效益。

路线选择方面，可借助专业的信息系统或利用大数据分析规划最优或最短路线。通过利用物联网、大数据、人工智能等信息技术，实现对运输车辆的智能化监控和管理，从而提高运输效率和减少能耗。

努力开展多式联运。冷藏集装箱的使用和先进信息技术的应用也为开展多式联运提供了条件。

③ 对运输过程进行精细化管理。运输过程中，要尽量缩短装卸过程中开车门的时间，避免运输工具内部温度波动过大造成产品品质。在运输过程中要加大对冷藏运输车辆的考核力度，如严格冷藏运输车辆在途时间的考核标准、加大对冷藏运输车辆装卸的考核力度等，尽可能缩短运输期限、装卸时间等。

（2）冷链物流配送成本控制。

物流配送的主要目标是提高服务水平与降低配送成本。目前冷链物流转向多品种、小批量的运输已成为必然趋势，企业应针对保质期极短产品的大量小订单、众多配送网点、复杂时间窗等问题,采取合并小订单、整合配送网点、合并不同产品的时间窗、优化配送路径等方式,提高服务水平,降低运输成本。另外,和其他企业共同配送,能提高车辆装载率和降低配送成本,形成规模效应,降低冷链物流设施设备的投入成本,实现物流资源的共享和物流功能的互补,并充分节省物流处理空间和人力成本。

(3) 冷链物流仓储成本控制。

① 科学设计。企业在冷库的布局设计上应该采取灵活实用的方针,避免在业务淡季时出现冷库空置。例如,储存量为1万吨的一个单体冷库在业务淡季时的空置率达到60%,也就意味着企业为保持库内温度和卫生要额外付出60%的成本费用。但如果在冷库布局上采取大小冷库套叠的方式,将冷库的制冷机组进行相应的调整,即可实现现实储存量与实际能耗的匹配,将大冷库变成小冷库,以此降低维持和管理费用。

同时,要充分运用科学的运筹学知识,在冷库中合理安排速冻区、低温区、超低温区等区的排布和路线,尽量提高能源利用率,避免浪费。另外,库内灯光的温感和声控设置、库门开关的自动及时设置等细节问题,也会影响能耗。

② 高效使用。仓储成本主要包括制冷系统建设、冷库库房建设、冷库内设备购置等投资较大的固定投入以及冷库的日常维护等成本。对于食品冷链物流系统的主体企业来说,提高冷库的利用率是降低仓储成本的重要措施。冷链物流企业可以借助库存信息系统在平衡货物过期和缺货的条件下确定最佳订货点;企业还应着眼于保持库存的持续稳定,不出现"断链"。另外,不同生熟情况的食品要分类储存,避免产生不必要的损失。

3. 利用信息化建设实现成本控制

冷链物流信息化建设包括区域冷链物流信息平台和企业物流信息系统两个层面。高效的信息化是降低冷链物流成本、增强企业竞争力的有效途径。例如在农产品冷链物流中,市场供求信息不对称常常会导致农产品供需失衡。冷链物流信息平台既有助于冷链物流市场信息的实时交换与共享,又支撑起了完整的冷链物流和温控管理体系。

通过应用网络平台和信息技术,企业可以将上、下游企业衔接起来,实现流程无缝对接,全程监控货物、共享交换信息资源,提高冷链物流的整体运作效率。

管理信息系统也是冷链物流建设的重要环节。系统中准确的库存数据和销售汇总数据为企业采购提供了有效依据,从而提高了工作效率与管理水平。系统还能提供各种预警,如对近保质期、过保质期产品的报警和在库存品的库龄分析等,使仓库管理人员能及时采取有效的措施,大大减少在库存品的损耗。冷链物流信息系统通过提供准确的市场动态和信息沟通,使物流各环节变得更加合理,减少滞后现象,因此,引入管理信息系统,既可使冷链物流的发展方向正确,又可充分利用现有冷链设施,最大限度地降低物流成本。

4. 降低冷链商品损耗成本

农业农村部食物与营养发展研究所的研究表明,每年我国蔬菜、水果、水产品、粮食、肉类、奶类、蛋类七大类食物按重量加权平均损耗和浪费率合计22.7%，约4.6亿吨，其中生产流通环节食物损耗3亿吨。调查发现，储运环节冷链不完善是造成食物损耗的主要原因之一。

健全冷链物流服务体系、降低商品损耗成本的具体方法包括以下几点。

(1) 优化冷链物流网络。

2021年12月国务院办公厅印发的《"十四五"冷链物流发展规划》提出，到2025年，初步形成衔接产地销地、覆盖城市乡村、联通国内国际的冷链物流网络。到2035年，全面建成现代冷链物流体系。通过完善流通体制，减少"脱冷"、"断链"现象，减少商品损耗。

加快建设产地型冷链物流设施尤为重要，通过在农产品主产区建设产地的生产型冷库，在农产品采收后尽快投入产地冷库进行预冷、冷藏和分拣加工，能使农产品在"最先一公里"上得到及时保鲜，有效减少农产品的产后损失。

(2) 提升冷藏技术。

① 加速提升冷藏运输设备的技术水平。

我国冷藏运输装备技术水平在以下方面与世界先进水平有一定的差距：车辆结构、制冷机组等相关设备的可靠性；车体隔热和气密性；载货容积和重量；新材料的应用；地面设施的完善；新冷源的应用；气调保鲜技术的开发；等等。在冷藏运输装备开发中，应加强与先进国家的合作，尽快提升冷藏运输装备的技术水平。

② 大力发展新型冷藏装备。

为了满足各类冷链产品对运输条件的要求，发达国家的铁路运输业都在努力对机械冷藏车进行更新换代，如美国的成组式及以石油作为能源的机械制冷运输设备正逐步减少，而单节或集装箱式的冷藏运输设备和新型冷源车、隔热车等则成为重要的发展方向。结合我国国情及冷链运输的市场需求，冷链运输装备应发展能够适应快运业务的快速冷藏车，能够适应货物品类多样化及长距离运输的冷藏集装箱，以及灵活机动、控温范围广、能满足大量货物运输的机械冷藏车等。

③ 提升冷藏包装技术。

研制适合冷链环境的新型包装材料和包装方式，以提高产品的防护能力和安全性。提升冷藏包装技术，可以降低冷链商品的损耗成本，并延长食品保鲜期。

此外，与供应链上、下游企业进行合作也是降低冷链物流成本的一种有效方式。冷链物流企业通过与供应商、生产商和零售商等企业进行合作，可以实现资源共享、信息互通和成本分担，例如：冷链物流企业通过与生产商建立长期合作关系，共同制订采购计划和运输方案，从而降低冷链物流的成本；通过与零售商合作，可以实现库存管理和销售预测的信息共享，避免库存积压，减少货物损耗，提高运输效率。

冷链物流企业还应随时关注政府发布的冷链物流相关政策，了解是否有补贴和减税政策，或针对设施设备投入的补贴或支持措施，这也是降低冷链物流成本的措施。

二、冷链物流的节能措施

（一）冷链物流节能的含义

由于冷链物流的特殊性，其能源消耗比一般常温物流更多。为了降低能耗，节能化发展是必要的。冷链物流的节能，旨在通过科学的管理体系去减少能源消耗，降低企业的运营成本，同时抑制冷链物流过程中对环境造成的危害，减少碳排放，促进经济的可持续发展。冷链物流节能是将环保理念应用到冷链物流中的各个环节，加强对冷链仓储、运输、流通加工、装卸搬运及回收等各个作业环节的环境管理和监督，有效遏制物流发展造成的环境污染和能源浪费。

（二）冷链物流节能的必要性

进入 21 世纪以来，我国的物流业持续快速增长，规模不断扩大，中国物流与采购联合会表示，我国现代物流业从 2012 年到 2021 年，社会物流总额年均增长超过 7%，2022 年、2023 年全国社会物流总额同比增长 3.4%、5.2%，但也应看到，我国物流业发展整体水平不高。运营方式较粗放，效率较低下，是造成能耗增加和资源浪费的主要原因。

研究数据表明，每吨每千米货运对环境造成的污染强度，公路是铁路的 10 倍左右，其成本也在 10 倍以上，更是远高于水运的成本。《中国绿色物流发展报告（2023）》数据显示，物流行业是能源密集型行业，温室气体排放量显著。当前，我国物流业碳排放占全国碳排放总量的 9% 左右。据测算，货物运输及配送活动、装卸搬运及仓储活动、辅助物流活动是物流业碳排放的三大来源，其中货物运输及配送的碳排放占比高达 85% 左右。

在交通运输领域中，公路交通所产生的碳排放占比超过 80%，其中公路货运的碳排放占 60% 以上，这意味着公路货运是交通领域碳减排的核心战场。对于交通运输环节来说，车辆行驶产生的碳排放量可观，一般占比 40%～80%。仓库、数据中心等运营、服务设施用电是碳排放第二大主要排放源，约占总排放量的 20%。值得注意的是，包装材料产生的碳排放约占总排放量的 10%。

冷链物流比普通的常温物流消耗更多的能源。中国是农牧业生产大国，又是易腐食品的生产和消费大国，冷链市场潜力巨大。我国肉类、水产品和鸡蛋等产品的产销量均居世界首位，2023 年我国肉类产量、水产养殖产量和鸡蛋产量分别占世界总产量的 26.5%、60%、37.5%。全年猪、牛、羊、禽肉产量 9641 万吨，禽蛋产量为 3563 万吨，奶类总产量约 4281.3 万吨，水果、蔬菜的产销量更大。这虽为冷链设施设备建设提供了广阔的市场空间，但也增加了冷链物流行业乃至整个物流行业的能源消耗。而设备陈旧、制冷技术落后、管理不到位、空驶率高、满载率低和重复作业等问题使我国冷链物流的能源浪费严重，运行能耗居高不下。

（三）冷链物流的节能措施

1. 制冷设备的节能

冷链物流制冷设备主要包括冷库生产加工环节的制冷设备和相关装置、冷藏/冷冻贮存环节的物流装备，以及运输配送环节的冷藏车、冷藏集装箱和保温箱等。制冷设备作为能耗"大户"，其性能优良与否将直接影响到企业的运行成本。

无论是仓储环节中的速冻设备、冷库设备，还是运输环节中的冷藏车、冷藏集装箱等，均涉及冷凝器、储冰箱、压缩机、制冷剂等领域，因此推动这些领域的设备研发向节能环保制冷转型，有利于推动整个冷链物流行业的绿色转型，这也是目前上游制冷设备生产者的重点发展方向。

例如，制冷剂的选择对碳排放有着很大影响，氟利昂制冷剂不仅消耗臭氧层，同时还是强温室气体，在制冷系统运行过程中易泄漏。根据中国制冷学会测算，按照2030年全国冷库总容量1.5亿吨估算，全部采用第三代氟利昂R507A的制冷系统与全部采用氨/二氧化碳复合的制冷系统比较，每年将增加二氧化碳排放当量约4000万吨，因此，行业正推进新型制冷剂的换代。广泛推广使用绿色、低碳、高效的氨制冷剂是推动冷链行业持续健康发展的关键环节。

2. 冷链仓储环节的节能

冷链仓储环节的节能主要包括冷库建筑的节能和库内作业的节能。

（1）冷库建筑的节能。

① 选择合适的建筑形式和结构。根据冷库的规模、用途、地理位置等因素，选择合适的建筑形式和结构，如单层或多层、平顶或斜顶、框架或钢构结构等，以减少外表面积和热桥效应。

② 选择合适的建筑材料。施工环节可采用光伏建筑一体化技术（building integrated photovoltaic，BIPV），将光伏产品集成到建筑上应用。建筑材料可采用绿色建材，如节能玻璃，2022年住房和城乡建设部发布国家标准《建筑节能与可再生能源利用通用规范》（GB 55015—2021），新规中对外窗玻璃传热系数要求更高，必须使用经过镀膜后的中空、真空玻璃或三层中空玻璃等。

③ 选择合适的保温材料。保温材料也是冷库保温性能和热损失的关键因素，应根据冷库的温度、湿度、使用寿命等因素，选择合适的保温材料和厚度，如聚氨酯、挤塑板、岩棉等，并密封防潮。硬质聚氨酯泡沫塑料热阻最大，保温性能最好，适用于低温冷藏库。

④ 选择节能的制冷系统。合理选择压缩机和制冷剂，设定适宜的温度参数，能够保证系统运行稳定，从而达到节能效果。例如，采用冷媒冲霜技术的冰库，比电热融霜技术节约25%左右的电能。

此外，冷库的温度调节、相对湿度调节、空气冷却器（冷风机）融霜控制等都是影响节能的因素，需要加以考虑。

(2) 库内作业的节能。

① 精准温度控制。采用先进的控制设备和程序，根据冷库内货物的性质、数量、堆放方式等因素，合理设置温度控制范围，避免过高或过低，以保证冷库内温度的稳定性和一致性。

② 合理安排货物的进出和堆放。货物的进出和堆放会影响冷库内的空气流动和温度分布，应根据冷库的容积、通风条件，以及货物的种类、数量、包装等因素，合理安排货物的进出和堆放，防止冷库内的热量增加和不均匀。

③ 合理使用照明设备和门窗。照明设备和门窗会影响到冷库的热量和光照，应根据冷库使用时间、货物特性、人员活动，合理使用照明设备和门窗，避免照明时间过长或过短，尽量减少热量损失和能源消耗。冷库门最好采用自动控制结构，如果开门时间过长，会自动关闭。同时，冷库门的电加热丝功率有大有小，有防结露和防冻结两种选择，注意选配合适的加热功率。冷库照明方面，尽量采用高效低耗照明光源，并设置为自动照明控制，做到及时关灯。

④ 采用机械化自动操作。减少因大量操作人员出入库内而引起的冷库热负荷的增加，有利于系统节能。

⑤ 合理规划冷库空间布局。提高冷库的空间利用率，减少库内搬运时间，缩短搬运路径。

此外，通过合理组合各项资源，可以使冷库管理更加精准高效，减少库存浪费，这些也从不同的维度助力仓储节能减排的实现。

3. 冷链运输环节的节能

冷链运输环节可采取的节能措施主要有采用节能型运输设备、合理规划运输路线、应用智能化管理与技术等。

（1）采用节能型运输设备。选择具有高效制冷系统和优良保温性能的冷藏车，能够减少能源消耗。使用新能源车替代传统燃油车是冷链运输环节实现节能减排目标的重要举措，电动或混合动力车辆相较于传统燃油车辆，以氢燃料车为例，氢燃料车排出的尾气是水蒸气，因此其碳排放量为零，能显著减少碳排放。

（2）合理规划运输路线。通过精确的路线规划和导航系统，规划出最短、最快捷的运输路径，避免不必要的绕行和堵车，可以减少运输里程和运输时间，从而降低能源消耗。

（3）应用智能化管理与技术。利用物联网技术，通过安装传感器和监控系统，实时监测货物的温度和运输过程中的能耗情况。这些数据可以帮助企业及时调整运输策略，减少不必要的能源消耗。

利用大数据和人工智能技术，对历史运输数据进行分析，并预测未来的运输需求，从而更合理地安排车辆和运输路线，实现节能减排。

此外，在运输环节，还可以通过优化运输模式、合理安排装载空间、减少开门次数和时间、优化配载等方法，有效降低冷链运输过程中的能源消耗和减少碳排放。

京东物流推广使用新能源车

目前,众多物流企业、快递企业均在推广使用新能源车,例如,京东物流已在全国 7 个大区、50 多个城市,总计布局使用新能源车约 20000 辆,并大量使用清洁能源充电基础设施,每年可减少约 40 万吨二氧化碳排放。在 2021 全球智能物流峰会上,京东物流宣布,将继续投入 10 亿元用于加码绿色低碳的一体化供应链生态建设,包括建立物流材料实验室,开发新一代冷链保温箱等,未来 5 年,实现自身碳效率提升 35%。2022 年,京东物流发布"青绿计划",规划在 2030 年,将物流车 100% 替换更新为新能源车,包装材料实现 100% 环保可再生。

(资料来源:网络。有删改。)

4. 冷链物流管理方面的节能

冷链物流系统运行的经济性,很大程度体现在设备的使用、人员的培训、产品的监控和标准的执行等方面。任何一个环节出现问题,都可能造成冷链物流系统的能耗增加甚至造成损失和浪费。

(1) 管理并用好制冷设备。

在冷链系统中,制冷设备是能耗最大的设备,管理并用好制冷设备对节能减排非常关键,例如,减少冲霜次数、减少冷库开门次数、尽可能集中进出货物等,都可以有效减少冷量的损失。

根据制冷系统操作规程,按时排出系统中的油和不凝性气体,按时保养和维修,可以大大延长设备的使用寿命。在保证冷库温度的前提下,采用最经济的开机方式,如尽可能在晚间电价低、环境温度低时开机等,能实现有效节能。

(2) 实行冷链运行全过程的有效监控。

冷链运行全过程中如果采用人工测量和纸面记录,无统一数据系统支持,就会出现监管脱节、取证困难、无法确定责任、损失率高等问题。近年来,我国各大冷链物流公司纷纷加快冷链的信息化建设,加速冷藏车的更新换代,建立冷链物流中心,引入全球定位系统、射频识别系统、仓库管理系统、仓库恒温系统等一系列先进技术,实现了对冷链运行全过程的有效监控。冷链物流与信息化的融合使冷链物流管理方面的节能效果明显。

(3) 制定并严格执行冷链标准法规。

近年来,我国食品药品质量安全的国家和行业标准体系逐步完善。例如,陆续出台了《食品安全国家标准 食品冷链物流卫生规范》(GB 31605—2020)、《食品冷链物流交接规范》(GB/T 40956—2021)、《药品冷链物流运作规范》(GB/T 28842—

2021）等国家标准。但我国冷链物流标准的建设工作仍然任重道远，要尽快制定与国际接轨的冷链物流指导准则与相关标准，包括整个冷链物流节点的相关标准和良好操作规范，例如原料基地生产标准与规范、预冷与储藏标准、加工标准、运输标准、销售标准、标签标准，以及检测方法标准、环境标准、服务标准等，并制定以 GAP、GVP、GMP、HACCP、ISO 等为基本原理的冷链物流全程质量与安全控制技术规程。

课堂案例

冷链物流如何降本增效

如何降低成本，不只是常温物流运营管理的重头戏，更是基因里就含有高成本的冷链物流降本增效的重要考量。

冷藏车及相关冷链物流设施、操作人员的专业技术素养，都会影响到冷链配送的品质和效率。为了尽可能降低成本，冰小鲜总经理通过"安排冷链司机岗前学习和技能培训，让他们熟悉制冷方法；保证运行证件齐全，搭配不同类型同温层货物运输等方式；提升客户体量"等方式，实现降本增效。

刘明是一位有多年从业经历的冷链运输车司机，关于降本增效，他的经验是：根据不同的货物来设定不同温度，不能全部设定一个温度。肉类可能需要-5℃，水果需要3℃，如果两种品类混合运输储存，需要设定-5℃。"但是如果分开运输储存，可能水果的温度就不需要设定这么低，可以降低部分成本。"刘明说。

从网红直播间下单的乐纯酸奶，因为有京东冷链物流网络的融入，京东快递小哥第二天就可以将之送到消费者手中，因此确保了新鲜酸奶的口感和风味。同时，对乐纯而言，京东物流不仅实现了覆盖全国30多个省份的大部分城市，"B2B+B2C"的整套解决方案也让其物流总成本大大降低。

这种全国仓运配一体化的柔韧的网络，不仅保障了乐纯大量直播订单的集中生产出库及日常订单履约，而且大幅提升配送时效。配送时间的长短，背后都是成本在支撑，冷链本身特征无法消化的成本，在优化冷藏布局之际，尽可能减少配送所需时间，通过"短时达"配送，实现冷链配送的降本增效。

有专家认为，解决成本高的问题，首先需要实现产业规模化，形成产品的完整产业链，形成了规模效应后，冷链物流的成本才会下降并且稳定下来。其次，实现产品的集中送货和约定送货，可减少冷藏车的空载空置问题，也可以使产品尽可能保质保鲜。

另外，还可以通过对冷库进行技术与流程改造，实施冷藏车入冷库装卸货，实现冷藏产品的按温度等级分类放置，不仅可以提升冷藏车库内装卸效率、降低货损等，还可以以此降低冷链物流的成本。

人工成本、油气价格等成本，有其本身的社会性与经济性特征，不是一个企业、行业或个人所能掌控的，但可以通过优化冷仓配送中心的区域布局，优化货品集配、信息化与 AI 融入与加强冷链技术研发创新等办法来提升配送时效，实现冷链物流的降本增效和高质量发展。

（资料来源：《现代物流报》。有删改。）

拓展知识

湖北潜江虾谷的小龙虾冷链物流成本控制新思路

视频案例

德马泰克携手万纬，打造稳定节能型冷库

习题

模块四　任务四　习题

能力提升

背景资料

"生鲜电商+冷链宅配"新业态是近年来随着电子商务和冷链物流技术的快速发展而兴起的一种新型商业模式。这种新业态通过整合生鲜电商平台和冷链宅配服务,为消费者提供了更加便捷、高效的生鲜产品购买和配送体验。以下是该模式的详细运作方式。

1. 电商平台运营

(1) 商品展示与交易。生鲜电商企业通过互联网平台,向消费者展示各类生鲜商品,包括果蔬、奶制品等,并提供在线交易服务。消费者可以通过平台浏览商品信息、下单购买,享受便捷的支付体验。

(2) 营销与推广。为了吸引和留住消费者,生鲜电商企业会采取多种营销策略,如发放优惠券、开展满减活动、会员制度等,以刺激消费者的购买欲望。同时,生鲜电商企业还会通过社交媒体植入、投放广告等方式进行品牌推广,提高品牌知名度和美誉度。

2. 冷链物流配送

(1) 冷链仓储。生鲜电商企业会配置专业的冷链仓储设施,确保生鲜商品在存储过程中保持适宜的温度和湿度,以延长生鲜商品的保质期并保持其品质。冷链仓储设施包括冷库、冷冻柜等,还包括完善的温控设备和监控系统。

(2) 冷链运输。在运输过程中,生鲜电商企业会采用专业的冷链运输车辆和制冷设备等,确保商品在运输过程中保持低温状态。同时,通过优化配送路线,缩短商品在途时间,降低损耗率。

(3) 宅配服务。生鲜电商企业会提供宅配服务,将商品直接配送到消费者手中。在配送过程中,企业会采取多种措施确保商品的安全和品质,如使用保温箱、冰袋等包装材料,以及提供定时配送、预约配送等个性化服务。

训练任务	"生鲜电商+冷链宅配"商业模式下的冷链成本控制
训练目的	1. 掌握"生鲜电商+冷链宅配"商业模式的冷链物流成本的构成; 2. 掌握"生鲜电商+冷链宅配"商业模式的冷链物流成本控制策略

续表

训练任务	"生鲜电商＋冷链宅配"商业模式下的冷链成本控制
训练要求	1. 每组认真阅读上述关于"生鲜电商＋冷链宅配"商业模式的介绍； 2. 每组选取一家"生鲜电商＋冷链宅配"商业模式的企业，调研其冷链物流成本的构成； 3. 制定冷链物流成本控制策略
我的做法	
我的结论	
我的思考	

参考文献

[1] 汪利虹，冷凯君．冷链物流管理［M］．2版．北京：机械工业出版社，2024．

[2] 白世贞，曲志华．冷链物流［M］．2版．北京：中国人民大学出版社，2024．

[3] 谢如鹤，刘广海．冷链物流［M］．2版．武汉：华中科技大学出版社，2023．

[4] 励建荣．生鲜食品保鲜与加工［M］．北京：科学出版社，2022．

[5] 中国物流与采购联合会冷链物流专业委员会，国家农产品现代物流工程技术研究中心，深圳市易流科技股份有限公司，等．中国冷链物流发展报告（2022）［R］．北京：中国财富出版社，2022．

[6] 李学工，冷链物流管理［M］．2版．北京：清华大学出版社，2020．

[7] 李建春，农产品冷链物流［M］．北京：北京交通大学出版社，2014．

[8] 王国利，张长峰，于怀志，等．冷链物流知识体系与运营［M］．北京：科学出版社，2020．